KB036077

지구적 불평등

/

불평등의 근원과 범위에 관한 고찰

Global Inequalities
by Robert J. Holton

Copyright ⓒ 2014 by Robert J. Holton
Korean translation edition ⓒ 2019 by HanulMPlus Inc.

이 도서의 국립중앙도서관 출판예정도서목록(CIP)은 서지정보유통지원시스템 홈페이지(http://seoji.nl.go.kr)
와 국가자료공동목록시스템(http://www.nl.go.kr/kolisnet)에서 이용하실 수 있습니다.
CIP제어번호: CIP2019000072(양장), CIP2019000073(반양장)

지구적 불평등

불평등의 근원과 범위에 관한 고찰

로버트 J. 홀튼 지음
나익주 옮김

한울
아카데미

66

99

감사의 글

지구적 불평등이라는 주제는 희망뿐만 아니라 분노와 열정, 당혹감, 실망감, 낙담을 유발한다. 이러한 감정은 많은 다양한 방식으로 일어난다. 이것은 문제의 규모나 관련이 있는 도전의 규모와 관련해 일어나고 또한 얼핏 보기에 현재 심각한 불평등과 부정의를 해소하지 못하고 있다는 느낌 때문에도 일어난다. 이 책은 이념적 당파성을 피하면서 이론과 증거, 정책 평가에 근거해 희망과 절망 사이의 길을 더듬는다.

이 과정에서 나는 세계화에 대해 폭넓게 읽고 연구하며 일련의 학자들과 대화를 나누었다. 2012년 이 책의 발상이 나올 때까지 지난 10년 동안 뛰어난 아이디어로 영감을 준 로널드 로버트슨Ronald Robertson, 서프리야 싱Supriya Singh, 크리스 럼포드Chris Rumford, 샌드라 홀튼Sandra Holton, 스티브 에드워즈Steve Edwards, 케빈 오루크Kevin O'Rourke, 앤소니 엘리엇Anthony Elliott, 존 브레이스웨이트John Braithwaite에게 감사하다. 애나 마리 리브Anna Marie Reeve는 맨 처음으로 나에게 지구적 불평등에 대한 책을 써보라고 제안했다. 나에게 이 과제를 맡겨준 그녀의 뛰어난 통찰에 진심으로 감사의 마음을 전한다.

나는 더블린에 있는 트리니티칼리지의 전자저널도서관 덕택에 많은 학문 분야의 저널 문헌에 접근해 귀중한 자료를 구할 수 있었다. 그리고 이 책의 집필이 중간쯤에 이르렀을 때 나는 사우스오스트레일리아대학교의 초빙교수가 되었다. 나를 초빙해준 이 대학교와 호크연구소Hawke Research Institute에 감사드린다. 이 책을 쓰면서 나는 점점 더 소설을 읽는 일에 더 많은 관심을 기울였으며, 학문적인 글쓰기가 실제보다 훨씬 더 많은 상상력을 필요로 하고 훨씬 더 미적으로 즐거운 일일 수 있다고 느꼈다. 그 결과로 나의 글쓰기 스타일이 변했다고는 생각하지 않는다. 다만 투르게네프와 피츠제럴드, 미첼의 작품을 접한 경험은 정말로 나에게 아주 기쁜 일이다. 이들은 모두 복잡하고 불확실한 사회 환경을 바탕으로 강력한 서사를 엮어냈다. 나의 경우에도, 이 책은 지구적 불평등의 복잡하고 불확실한 특징으로부터 그럴듯한 서사의 가닥을 찾아내 특별한 사람들의 경험 속으로 들어가보려고 시도한다. 이러한 시도가 아무리 덧없다 할지라도 말이다.

샌드라와 조지, 플로라, 앤소니는 이 책을 집필하는 과정에서 사랑과 격려, 많은 친절을 베풀었다. 어느 때처럼 이번에도 나는 그들에게 많은 빚을 지고 있다.

사회적 불평등은 전 세계에서 많은 관심을 나타내는 문제다. 한국에서나 내가 사는 오스트레일리아에서나 많은 시민들과 참관인들은 소득과 부의 차원에서든 충분한 주택과 의료 제공의 측면에서든 불평등이 점차 심화되고 있다고 믿는다. 미국이나 영국과 같은 부유한 나라나 방글라데시나 아프가니스탄, 중앙아프리카공화국과 같은 세계 최빈국에서나 분명히 이러한 우려가 있다.

이 책에서 나는 전 세계의 불평등 패턴을 분석하고 상황의 악화는 물론 개선의 증거를 식별하고, 불평등이 어떻게 발생하고 왜 발생하는지를 설명한다. 또한 다양한 유형의 불평등을 해소하는 데 도움이 되는 정책과 여러 유형의 사회적 조치를 분류해낸다. 이 책은 '지구적 불평등'이라는 제목을 달고 있다. 불평등은 분명히 국가 내에도 존재하고 국가 간에도 존재하기 때문이다. 지구적 불평등은 대부분 국가 간에서 발생하지만, 현재 국가 내에서 소득과 부의 불평등이 점차적으로 증가하고 있음을 보여주는 증거도 존재한다.

이 책의 또 다른 중요한 목표는 전 범위의 지구적 불평등을 검토하는 것이다. 이러한 불평등은 소득과 부뿐만 아니라 건강과 주택, 교육은 물론 정치적 권리와 문화적 수용, 존중에도 적용된다. 정치적 권위주의와 민주주의의 장애물이라는 문제와 함께 인종과 성, 민족과 연결되는 불평등은 이 책의 중요한 주제다.

독자들도 깨닫게 되겠지만, 지구적 불평등을 설명하는 간단한 이야기는 결코 없다. 모든 것이 악화되고 있는 것은 아니며, 다소간 불평등의 감소는 수많은 상황에서 분명하다. 마찬가지로 지구적 불평등에는 단 하나의 원인이 결코 없으며, 따라서 단일한 치유책도 없다. '세계화의 부정적이거나 긍정적인 영향 때문에 모든 것이 점점 악화되거나 개선되고 있다'는 식의 단순한 결론을 기대하는 사람들은 이 책에 실망할 것이다.

따라서 나는 존재하는 더 복합적인 불평등 패턴을 밝혀내고 이러한 패턴에 대한 영향의 범위를 분명히 밝혀내려고 했다. 그래서 나는 불평등의 어떤 측면은 측정하기 아주 힘들다는 점을 강조하는 동시에 기술적 난해함과 통계적 난해함을 최소한으로 유지했다.

이 책을 옮기는 과정에서 나에게 많은 질문을 하며 정확한 번역을 위해 많은 노력을 쏟은 전남대학교 영미문화연구소의 나익주 박사에게 감사드린다. 그의 열정이 없었다면 이 책은 한국의 독자들이 쉽게 접근하기 어려웠을 것이다.

지구적 불평등: 경제적 시각을 넘어서라

'흙수저는 아무리 노오력해도 흙수저'
'흙수저가 노력하면 노력하는 흙수저'

위의 표현은 새 천년을 살아가는 젊은이들이 현재의 곤궁한 삶과 나아
질 희망조차 보이지 않는 미래의 암울한 삶을 자조적으로 묘사한 말이다.
무책임하고 나태하며 무절제하고 도덕적으로 해이한 젊은이들이 이러한
표현을 사용하는가? 아니다. 하루 8시간 한 달을 꼬박 일해도 200만 원을
채 벌지 못하는 저임금 노동자들과, 최저임금으로 일하면서도 온갖 이유
로 쉬운 해고를 당하는 비정규직 노동자들, 학비를 벌기 위해 최저시급으
로 아르바이트를 하는 대학생들, 이른 새벽 인력소개소에 나와 일거리를
기다리는 일용직 노동자들, 병원비를 감당할 수 없어서 하늘만 쳐다보는
사람들은 대부분 결코 무책임하지도 나태하지도 무절제하지도 않으며 자
신과 가족의 생계를 위해 애쓰는 성실한 사람들이다. 그렇게 할 수만 있
다면 이 나라를 떠나고 싶다는 그들에게 애국심 없는 사람들이라고 비난
할 수 있을까? '헬조선', '망한민국', '지옥불반도' 등의 낱말과 마찬가지로

위의 두 표현은 한국사회 내부의 불평등이 아주 심각한 동시에 별로 완화될 가능성이 없는 암울한 현실을 정확히 반영한다.

'난민들의 무덤 지중해'
'냉동 트럭을 타고 국경을 넘으려다 질식사한 난민들'
'개구멍으로 (미국)국경 넘는 온두라스 이주자'

2015년 9월 2일 터키 해안에서 세 살배기 시리아 난민 아일란 쿠르디 Alan Kurdi의 시신이 발견되었다. 그리스 코스섬을 향해 에게해Aegean Sea를 건너던 쿠르디 가족은 다섯 살 형과 어머니는 숨지고 아버지인 압둘라만 남았다. 해안으로 밀려와 엎드려 있는 아일란 쿠르디의 모습에 전 세계는 슬퍼했고 난민의 고통을 더 이상 외면할 수 없는 긴급한 인류의 문제로 느꼈다. 쿠르디 가족은 이슬람국가IS의 폭압을 벗어나기 위해 유럽으로 향하던 전쟁 난민이었지만, 연간 수십만에 이르는 난민들 중에는 불평등과 빈곤, 기아에서 벗어나 더 나은 삶의 기회를 찾기 위해 목숨을 걸고 살던 곳을 떠난 이주민도 엄청나게 많다. 위의 머리기사에서 보듯이 이들 중 많은 사람이 목숨을 잃거나 실종된다. 유엔난민기구의 통계에 따르면, 2017년 8월 기준으로 한 해 동안 지중해를 건너 이동하던 13만 명이 넘는 난민과 이주민 가운데 약 2400명이 실종되거나 목숨을 잃었다.

이처럼 불평등은 국가적으로나 국제적으로 수많은 사람을 빈곤과 기아의 고통에 허덕이다가 결국 죽음에 이르게 하는 인류의 절박한 과제다. 현재 불평등은 국가 내 계층 간에서도 심화되고 있지만, 국가들 사이에서도 점점 더 심화되고 있다. 따라서 세계 전역의 국가들이 복합적으로 얽혀 있는 지구적 불평등은 특정 국가의 노력만으로 해소하거나 완화할 수 없는 과제다. 이러한 시점에서 불평등의 근원을 학제적 시각에서 종합적으로 분석한 연구서가 있다. 바로 사회학자 로버트 J. 홀튼이 2014년에 발표한 이 책의 원서 *Global Inequalities*다.

68혁명 운동에서 사회이론으로의 여정: 홀튼의 삶과 학문적 성과

로버트 J. 홀튼은 아일랜드의 수도 더블린에 있는 트리니티칼리지 Trinity College, Dublin 사회학과 명예교수이자, 오스트레일리아 최대의 사회과학연구소인 사우스오스트레일리아대학교 호크연구소의 사회학 담당 초빙교수로 사회 이론과 역사사회학, 세계화 연구의 전문가다. 1946년생인 홀튼은 68혁명에 참여했으며 서식스대학교 University of Sussex를 졸업하고 더블린 트리니티칼리지에서 석사학위를 받은 뒤 1973년 「영국에 미친 조합공동체주의의 영향: 1910년에서 1914년까지의 머지사이드를 중심으로 Syndicalism and its impact in Britain with particular reference to Merseyside 1910-1914」라는 논문으로 서식스대학교에서 박사학위를 받았다.

1980년대에 주로 '자본주의로의 이행' 문제에 학문적 관심을 집중하는 과정에서 홀튼은 『봉건제에서 자본주의로의 이행 The Transition Feudalism to Capitalism』(1985)과 『도시와 자본주의, 문명 Cities, Capitalism and Civilization』(1987)을 발표했다. 이 일련의 연구를 진행하며, 그는 점차 막스 베버 Max

Weber의 사회경제 이론에 근거해 장기적인 사회변화에 대한 마르크스주의 접근을 비판하는 방식에 의존했다. 이러한 연구의 목적은 서구에서 왜 현대자본주의가 출현했는지에 대해 목적론적이 아니라 다차원적으로 해명하는 것이었다. 1980년 후반에는 브라이언 S. 터너Bryan S. Turner와 학문적으로 긴밀히 협력하며 플린더스대학교Flinders University에서 탤컷 파슨스Talcott Parsons나 막스 베버의 사회 이론 영역을 연구했다. 이 공동 연구를 토대로 『타콧 파슨스와 경제, 사회Talcott Parsons on Economy and Society』(1986)를 발표했고 『막스 베버와 경제, 사회Max Weber on Economy and Society』(1989)를 발표했다. 1992년에 펴낸 『경제와 사회Economy and Society』에서는 경제생활 내의 경제적 과정과 정치적 과정, 문화적 과정을 연결함으로써 정통 경제학 이론이나 마르크스주의 전통의 많은 부분과 연결되어 있는 경제적 결정론과 환원론의 문제를 넘어서는 접근방식을 제공하고자 했다.

1987년에서 1990년대 후반까지 홀튼은 플린더스대학교의 다문화연구소 소장을 지냈는데, 이 연구소는 민족 전통 기업과 전문가 교육 내 문화 간 이슈를 통합하는 다문화주의 경제학을 주요한 주제로 다루었다. 이러한 일련의 연구활동을 인정받아 홀튼은 1995년 오스트레일리아 사회과학원 회원이 되었으며, 1990년대 중반부터 현재까지 세계화의 경제적·정치적·문화적 국면을 집중적으로 탐구해 『세계화와 국민국가Globalization and the Nation State』(1998)와 『세계화 만들기Making Globalization』(2005), 『세계망Global Networks』(2008), 『세계시민주의Cosmopolitanism』(2009)를 펴냈다. 이 책들은 홀튼이 더블린 트리니티칼리지 사회학과 교수로 있던 2001~2008년의 시기에 수행한 연구의 결과물이다.

2012년에 나온 『세계의 금융Global Finance』과 마찬가지로 사회 불안의 문제나 세계 금융이 직면한 정당화 위기 관련 문제, 전 지구적인 국가 내 불평등과 국가 간 불평등의 복잡한 유형을 분석한 연구서로서 『지구적 불평등Global Inequalities』은 전 지구적인 불평등의 근원과 범위를 하나의 파노라마로 보여주고 있다. 이 책은 역사적인 증거와 이론적인 통찰은 물론 지구적 불평등의 도전에 대한 현 시대적 논의에 적합한 정책을 담고 있으며, 분파된 분야인 불평등 연구의 상황에 대해 균형 감각을 갖기 위해 반드시 읽어야 할 필독서이자 환상적인 개론서다.

학제적 시각의 불평등 이론과 대응책을 역설하는 『지구적 불평등』

토마 피케티의 『21세기 자본Capital in the Twenty-First Century』이 대중적으로 엄청난 인기를 얻었고, 부자들의 잔치라 불리는 다보스 포럼마저도 소득 불평등이 세계 경제의 가장 위협적인 요인이라고 경고했으며, 국제 구호단체 옥스팜Oxfam•은 세계의 불평등 심화를 명확한 수치로 보여준 보고서를 내어놓았다. 지구적 불평등에 대한 관심과 우려의 증가를 반영하는 이러한 상황에서 나온 책 『지구적 불평등』의 저자 홀튼은 지구적 불평등을 이해하고 대처방안을 고안하려면 학제적인 접근을 해야 한다고

•—— 정식 명칭은 'Oxford Committee for Famine Relief'로, 1942년에 발족하고 영국 옥스퍼드에 본부를 둔 극빈자 구제 기관이다.

주장한다. 그는 지구적 불평등에 대한 대부분의 접근이 경제적인 측면에서 소득과 부의 문제에만 집중한다고 비판하며, 이러한 접근을 시간적으로든 공간적으로든 건강과 교육, 성gender, 性, 인종, 종족을 고려하는 더 넓은 접근으로 통합해야 한다고 제안한다. 물론 소득 불평등을 완화하면 자원 부족과 기회 결여로 악영향을 받는 삶의 질이 어느 정도 개선되겠지만, 가부장제나 인종주의, 문화적 편견에 기인한 불평등은 단 하나도 개선되지 않을 것이라는 이유로 홀튼은 학제적인 시각에서 더 폭넓은 주제를 다루고 있다.

학제적 접근을 강조하는 홀튼의 논증은 그렇게 복잡하지 않다. 그는 대부분의 앞선 이념적 접근이 '자유시장과 탈규제가 불평등을 자연스럽게 완화할 것'이라는 낙관적인 신념과 '경제적 세계화가 불평등을 엄청나게 심화할 것'이라는 비관적인 저항 사이의 이분법적 선택을 강요함으로써, 불평등 연구에서 일련의 더 복합적인 쟁점을 배제한다고 주장한다. 남아프리카나 브라질, 미국 남부 주와 같은 나라 또는 지역은 역사적으로 오랫동안 불평등이 매우 심했지만, 서유럽과 북유럽의 많은 지역은 불평등이 그렇게 심하지 않았다는 사실을 예로 제시한다. 그에 따르면, 노예제나 식민지화 과정의 역사적 경로 의존성과 장기적인 유산을 인식해야 현시대의 그러한 불평등 유형에 대처할 수 있으며, 사회민주주의식 개혁의 과거 유산이 지구적 불평등을 완화할 수 있는 또 다른 가능성이다. 한마디로 그의 주장은 세계의 어느 곳에나 일률적으로 적용 가능한 보편적인 불평등 대처방식은 없으며, 불평등 완화의 정치에서 정말로 중요한 것은 국가별로 적합한 해결책의 마련이라는 것이다.

『지구적 불평등』은 국가 내의 강력한 이익집단들이 지구적 망으로 통합되어 있고 국가 내 권력 불평등과 국가 간 권력 불평등이 서로 연결되어 있다는 점에서 '국가 내 불평등'과 '국가 간 불평등'은 긴밀하게 연결되어 있음을 인정하면서도 지구적 불평등을 규정하기 위해서는 '국가 내 불평등' 척도와 '국가 간 불평등' 척도를 구별해야 한다고 강조한다. 또한 이 책은 자본의 지구적인 유동과 세금 도피처 확산으로 영토에 따른 부의 분포도 측정하기 어려워지고 있으며, 전 세계를 휘젓고 다니는 유동성 자본과 세계 전역에 보유하고 있는 다수의 부동산으로부터 부를 축적하는 불로소득 계층이 오늘날 출현하고 있는 세계지역주의glocalism 자본가 계층을 대표한다고 진단한다.

더 나아가 홀튼은 정치적·실존적 관점의 불평등과 분석적 관점의 불평등을 구별한다. 전자의 관점에서는 사회적 행위자들이 자신들의 불평등을 지각하는지의 여부나 방식 그리고 자신들에게 어떤 유형의 불평등이 가장 심각한지를 결정한다는 점을 인정하지만, 분석적 관점에서는 불평등의 가장 심각한 유형이 있고 이 유형이 지구적 불평등의 가장 결정적이고 포괄적인 이유라는 입장을 거부한다. 그는 자신의 견해를 뒷받침하는 한 증거로 소득 불평등만으로는 건강 불평등의 절반 정도만 설명할 수 있다는 세계보건기구WHO의 발표를 제시한다. 또한 지구적 불평등의 모든 것을 횡단면적인 통계 처리로 측정할 수는 없으며, 개인들의 불평등과 빈곤이 일시적인지 또는 영속적인지에 대한 판단은 생활방식은 물론 기아, 철거, 투옥, 학대 등 실존적 불평등의 시련과 고난을 분석하는 질적인 평가도 수행해야 한다고 주장한다.

홀튼은 소득과 부의 불평등이 지구적 불평등의 중요한 근원이라는 점을 부인하지는 않지만, 경제적 요인(예컨대 소득, 부)만을 고려한 불평등 해명이 상당히 모호하며 불평등에 적절히 대응하려면 역사적 과정과 문화적 차이를 고려한 해명이 필요하다고 강조한다. 따라서 당연히 지구적 불평등을 경제적·재정적 세계화라는 악마의 탓으로만 돌리기를 거부하며 식민지화나 노예제, 차별과 배제 등 권력 비대칭도 지구적 불평등을 초래하는 주요한 요인으로 간주한다. 그리고 지구적 불평등을 구조화하는 심한 권력 비대칭을 극복하기 위한 대응으로 여섯 가지 제안을 한다. 이들 중에서 특히 다음 두 가지 제안에 주목할 필요가 있다. 하나는 금융 거래에 대한 지구적인 세금을 부과해 전 범위의 인간개발 목적에 사용하는 것이고, 다른 하나는 현재의 정치적 상황에서는 분명히 유토피아적인 발상이지만 가난한 나라에서 부유한 나라로 향하는 이민을 인도적인 측면에서 세심하게 확대하는 것이다. 이러한 제안이 평등한 세계를 향한 근본적인 사회 변화를 이끌어낼지는 지켜볼 일이지만, 이 제안의 현실화는 분명히 세계의 이익 집단들에게 강력한 도전이 될 것이다.

특히 이민은 지구적 불평등의 완화에 도움이 될 수 있는 아주 중요한 현상이다. 하지만 대부분의 정치가들은 이민은 이견의 여지가 많은 영역이며, 부유한 국가가 더 많은 이민자들을 수용해야 한다고 주장하는 일은 선거에서 자살행위라고 믿는다. 이런 연유로 이민 과정에 대한 통제를 완전히 포기해야 한다면 이민자들이 이민 허용국의 노동자들에게서 수많은 일자리를 빼앗아간다는 증거는 없는데도 불구하고 부유한 국가들은 이민을 결코 허용하지 않을 것이다. 따라서 어느 정도의 이민 통제를 인정하지 않는다면 오히려 가난한 국가의 사람들은 더 나은 삶으로 향하는 중요한 길을 차단당한다. 그러면 이민 희망자들은 바다에 빠져 죽거나 트럭 뒤에서 질식해 죽거나 얼어 죽고, 마약거래업자들에게 살해당하거나 학대당할 것이며, 우리는 정말로 계속해서 도덕적 위기에 직면할 것이다. 이것이 바로 홀튼이 이 책에서 이민의 제한적인 개방을 주창하며 펼치는 논증이다.

역사적 유산이나 경로 의존성과 관련해, 개별 사회의 이익·자립과 외부의 지원·영향 사이에서 어떻게 균형을 맞출 것인지가 중요하다. 따라서 개발원조를 할 때 공여국의 이익과 수혜국의 이익 사이에서 균형을 맞춰야 한다. 이를 위해 개발 협력을 최대한 활용해왔고 개발 계획에 시민사회가 더 많이 참여하도록 장려해왔다. 홀튼은 많은 영역에서 아직은 진전이 미미하다고 판단하지만 개발 협력에 근거한 일부 건강 프로그램의 개별적인 성공 — 사하라사막 이남 아프리카 지역의 사례 — 을 토대로 희망을 이야기한다. 비정부기구 활동가들은 지정학적으로 악조건이고 부패가 만연해 변화를 가로막고 있는 지역에서조차도 쉬지 않고 쟁점을 제기하고 의제를 바꾸고 미시 수준의 지원을 제공함으로써 불평등 완화를 위한 성공적인 활동의 본보기를 보여준다.

이 책에서 홀튼은 불평등의 가장 중요한 원인을 수입과 부의 차이에 두는 경제학자들의 분석을 넘어서 다양한 학문(예컨대 정치학, 사회학, 여성학 등)의 시각에서 불평등 문제를 검토했다. 이 과정에서 그는 지구적 불평등을 완화하기 위한 정책 대응이 정말 중요하다고 믿으며, 학제적인 시각의 이 책이 유용하고 변별적인 대응책을 제시하고 있다고 역설한다.

소득과 부의 영역뿐만 아니라 건강, 기대수명, 사망률, 교육, 사회참여, 정치참여 등의 영역에서도 불평등이 국가 내적으로나 국가 간에도 점점 심화되고 있는 이 시대에 불평등의 원인과 대응책을 학제적인 시각에서 고려해야 한다는 저자의 외침은 한번쯤 귀 기울여 볼 만하다.

언어학자로서 사회학과 정치학, 경제학을 전혀 모르는 문외한이 이 책의 내용을 정확하게 이해한다는 것은 애초에 불가능한 일이었다. 이 책의 번역을 해보지 않겠냐는 한울엠플러스(주)의 제안을 거절하지 않은 것을 번역하는 동안 줄곧 후회했다. 서론을 읽으면서 들었던 느낌과 달리 막상 번역하려 하니, 전문용어의 생경함과 난해함 외에도 거의 모든 문장이 배경지식이 없는 내게는 중의적이거나 애매했다. 대충 번역하는 것은 이 책의 번역을 제안한 출판사는 물론 장래의 독자들을 배신하는 반역이라는 생각에 답답한 마음으로 저자에게 도움을 청했다. 전문용어에 대해 간명하게 설명해주고 문장구조나 어휘의 중의성 해소를 위해 묻는 수백 개의 질문 ─ 그에게는 분명히 사소했을 질문 ─ 에 친절하게 답변을 해준 저자 덕택에 어렵사리 번역을 마칠 수 있었다. 질의응답 과정에서 따뜻하게 격려해주고 한국어판의 서문을 써준 데 대해 홀튼에게 깊은 감사의 마음을 전한다.

이 밖에도 많은 분의 지원과 도움이 있었기에 이 책이 나올 수 있었다. 우선 이유는 모르겠지만 이 책의 번역을 하필 나에게 맨 처음 제안해준 한울엠플러스의 윤순현 차장님과 편집 과정에서 세밀한 교열로 가독성을 높이기 위해 헌신한 김초록 편집자에게 감사드린다. 그리고 친구라는 이유로 거친 초벌 원고를 다듬는 수고를 마다하지 않고 경제학 관련 내용에 대해 친절하게 설명해준 황광우, 송혜숙, 이홍연 선생님께 고마움을 전한다. 또한 무엇을 하는지 묻지도 않은 채 늘 묵묵히 지원해준 조미라 선생님께 감사드린다. 끝으로 정확한 번역을 위해 최선을 다했지만 여전히 남아 있는 오역과 졸역은 비전공자인 옮긴이의 역량 부족 때문임을 미리 인정하며 독자들의 지적을 바란다.

나익주(한겨레말글연구소)

1

"
들어가며
"

세계는 매우 불평등한 곳이다. 부자와 빈자의 격차는 좁혀지지 않고 오히려 더 벌어지고 있다. 재계나 정계, 유명 문화계 출신의 부유한 개인과 가정은 행복과 체면, 권력의 편안한 엘리트 세계에서 산다. 반면에 수백만의 아동들은 굶주리고, 수만의 여성들이 가정 폭력을 당하고, 저임금 노동자들은 생존의 몸부림을 친다. 사람들 사이에서 나타나는 극명한 대조 뒤에는 권력 제도와 관습, 이념이 자리하고 있으며 각각의 불평등 구조에 깊숙이 스며들어 있다. 이 상황은 분노와 연민, 사회적 불만과 갈등을 야기하고 많은 사람에게 강력한 도덕적 분노를 자아내고 있다.

처음부터 언급해야 할 중요한 사항은 불평등의 범위가 국가적이면서 동시에 세계적이라는 점이다. 우리는 흔히 불평등을 개별 국가의 특질로 간주한다. 하지만 개별 국가 내부는 물론 국가들 사이에도 소득과 부, 건강, 사회참여의 정도가 심하게 차이가 난다. 많은 사람은 또한 세계 불평등이 대부분 세계화의 산물이라고 믿으며, 세계화를 어떤 일련의 대안적인 사회제도를 통해 전면적으로 개혁하지 않는다면 세계 불평등의 상황은 더욱 악화될 것이라고 암시한다.

이러한 쟁점 외에도 세계 불평등의 규모가 세계경제의 합법성을 훼손함은 물론이고 세계시장과 글로벌 기업, 세계적 형식의 지배를 통해 세계

경제를 구성하는 방식을 훼손하고 있다는 인식이 늘어가고 있다. 이러한 인식은 2014년 1월 다보스Davos에서 열린 세계경제포럼에 반영되었다. 이 포럼에서 수많은 주요 참여자들은 세계 불평등이 사회 갈등을 키우고 글로벌 기업을 규제하는 정부에 대한 압력을 확대할 수 있는 수준에 이미 도달했다는 우려를 표명했다(Kennedy and Martinuzzi, 2014). 현재의 상황은 지속 가능하지 않은 것으로 보인다.

그래서 지구적 불평등은 양극단의 문제다. 이를 요약하는 한 방식은 철학자 토마스 포그(Pogge, 2002, 2007)가 제안했는데, 근본적 불평등의 개념을 통해서 요약하는 것이다. 이 방식에는 다음의 다섯 요소가 들어간다.

1. 가난한 사람들은 절대적인 측면에서 아주 어려운 상황에 있다. 즉, 그들은 분명히 건강이 나쁘고 불안정한 식량 공급의 고통을 겪기 쉽다.
2. 가난한 사람들은 상대적인 측면에서도 아주 어려운 상황에 있다. 빈부의 차가 점점 더 커지고 있기 때문이다.
3. 가난한 사람들이 지위 상승을 도모하기는 힘들다.
4. 불평등은 다차원적으로 수입은 물론 삶의 모든 국면에 영향을 미치고 있다.
5. 불평등은 피할 수 있다. 가난한 사람들에게 넘어가는 부담을 부유한 사람들은 쉽게 감당할 수 있기 때문이다.

근본적 불평등의 개념은 이 책이 제기하는 도전을 압축적으로 표현한다. 간단히 말해, 나는 이렇게 묻는다. 근본적 불평등은 지금까지 어떤 식으로 발생했고 왜 발생했는가? 어떤 유형의 세계 불평등이 가장 중요하며, 이러한 불평등은 커지고 있는가, 줄어들고 있는가? 불평등에는 지배적인 하나의 패턴이 있는가? 만일 그렇다면 불평등의 근본적인 원인은 하나인가? 아니면 불평등의 많은 유형을 고려해야 하며 다양한 원인이 있는가?

세계의 모든 것이 다 암울하지는 않다. 지금까지 장기적인 측면에서 사람들의 총소득은 증가해왔으며, 점차 더 나은 건강관리와 교육을 받게 되었다. 사회복지와 인간복지는 사회개혁을 따르며, 일부 불평등에 대해서는 도전하고 진지하게 검토할 수 있다. 그리고 지금까지 실제로 그렇게 해왔다. 그러면 세계 불평등에 대해 무엇을 할 수 있는가? 개발원조는 얼마나 성공적인가? 그리고 성공적으로 작동하는 정책과 프로그램은 어떤 것이고, 그렇지 않은 정책과 프로그램은 어떤 것인가? 이러한 문제에 대해 경쟁 관계에 있는 '자유시장' 이론가들과 '국가 규제' 이론가들은 우리에게 신뢰를 줄 수 있는 간명한 해결책을 주려고 했다. 하지만 해결책은 그렇게 간단하지는 않은 것으로 드러난다.

이 책은 지구적 불평등의 증거를 비판적으로 파헤치지만, 그 이상의 것을 제공한다. 불평등을 이해하고 이 불평등을 퇴치하기 위한 실제적 조치를 취하는 데 가장 유용한 지적 자원에 대해 광범위하게 탐구한다. 이 자원은 이론이든 개념이든 연구 책략이든 비판적 연구 결과이든 상관없다. 현재 불평등을 다룬 방대한 문헌들이 있다. 하지만 이 책은 불평등 완화를 위한 이 많은 도전에 대해 독특한 대응책을 제시한다.

1. 불평등에 대해 학제적multidisciplinary으로 접근한다. 이 접근방식에서 핵심은 불평등의 숨은 원인을 사회학적으로 분석하는 것이다.
2. 불평등을 역사적으로 고찰하고 과거가 현재에 영향을 미치는 방식을 검토한다.
3. 불평등의 원인과 불평등의 대처방식에 대해 순전히 국가적인 시각이 아니라 세계적인 시각을 취한다.

1. 학제적 접근의 필요성

불평등에 대한 대부분의 학문적 해명은 소득 불평등에서 시작하며, 불평등의 추세에 대한 통찰과 설명을 제공하는 경제학자들에게 의존한다. 이 책은 다른 접근방식을 취한다. 경제학자들이 검토했던 대로 소득 불평등은 아주 중요하다. 하지만 소득 불평등 자체는 소득 외의 다양한 불평등 차원을 포용할 정도로 포괄적이지 않다. 이로 인해 시장이 작동하는 더 넓은 사회적·정치적·역사적 맥락에 주의를 기울여야 한다.

불평등에 대한 경제학자들의 개척적인 탐구에는 합당한 경의를 표해야 한다. 우리는 미국 경제학자 사이먼 쿠즈네츠(Kuznets, 1955)의 기여에서 시작할 수 있다. 이 경제학자는 시간이 흐름에 따라 불평등의 궤도가 역逆U-자 모양으로 나타난다는 이론을 창시했다. 그는 사람들 대부분이 가난했던 산업화 이전의 사회에서는 비교적 낮았던 소득 불평등이 산업화 초기 단계에는 증가했지만 20세기에 교육의 확대와 국가의 자원 재분배 덕택에 줄어들었다고 주장한다. 이 주장은 뒤따르는 논의에서 중中범위 이론의 주요한 참조점이 되었다.

대부분의 경제학자들과 마찬가지로 쿠즈네츠도 소득이 불평등을 이해하는 열쇠라는 것에 초점을 맞춘다. 소득이 의식주뿐만 아니라 건강과 교육을 비롯한 많은 종류의 인간복지에 다가서기 위한 열쇠이기 때문이다. 소득은 또한 적어도 통계자료를 모으려 애쓰고 그렇게 할 역량이 있는 사회에서는 측정할 수 있다.

쿠즈네츠의 모형은 낙관적이며, 소득 불평등이 역 U-자 곡선과 비슷한 모습을 따르는 일부 서구 국가들의 궤적과 완전히 일치한다. 이 모형은 또한 경제학자들이 경제개발 연구에서 전 세계적 차원으로 확대했다. 이 모형에서는 무역에 대한 경제적 개방성과 규제 없는 시장, 효율적인 금융기관이 전 세계적으로 더 많은 기회를 주고 소득을 끌어올리기 위한 열쇠로 간주된다. 이 모형의 주요한 문제는 경제적 추론에 낙관적이지 않은 경제학파가 주장하는 바와 같이 세계적인 소득 불평등 — 국가 간 불평등과 국가 내 불평등 모두 — 이 장기간에 걸쳐 꾸준히 늘어났음을 보여주는 증거가 널려 있다는 것이다.

소득 불평등의 증거를 구하는 한 방법은 전 세계 소득분포의 상위 10퍼센트와 하위 10퍼센트의 소득 비율을 비교하는 것이다. 브랑코 밀라노비치(Milanovic, 2011: 152)의 계산에 따르면, 상위 10퍼센트가 세계 소득의 56퍼센트를 받는 반면 하위 10퍼센트는 0.7퍼센트를 받는다. 즉, 두 집단의 비는 80 대 1이다. 부유한 국가와 가난한 국가의 상이한 가격 수준을 고려하면, 상위 집단의 상대적 몫은 더 늘어나고 하위 집단의 몫은 훨씬 더 줄어든다. 그리고 이 과정에서 두 집단의 비는 더욱 악화되어 격차가 커진다.

전 지구적 불평등은 19~20세기의 대부분 기간에 산업화와 서양의 세계 지배를 거치면서 지금까지 심화되었다. 이러한 불평등을 측정하는 통계학자들은 지니계수라고 불리는 지표를 사용해 완전한 불평등을 100으로 나타내고 완전한 평등을 0으로 나타내는 척도로 주요 수치를 제시한다. (이 척도에 대한 더 많은 논의는 3장에서 볼 수 있다.) 지금은 우리는 이 지수를 사용해 세계적 불평등의 역사적 심화를 강조한다. 1820년 무렵 약 50이었던 수치가 1910년에 61로 올랐고 1992년에는 66까지 올랐다 (Bourguinon & Morrison, 2002). 지난 20년 동안 이 수치의 상승은 멈추었다. 하지만 약 70이라는 아주 높은 수준에서 멈추었다(Milanovic, 2011: 150). 이 수치는 어떤 개별 국가의 수치보다 더 높다. 개별 국가들의 지수는 가변적이다. 최고는 브라질과 남아프리카공화국으로 약 60이고, 미국과 러시아는 40 이상이고, 유럽연합은 중저 수준으로 30이며, 최저는 스칸디나비아다.

이 시기에 걸쳐 불평등은 산업화뿐만 아니라 자본 및 노동과 상품의 지구적 유동성, 까다로운 정부의 규제를 없앤 자유시장과 연결되어 시장이 세계적으로 확장되는 국면에서 심화되었다. 이 과정은 경제적으로 아주 역동적이었으나 세계적 불평등을 줄이는 데 거듭 실패했다. 시장은 효율적일 수도 그렇지 않을 수도 있다. 하지만 시장에는 공정하거나 정의로운 방식 — 인간으로서의 존엄함을 잃지 않을 정도의 삶을 보장할 수 있는 방식 — 으로 반드시 경제적 보상을 배분하는 기제가 없다. 시장은 또한 최근의 세계금융위기 같은 불안과 위기를 주기적으로 야기한다.

이것은 시장 자유화 덕택에 수많은 나라와 경제 부문에서 기회와 소득이 늘어날 수 있고 실제로 늘어난다는 것을 부인하는 것이 아니다. 그렇지만 그러한 낙관론에 더해 극빈과 빈부 격차 확대의 더 어둡고 더 암울한 증거도 있다. 결과적으로 시장의 해결책은 세계적 불평등을 줄이는 수단으로는 분명히 한계가 있으며, 왜 이렇게 되는지를 밝혀내는 일이 이 책의 중요한 과제다.

물론 경제학자들은 필연적으로 지구적 불평등의 패턴을 낙관적으로 인식하는 해명의 옹호자들이 결코 아니다. 단순히 불평등의 정도가 얼마인지, 또는 불평등 상황이 심화되고 있는지 완화되고 있는지에 대한 평가도 경제학자에 따라 다양하다. 이에 대한 증거는 꽤나 복합적이다. 그래서 우리는 지구적인 소득 불평등의 더 심도 있는 조사와 관련이 있는 문헌을 살펴볼 것이다. 소득 추이는 매우 중요하다. 하지만 사회적 불평등과 더 일반적으로 인간복지는 단순히 고용이나 사업으로부터 나오는 소득의 문제가 아니다. 다른 형태의 소득 전이도 중요하다. 예컨대, 생계비용을 덜어주는 복지 급여나 (식량 가격통제나 에너지 가격통제와 같은) 공적 보조금도 중요하다. 이러한 것 너머에는 인간복지와 관련이 있는 사회적 삶의 일련의 다른 측면이 있다. 이러한 측면에는 교육의료설비와 사회참여 권리, 폭력과 학대로부터의 자유가 들어간다. 불평등이 무엇을 의미하는지를 평가할 때는 쉽고 명확하게 측정할 수 없는 삶의 측면을 비롯해 이 모든 것을 고려해야 한다.

경제학자의 불평등 해명을 넘어서야 할 사유

그러면 지구적 불평등에 대한 소득 초점 해명 – 경제학자들이 연구하는 것과 같은 – 이 왜 불충분한지 그 이유를 명확히 밝히는 것이 유익하다.

- 경제학은 복지와 불평등을 판단하는 더 넓은 사회적·철학적 기준에 대해 별로 말하지 않는다.
- 경제학은 불평등의 경제적 기원과 구별되는 사회적 기원에 충분히 주목하지 않는다.

불평등을 조사하기 위한 더 넓은 사회적 · 철학적 척도

인간복지에 대한 더 넓은 접근의 필요성은 이 질문을 해보면 금방 분명해진다. '불평등은 정확히 무엇을 의미하는가?' 더 냉철하게 표현하자면, '무엇의 불평등인가?' 불평등에 관해 말하려면 먼저 국가 내이든 국가 간이든 개인 복지와 가정 복지의 차이를 어느 정도 알아야 한다. 하지만 어떤 종류의 차이가 가장 중요한가? 그리고 모든 차이가 불평등의 문제와 관련이 있는가?

흔한 하나의 대답은 소득의 차이와 부의 차이가 가장 중요하다는 것이다. 이 접근방식이 널리 퍼진 이유는 물질자원이 궁핍하지 않은 삶을 영위하는 데 필수적이라고 여겨지는 소비재뿐만 아니라 건강·교육에의 접근 권리, 공동체 생활 내의 효과적인 사회적 통합 권리를 비롯해 인간복지의 모든 측면에서 결정적이라고 보기 때문이다. 이 경제적 초점은 경제학자들과 많은 다른 사회과학자들이 공유한다. 하지만 어떤 종류의 경제적 차이가 가장 현저한지에 대해서는 여전히 다양한 견해가 있다.

많은 사람에게 가장 문제시되는 것은 전반적인 소득이나 부의 차이의 더 넓은 패턴이 아니라 오히려 빈곤과 경제적 불평등의 극단이다. 일부 경제학자들은 많은 불평등이 단지 사람들의 기술 차이와 자산 차이의 산물일 뿐이고, 따라서 기술과 자본을 소유한 사람들이 더 높은 소득으로 우대받는 어떤 체제에서나 불평등이 불가피하다고 믿는다. 빈곤에 초점을 맞추면, 우리의 관심이 소득이나 부의 배분 그 자체가 아니라 하루에 1달러나 2달러의 소득을 얻는, 세계 인구의 거대한 비율을 차지하는 사람들에게로 옮겨간다. 소득 불평등은 기회 불평등에 비해 이 학파에게 덜 골칫거리다(Wade, 2007: 104~105).

이러한 접근방식은 20세기 후반부에 세계은행이나 국제통화기금과 같은 국제기구의 발달 정책과 연계되었다(Woods, 2006). 국제기구는 애초에 전 세계의 균형 잡힌 성장을 보증하기 위해 설립되었지만, 그 역할은 시간이 흐르면서 다양한 종류의 대출금과 함께 위기 개입이나 정책 조언에까지 확대되었다. 국제기구는 또한 세계화의 대행자가 되어 시장규제 철폐와 자유로운 자본이동을 지원해왔다. 이것이 최저 소득에 긍정적인 영향을 미친다고 흔히들 가정한다. 비판자들은 이에 관한 정책 담론의 중심에 소득 재분배나 더 넓은 사회적·정치적 권리가 아니라 성장과 경제 발전이 있다고 느꼈다. 지난 몇 십 년 동안 세계은행은 교육이나 사회 기반시설과 같은 영역에서 사회적 지원 활동을 확대해왔으며, 사회적 발전과 불평등 완화가 훨씬 더 현저한 목표가 되었다.

분명히 불평등 완화에 도전하려면 경제적 성장만을 강조하던 예전의 시각을 넘어서 발전에 대한 더 넓은 시각을 지녀야 한다. 대안적 접근은 삶의 기회를 늘리기 위해 개인과 가정 그리고 공동체의 역량을 약화하는 온갖 유형의 불평등에 직접 초점을 맞춘다. 여기에는 문해 접근 권리와 교육 접근 권리, 사회적 참여 권리의 결여나 깨끗한 물과 효과적인 위생 관리, 좋은 건강에의 접근 권리의 결여 같은 여러 장애물이 포함된다.

인도의 경제학자이자 철학자인 아마르티아 센(Sen, 1985, 1996)과 미국의 사회철학자 마사 누스바움(Nussbaum, 2000, 2011)은 세계 복지의 '인간개발 접근'이나 '인간 역량 접근'이라는 용어와 긴밀한 연관이 있다. 센에게 시장에 들어가 경제성장 과정이 제공하는 소비재를 선택할 권리는 자유에 대한 너무 좁은 접근이다. 더 중요한 것은 '소중하다고 여겨야 할 이유가 있는 삶을 선택할 권리'다(Sen, 1999: 74-75). 누스바움에게 인간복지의 초점은 '인간의 존엄'을 위한 싸움이며, 이 싸움의 중심에는 '개인이 할 수 있는 것과 될 수 있는 것'이 있다(Sen, 1999: 18). 인간개발의 개념을 이렇게 확대하면, 경제성장을 넘어서 복지의 모든 측면을 포함하게 되고, 또한 통계 평가 영역을 넘어서 개인적 삶에서 나오는 인간의 삶에 대해 여러 증거를 제공할 수 있다.

센의 선택 개념은 더 세심한 주의를 요한다. 왜냐하면 센의 개념이 시장 선택이나 선거 선택을 넘어서기 때문이며, 심지어 불평등을 함의하는 생활방식의 선택에까지 확장되기 때문이다. 인간개발 접근의 이 특별한 유형은 평등보다 선택에 우선순위를 두거나(Walby, 2009: 9) 적어도 결과의 평등보다 기회의 평등에 우선순위를 두는 것으로 보인다. 이로 인해 선택의 강조가 불평등의 유지를 함의할 수 있다는 비판이 야기되었다. 그래서 더 넓은 인간개발 목적에 대한 대안적인 사고방식은 직접적인 불평등 완화의 측면으로서 선택보다 결과에 초점을 맞추었다. 이것은 유엔개발계획UNDP이 계속 유지하는 불평등에 대한 접근으로, 유엔의 새천년개발목표에 새겨져 있다.

이 책에서 곧 살펴보겠지만, 주로 경제적 복지에 초점을 맞추는 것에 반하는 사례는 강력한 사례다. 이 사례는 복지를 소득만으로 측정할 수 없다는 주장에 근거한다. 예컨대 더 나은 소득이 더 나은 건강과 필연적인 상관관계는 없다. 따라서 저소득층과 저소득 국가 사람들의 건강은 소득과 마찬가지로 식단이나 지역사회 교육의 차이에 따라 상당히 다를 수 있다. 반면에 고소득층과 고소득 국가 사람들의 건강 역시 운동이나 알코올 소비, 흡연과 같은 문제에서 생활양식에 따라 다양할 수 있다. 이것은 소득 불평등 완화에 반하는 논증이 아니라, 불평등을 탐구할 때 소득에 더해 만성 질병이나 조기 사망, 폭력 취약성, 환경 위기 취약성 등의 부가적인 요인을 고려하는 것을 지지하는 논증이다. 달리 말하면, 불평등에는 단 하나의 포괄적인 유형이 아니라 다수의 유형이 있다.

문제 해결을 위해 재정적 자원을 투입하는 것은 충분하지도 않고 언제나 적절한 것도 아니다. 예컨대 인종이나 성, 민족성과 관련이 있는 문화적·정치적 편견에 근거한 불평등은 제도 내 학대 행위와 대인 관계를 더 잘 규제하기 위해 법적·교육적·문화적 변화를 요구한다. 이는 다시 노동시장이 제 기능을 발휘할 때 경제적 불평등의 국면을 완화할 수 있다. 하지만 이러한 불평등의 주요한 충격은 인간의 존엄성과 사람들이 자신의 소망을 행하거나 그 소망대로 될 권리 ─ 인간개발 접근의 핵심에 있는 ─ 에 영향을 미칠 가능성이 높다.

사회적 차이에 대한 두 번째 일반적인 핵심은 이 차이가 그 자체로 불평등과 등가가 아니라는 것이다. 사회학자 실비아 월비Sylvia Walby는 다음 질문으로 이를 잘 표현한다. '어떤 것이 언제 긍정적인 가치의 차이이고, 그 어떤 것은 언제 불평등이 되는가?'(Walby, 2009: 21) 이 질문은 불평등을 지각하고 이해하는 방식으로 가치의 결정적인 중요성에 분명한 관심을 끌어 모은다. 이 방식에는 몇 개의 측면이 있다. 한 측면은 불평등에 대한 관심이 평등의 긍정적인 가치 평가에 대부분 의존한다는 것이다. 소득이나 교육 접근 권리, 정치적 힘 접근 권리의 사회적 차이는 오직 생생한 사회적·정치적 쟁점이 된다. 만일 그러한 차이를 부정하고 불공정하며 불필요하다고 간주한다면 말이다. 이것은 다시 그러한 차이를 평가하고 판단하기 위한 어떤 종류의 도덕적·가치적 기준을 전제한다. 세계화가 거세지는 시대에 그러한 기준은 세계 인구 전체를 포함하게 되었다. 지구 어디에서나 드러나는 불평등은, 궁핍과 억압에서 벗어나 존엄을 훼손당하지 않을 정도의 삶을 자유로이 영위할 인간의 권리나 모든 사람의 인간적 잠재력을 현실화할 수 있는 인간개발 같은 기준에 비추어 판단할 때 부당하다고 여겨진다.

그렇지만 불평등과 가치 평가의 연결은 이보다 더 복잡하다. 왜냐하면 서로 다르며 때로는 충돌하는 삶의 방식과 사회적 조직의 형태를 평가하기 때문이다. 두 번째 일련의 문제들은 이것으로부터 나온다. 물질재보다 문화적·영적 가치를 더 높이 평가하는 삶의 방식을 선택하는 어떤 사람도 효과적인 선택을 거의 하지 않거나 전혀 하지 않는 사람들과 동일한 방식으로 불평등의 고통을 겪고 있는가? 여성들의 삶에서 무보수 가사노동에 비해 유급 노동 덕택에 이용할 수 있는 물적 자원의 차이에 의해 발생하는 사회적 차이는 단지 젠더 불평등의 사례를 나타내는가? 아니면 이 사회적 차이는 오히려 두 가지의 귀중하지만 서로 다른 사회적 활동으로 보아야 하는가?

상이한 생활방식의 장점에 대한 가치 합의가 이루어지지 않을 때, 불평등을 소중한 사회적 차이로부터 구별해낼 수 있는 어떤 보편적인 기준도 없는 것으로 보인다. '인권' 같은 표면상 보편적인 기준조차도 특별한 집단 — 이 기준을 적용할 수도 있는 — 의 사회적·문화적 상황에 따라 상대적으로 처리할 수 있다. 그래서 종교나 정치적 전통의 영향을 받는 상이한 문화적 기준에 따라 '여성의 인권'이나 '인권'이 있다. 이 모든 불평등과 차이에는 사회적 삶과 함께 출현하는 자질이 있다. 즉, 월비(Walby, 2009: 21)가 '복합적 불평등'이라고 기술하는 사태다. 이 종류의 복합성이 함축하는 바는 고도로 추상적인 보편주의 공식 — 문화와 무관하다고 말하는 — 의 추구보다 오히려 인간복지의 개선이나 인권의 이행에 대한 담론에서 차이의 권리를 고려해야 한다는 것이다.

개인적 차이의 가치 평가는 많은 학파의 사상에서 분명하다. 이들 사상에는 세계시민주의cosmopolitanism(Appiah, 2006)의 전통이나 영(Young, 1989) 같은 철학자들의 '집단 권리' 초점이 들어간다. 그러나 이 가치 평가는 주류 경제학에 영향을 미치는 경제적 자유주의에서도 발견된다. 그러한 경제적 자유주의에서는 개인과 가정이 그들 자신의 복지를 구성하는 무엇을 결정한다고 가정한다. 비록 사회학자 겸 역사가가 썼지만, 이 책은 경제적 자유주의와의 대화와 아주 비슷하게 썼다. 개인의 차이에 대한 자유주의적인 인식 ─ 어떤 의미에서 매우 진보적으로 보이는 ─ 이 현재 인간의 조건을 표시하는 다양한 불평등을 어느 범위까지 궁극적으로 인식하고 표현할 수 있는지는 여전히 더 살펴보아야 한다.

불평등과 인간복지의 의미가 무엇인지의 문제를 파헤치는 이 시도는 개인들이 이용할 수 있는 소득의 측정보다 훨씬 더 많은 것 ─ 비록 중요하지만 ─ 이 위험에 처해 있다는 점을 보여준다. 더 넓은 사회적·철학적 기준 역시 중요하다. 그러나 지구적 불평등을 더 넓은 학제적 시각에서 접근해야 할 더 심오한 이유가 있다.

불평등은 단순히 경제 내부가 아니라 사회 내부에서 발생한다

이것은 시장을 통해 생성되는 소득에 초점을 맞춘 지구적 불평등에 대한 경제학자의 설명을 넘어서야 하는 두 번째 이유다. 주류 경제학은 사회적 쟁점 대부분을 한데 묶어 배제하고, 시장에서 자원을 할당하는 방식과 경제성장이 발생하는 방식, 소득분배 패턴이 상이한 조건에서 나타나는 방식에 초점을 맞추는 경향이 있다. 이로 인해 가격과 소득을 통해 측정할 수 있는 것에 집중함으로써 초점을 더 넓히고 정확성을 더 다듬을 수 있다. 다른 쟁점들은 대부분 고유한 경제학 외부의 요인으로 간주된다. 그렇지만 세계는 단순한 경제학 모형이 고려하는 것보다 훨씬 더 복

잡하다. 따라서 더 넓은 접근이 필요하다. 이것은 정치경제학과 경제사회학의 전통과 관련이 있을 수 있다. 이 전통에는 불평등의 사회문화적 원인 외에 불평등의 힘과 정치적 근원이 포함된다.

지금부터 소개하는 세 가지 실례는 사회에 대한 더 넓은 학제적 접근 내에서 이용할 수 있는 분석적 폭이 어떻게 그리고 왜 지구적 불평등 연구에 중요한지를 보여준다.

첫 번째 실례는 헝가리 역사학자 칼 폴라니(Polanyi, 1957)의 정치경제학과 관련이 있다. 폴라니는 자유시장, 즉 규제가 전혀 없는 시장이 역사적으로 이례적이라는 점에 주목했다. 과거나 현재의 대부분 기간에 경제적 불안정에 직면한 상황에서 사회적 통합을 이끌어내기 위해 사회제도와 정치제도는 필수적이었다. 자율적인 시장은 더 넓은 사회적 안정은 물론 자체의 질서도 이끌어낼 수 있다. 이러한 시장은 공동체와 복지의 더 광범위한 사회적 원리와 가치에 근거한 정치적·문화적 규제를 무너뜨리는 경향이 있기 때문이다. 본질적으로 바로 이러한 연유에서 복지국가가 19세기 자유방임 자본주의의 실패에 대한 반응으로 생겨났다. 이 통찰은 특히 최근의 전 세계 금융위기에 비추어 보고, 1980년대와 1990년대의 오도된 금융규제 철폐가 만들어낸 금융 관행의 광범위한 거부에 비추어 볼 때 여전히 강력하다(Holton, 2012). 그렇지만 규제 없는 세계시장은 사회적 통합이라는 새로운 문제를 야기한다. 왜냐하면 세계시장은 국민국가의 경계를 넘어서 작동하기 때문이다. 국민 복지국가는 더 이상 충분하지 않다. 폴라니의 접근방식은 해결되지 못한 쟁점에 관심을 끌어 모은다. 그 쟁점은 전 세계 치리governance•가 세계적인 사회관계에 대한 어떤 종류의 사회적·문화적 질서와 합법성을 복원할 수 있는 새로운 형태의 사회조직에 기여할 수 있는가이다.

두 번째 실례는 세계체제이론World System Theory이다. 이 이론은 이매뉴얼 월러스타인(Wallerstein, 1974, 1979, 1991)이 부분적으로 폴라니의 영향을 받아 맨 처음 창시했으며, 번성하는 국제적인 학자 집단이 더욱 정교화했다(2장 참조). 이 이론은 국가 간 세계적 불평등을 설명한다. 각국의 내재적 특성이 아니라 국가와 지역 사이의 상품 교환과 분업을 통제하는 권력관계의 측면에서 설명한다. 이 모형에서는 강력한 '핵심' 국가들이 더 약한 '주변' 국가들을 지배해서 소득 불평등과 삶의 기회 불평등이 영구화된다. 여전히 미해결 상태로 남아 있는 문제는 주변 국가와 주변 지역이 이 장소로부터 어느 범위까지 벗어날 수 있는가와 어떤 종류의 제도와 정책이 이러한 탈출에 도움을 줄 수도 있는가이다. 이 문제는 중국과 인도, 브라질의 최근의 경제적 부상浮上의 측면에서 아주 흥미롭다. 이러한 부상은 세계체제이론이 예측하지 못했지만, 또한 이 나라들은 경제적 규제 철폐에만 의지해서 부상하지도 않았다. 권력 중심 이론은 여전히 중요하다. 하지만 이 이론의 더 정밀한 가치와 한계는 뒷장에서 탐구할 것이다.

세 번째 대안적인 자원 집합은 젠더gender 시각과 여성주의 시각을 통합해 전 세계의 사회적 불평등을 해명하는 것과 관련이 있다. 세계 무대의

●—— 한국의 행정학계나 정치학계, 사회학계에서는 'government'는 '통치'로 번역하고 'governance'는 음역해 '거버넌스'로 옮기고 있다. 이 책에서는 이러한 음역을 피하고 싶어 '협동적인 통치와 관리'라는 의미로 '처리'라는 용어를 주조해 사용했다.

변별적인 성 기반 불평등에 대한 앞선 연구를 바탕으로 한 월비의 책『세계화와 불평등Gobalization and Inequality』은 오늘날 지구적 불평등에 대한 다차원적 분석을 대표하는 주요한 사회학적 공헌이다. 이 책의 핵심적인 한 특성은 불평등을 경제적·정치적·문화적이라고 보는 더 관습적인 접근과 함께 폭력을 불평등의 근본적인 한 측면으로 강조하는 것이다. 이 혁신은 대부분 여성에 대한 가부장적 폭력의 여성주의식 해명에서 나오지만, 이 초점을 국제 관계와 세계화의 작동에서 발생하는 폭력의 분석과 통합한다. 공적 무대에서나 가정 무대에서 폭력은 현시대의 고질병이다. 폭력이 지구적 불평등 연구의 분석 주제로 등장하는 것은 사회학적 접근이 경제학 틀 너머로 지적 틀을 확대하는 수많은 방식 가운데 하나다.

이 세 가지 실례는 지구적 불평등에 대한 더 넓은 사회학적·역사적 초점의 설명적 잠재력을 보여주기 시작한다. 이 실례들은 이 유형의 유일한 시각이 아니다. 또한 나는 경제학적 사고의 불충분성을 다루는 세 가지 실례의 역할을 예단하고 싶지도 않다. 이러한 쟁점은 나중에 논의할 것이다. 현재 중요한 것은 경제학자들의 영향력 있는 뛰어난 이론적 작업에 대한 여러 대안적인 자원이 있다는 점을 강조하는 것이다.

2. 지구적 불평등을 역사적으로 고찰하기

이 책의 두 번째 변별적 자질은 사회 분열의 역사적 패턴과 오늘날 이 패턴의 귀결에 초점을 맞추고 있다는 점이다. 지역 불균등은 지구적인 사회 분열에 필수적이지만, 과거의 불평등을 현재의 불평등에 연결하는 해명은 비교적 적다. 지구적 불평등에 대한 많은 공적인 논의는 곧장 불평등에 관한 가장 최근의 증거나 이야기를 찾으려 하고, 현재의 문제와 위기를 그저 오늘날의 제도와 활동의 탓으로 돌린다. 이 논의는 시의적절하다는 장점을 지니고 있다. 하지만 이 논의는 불평등에 대한 단기적인 패턴과 설명보다는 장기적인 패턴과 설명에 대해 아주 중요한 몇 가지 질문을 배제한다.

이 책에서는 역사적 불평등이 현재의 불평등을 조금이라도 이해하고 설명하는 데 중요하다는 강력한 주장을 펼친다. 역사적인 시각 없이는 현시대의 불평등이 어느 정도 현시대 자본주의와 세계화의 산물인지, 불평등 패턴의 효과가 과거에 어느 정도 정립되었는지, 이러한 과정이 어느 정도 상호 작용하는지를 결정하기 어렵다. 이 초점을 추구하는 부분적인 이유는 상이한 국가에 수십 년이나 심지어 수백 년에 걸쳐 있는 불평등의 뚜렷이 다른 장기적인 패턴이 있는 것으로 보이는 상당한 증거가 있기 때문이다. 달리 말하면, 국가 내 불평등의 패턴은 모든 국가에 적용되는 단 하나의 일반적인 패턴으로 수렴되고 있는 것으로 보이지 않는다.

역사적 접근이 불평등 연구에서 중요한 또 하나의 이유가 있다. 이 연구는 왜 사회적 불평등이 주요한 정치적·도덕적 관심사인지에 대해 해명한다. 사회학자 울리히 벡(Beck, 2010: 167)이 지적한 바와 같이, "역사적 시각에서 사회적 불평등은 비교적 최근에 정치적 스캔들이 된다". 여기서 요점은 객관적인 사회적 차이가 사회적 규범을 위반한다고 이해될 때와 사회적으로 생성되어서 사회 개혁의 대상으로 간주될 때만 불평등이 된다는 것이다. 역사상 오랫동안 불평등은 자연스러운 것이자 신의 의지의 산물로 간주되었다. 불평등은 만물의 질서의 일부였다.

이 질서는 18세기 계몽주의와 함께 무너지기 시작했다고 울리히 벡은 주장한다. 계몽주의는 개인의 이성과 자유, 평등을 종교적 신념이나 군주와 귀족의 권위보다 더 소중히 여겼다. 이 시점부터는 계속해서 평등 – 불평등의 정반대 – 이 주요한 사회적·정치적·문화적 가치가 된다. 이는 불평등을 불공정하고 불필요하다고 지각하는 기준을 제공한다. 그리고 다시 이 기준은 사회적 조치를 통해 불평등을 줄이는 새로운 정치를 정당화한다.

평등의 이상은 많은 형태를 취하며, 벡이 가정하는 것보다 더 오랜 역사를 지니고 있다. 이미 고인이 된 중세의 평론가로서 피어스 플라우만 Piers Plowman은 1381년 농민혁명 전날 다음의 질문을 제기했다. '아담은 밭을 갈고 이브는 실을 짜던 그 시절에는 누가 영주였을까?' 이 질문이 함축하는 바는 사회적 위계와 불평등이 불변적인 질서의 자연스러운 특성이 아니라는 것이다. 그렇다면 계몽주의 시대 훨씬 이전에 사회적 불평등 담론의 출현으로 이어지는 아래에서부터의 종교적 경로가 있을지도 모른다. 아래에서부터의 공산사회주의의 전통 역시 역사적으로나 현시대에서나 불평등에 대한 비판과 관련이 있다. 하지만 불평등에 대한 사회적 평가와 역사적인 관심의 출현을 다룬 벡의 접근방식은 역사에 대한 덜 도식적인 접근에 맞춰 적절히 수정하면 타당하다. 간단히 말해서, 그러한 관심은 부자들이 더 부유해지고 가난한 사람들이 더 가난해질 때 출현하는 것이 아니라, 평등에 대한 사회적 규범이 생겨나서 확산될 때에야 비로소 출현한다(Beck, 2010: 166).

3. 국가적 접근이 아니라 지구적 접근을 취하라

이 책의 세 번째 변별적인 특징은 지난 30~40년에 걸쳐 사회적 불평등과 사회적 계층화를 연구한 사회학자들 대부분이 취하는 불평등에 대한 배타적인 국민국가 접근을 거부한다는 것이다. 국가 내 불평등은 사회적 불평등의 아주 중요한 측면이자, 특히 서유럽에서 민주주의와 복지국가가 대두하는 데 강한 반향을 일으킨 측면이다. 그러나 뒤에서 자세히 살펴보겠지만, 지난 200년 동안 지구적 불평등의 비율이 점점 증가한 것은 국가 내 불평등보다 오히려 국가 간 불평등 때문이었다(Bourguignon & Morrison, 2002; Milanovic, 2011). 이 놀라운 연구의 발견 덕택에 세계화이론가들이 신뢰를 받는다. 그들은 사회생활이 이루어지는 독립적인 국민국가('사회') 세계에 대한 이미지가 종교와 국가, 기구, 가정의 강력한 상호 의존 세계에서 오해를 사게 되었다고 주장한다.

흔히 '방법론적 민족주의'라는 낙인이 찍힌 이 이미지는 여전히 사회적 계층화와 사회적 유동성에 대한 많은 사회학 연구의 초점으로 남아 있다(Beck, 2007). 국가에 초점을 맞춘 접근방식은 확실히 옹호할 수 있다. 이것은 국민국가가 여전히 국제 질서의 강력한 부분으로 남아 있고(Mann, 1993, 1997), 국가에 근거한 불평등에 대한 투쟁에 많은 맥락을 제공하기 때문이다. 그렇지만 이 옹호는 불충분하다. 만일 우리가 국민들 사이에 얼마나 많은 불평등이 존재하는지, 그리고 국경을 넘는 자본 및 상품과 노동의 유동성이 불평등의 과정과 기회의 과정에 얼마의 영향을 미치는지를 알고자 한다면 말이다. 따라서 방법론적 민족주의는 지구적 불평등을 이해하기 위한 토대로서 불충분하다. 비록 무엇으로 이것을 대체할지는 여전히 이어지는 토론의 문제로 남아 있지만 말이다.

벡(Beck, 2007, 2010)은 방법론적 세계시민주의의 관점에서 사고하기를 더선호한다. 이 관점은 국가 내 불평등보다 국경 간 불평등이 지구적 불평등에 더 중심적이라는 것을 암시한다. 하지만 세계시민주의는 분석적 용어와 마찬가지로 규범적 용어이며, 그에 따라 국가 내 참조 틀보다 국가 간 연결과 충성을 중요시한다. 국가적 처리와 관계뿐만 아니라 국가 간처리와 관계도 지구적 불평등을 분석하는 데 아주 중요하다고 보는 방법론을 채택하는 것은 덜 논쟁적일 수 있다. 우리는 방법론적 민족주의나 방법론적 세계시민주의 대신에 방법론적 세계지역주의glocalism를 생각할 수도 있다(Holton, 2009). 그에 따라 불평등의 세계적 측면과 지역적 측면을 함께 다룬다. 이것은 지구적 불평등을 단지 국가 간 불평등과 국가 내 불평등의 혼합물이 아니라 국가들의 경제적·정치적 생활을 초월하는 과정의 산물로 보기 위한 생산적 틀의 역할을 한다.

지구적 불평등: 임시적 정의

지금까지의 논의에 근거해 여기에서는 지구적 불평등이 무엇을 의미하는지에 대한 잠정적인 정의를 제시한다.

불평등은 주변 상황과 기회, 입신 출세 가능성, 소속집단 특성의 차이와 관련이 있다. 사회적 불평등은 인간 사회에 있다고 생각되는 불평등의 원인을 가리키고, 또한 사회적으로 유의미하다고 간주되는 개인이나 집단의 특성을 가리킨다. 불평등을 예시한다고 여겨지는 개인 모집단은 전형적으로 분류된다. 이 분류는 사회적 계층 내에서 국가나 거주 지역을 따를 수도 있고, 성이나 인종, 민족을 따를 수도 있다. 한편 불평등을 식별하는 데는 인구를 구별하는 기준이 필요하다. 이것은 측정이나 양화量化와 관련이 있든, 사회적 지위에 대한 더 많은 양적 지표나 삶의 질을 높이는 자원에의 접근에 대한 더 많은 양적 지표에 의존하든 관계없다. 이러한 기준은 단지 오늘날의 경향을 참조하는 것이 아니라 역사적으로 검토한다.

지구적 불평등은 문제의 개체군이 세계의 주민이라고 여긴다. 이런 의미의 불평등은 그들이 사는 곳이 어디든 간에 단지 차이 – 특히 분리된 개인들의 소득 차이 – 의 관점에서 생각할 수 있다. 그렇지만 이것은 가족과 가정, 공동체, 마을, 도시, 다양한 종류의 이주자 망을 비롯한 사회적 관계와 사회적 망 – 사람들은 이 속에서 살아간다 – 을 무시한다.

이 책의 뒷부분에서는 개인 간 불평등과 가정 간 불평등을 조사하는 것에 어떠한 차이가 있는지 탐구할 것이다. 나는 또한 지구적 불평등을 이해하는 데 소득만을 이용하는 방식의 한계도 탐구하겠다. 하지만 당분간은 정의의 더 심오한 문제에 주의를 집중한다. 이것은 최근의 논의에서 점점 더 중요하게 된 하나의 구별과 관련이 있다. 이 최근의 논의에서는 국가 내 불평등을 국가 간 불평등과 구별한다. 예전에는 국가 내 불평등에 가장 많은 주의를 기울였지만, 사실상 오늘날에는 국가 간 불평등이 점차 세계 내 불평등의 주요 근원을 표상하게 되었다(Bourguignon & Morrison, 2002; Milanovic, 2011). 이로 인해 지구적 불평등의 순수한 국가적 근원에 비해 세계적인 근원을 고려하는 일이 더욱 중요해졌다. 여기에서 근본적인 질문이 나온다. 국가 간 불평등이 왜 그렇게 중요해졌는가?

전반적으로 볼 때, 지구적 불평등은 국가 내 불평등과 국가 간 불평등의 합으로 간주할 수도 있다. 또한 지구적 불평등은 세계 시민들 사이의 소득분배와 더 폭넓은 삶의 기회의 분배에 작용하는 세계적 영향과 국가적 영향을 모두 받는다고 볼 수도 있다.

이 책의 구성

2장에서는 사회과학에서 창시한 사회적 불평등 이론에 관심을 갖는다. 이 장은 경제학과 정치경제학, 사회학의 특성을 보여주는 일반적인 접근 방식 세 가지를 살펴볼 것이다. 이러한 광의의 접근은 단층적이 아니어서, 다양한 유형의 분석과 내적인 지적 충돌을 담고 있다. 이러한 접근방식을 전적으로 서로 별개인 것으로 간주해서는 안 된다. 왜냐하면 이러한 접근방식은 대부분 상호 토론과 비판적 관여를 통해 발생했기 때문이다. 그럼에도 이러한 접근방식은 지구적 불평등을 연구할 때 발생하는 범위와 원인, 정책방안에 대한 복합적인 토의를 단순화하는 유용한 방법이다.

경제학에 대한 토론은 시장에 대해 내어놓은 긍정적인 주장과 이 주장이 경제성장과 발달, 빈곤 완화, 인간복지 강화에 미치는 영향을 비판적으로 평가하며 제시할 것이다. 지구적 시장의 발달은 물론 자본과 상품의 거대한 흐름 덕택에 지난 200년에 걸쳐 경제는 폭넓고 급격하게 발전하고 성장했다. 하지만 경제성장의 혜택을 알아서 하도록 맡겨두면, 시장은 균등하거나 공정하게 분배하지 않는다. 오랜 기간 여러 단계를 거치며 지구적인 자본주의가 발달하는 동안 시장 참여자들 사이에서는 꾸준하고 규칙적인 소득 수렴이 일어나지 않았다. 그렇다면 왜 불평등의 많은 양상이 여전히 증가하고 있는가? 시장자유주의자들은 흔히 이것의 원인을 그저 문화적 보수주의나 자원 부족과 같은 비非시장 요인으로 돌린다. 하지만 시장자본주의와 관련 정책 ─ 경제적 규제 철폐 같은 ─ 은 어떤 측면에서 불평등과 불안정을 초래할 수 있다는 가능성에 직면해야 한다. 심지어 시장자본주의가 다른 측면에서는 발전의 근원이고 생산성을 개선할지도 모르지만 말이다. 만일 경제성장에 대한 시장 기반 해명에 강점뿐만 아니라 약점도 있다면, 모든 추가적인 지적 자원을 이용해 이러한 결핍에 대처할 수 있다.

그러면 두 가지의 더 커다란 자원 집합으로서 정치경제학과 경제사회학에 대해 논의해보자. 정치경제학은 시장의 작용과 불평등의 기원에 대한 영향력 기반 해명에 초점을 두고, 또한 불평등을 재생산하거나 거부하는 필연적으로 정치적인 과정에 초점을 맞출 것이다. 이 전통의 핵심적인 활동에는 월러스타인의 연구(Wallerstein, 1974, 1979, 1991)와 그의 동료들의 연구, 밥 서트클리프(Sutcliffe, 2007)의 연구를 비롯해 세계체제이론과 제국주의이론, 세계화이론이 포함된다. 정치경제학의 접근은 시장을 힘의 구조라고 분석하고 국가 간 불평등을 직접 다룬다. 정책 함축은 지구적인 시장 치리에 대한 주요한 구조적 개혁과 관련이 있고 세계은행이나 세계무역기구WTO와 같은 기구의 변화를 요구한다. 이 경우에 주요한 문제는 불평등의 온갖 근원이 경제적 힘의 불평등으로 환원될 수 있는가이다. 이 문제에 대한 논의는 국가의 힘은 물론 성性과 인종의 담론 정치를 검토하기 위해 힘의 불평등 개념을 자본 소유권 너머로 더 넓게 확대한다.

마지막으로 주의의 초점을 세 번째 사회학적 방안으로 옮긴다. 이 방안은 시장과 국가, 가정, 문화적 관행을 지구적 불평등 연구로 통합할 수 있다. 아주 최근까지 사회학은 지구적인 국가 간 불평등과 지역 간 불평등보다 계층과 성, 인종, 민족성을 비롯한 국가 내 불평등에 대해 할 말이 훨씬 더 많았다. 이로 인해 불평등의 지구적인 구조를 해명하는 일은 거의 대부분 급진적인 정치경제학자들이나 학제적 연구자들 ─ 발달 연구와 지리학, 국제 관계 분야의 ─ 의 몫으로 남겨져 있었다. 지난 20년 동안 사회학자들은 세계화를 둘러싼 논쟁에서 점점 더 중요한 역할을 맡아왔다. 이로 인해 지구적 과정의 경제적·기술적 측면뿐만 아니라 정치적·문화적 측면에 대한 여러 분석이 한데 묶였다. 지구적 불평등을 분석하는 데 중요한 기여를 한 사회학자로는 월비(Walby, 2009), 벡(Beck, 2007, 2010), 카스텔스(Castells, 1996), 테르보른(Therborn, 2006)이 있다.

사회학적 접근의 주요한 강점은 힘의 불평등 연구를 사회적 관계나 제도의 다른 특성과 통합하는 것이다. 사회학은 규제 정책과 규제 철폐 정책, 과세 정책, 사회적 재분배 정책이 불평등의 결과에 대해 가지는 관련성을 비롯해 시장과 국가의 연결을 강조한다는 점을 정치경제학과 공유한다. 그렇지만 사회학은 지금까지 지구적 이주(이것이 불평등에 미치는 영향)에 더 명시적으로 초점을 맞추고 또한 성이나 인종과 연결된 불평등의 패턴에 초점을 맞출 가능성이 더 높았다. 또한 사회학은 불평등과 갈등의 문제뿐만 아니라 사회적 통합에도 오랫동안 관심을 보여주고 있다. 따라서 사회학은 우리가 급격한 지구적 불평등에 직면해 국가 간 조화와 문화 간 조화의 더 위대한 요소를 생성하는 여러 방식을 어떻게 파악할 수 있는지에 대해 이론화할 수 있다. 이것은 논의를 지구적 불평등의 부당성에 대한 도덕철학자들의 관심과 더 명시적으로 연결한다. 또한 지구촌 경제를 향한 사회운동가의 부정적인 여론 동향과도 연결한다.

중요한 세 가지 이론의 강점과 한계를 개괄한 다음 3장에서는 지구적 불평등에 대한 역사사회학을 간략하게 제시한다. 이 분야는 세계화가 현대자본주의보다 역사적으로 더 오래되었다는 명제에서 출발했으며, 또한 자본주의경제체제와 자유무역, 최근의 이주 국면의 출현뿐만 아니라 제국과 노예제, 이주의 과정과 관련을 맺어왔다. 이 분야에서 핵심적인 몇 가지 쟁점이 나온다. 한 쟁점은 과거의 지구적인 사회 불평등의 원인이 현대자본주의와 관련이 없을 수 있다는 것이다. 이 의미에서는 자본주의, 또는 규제 없는 시장이 지구적 불평등을 초래하지 않았으며, '자유시장' 역시 필연적으로 항상 현재의 지구적 불평등의 주요한 근원은 아니다. 분명히 역사적 과정은 복잡하다. 어떤 배경 ― 예컨대 18세기의 대규모 농장 농업 ― 에서는 노예제 같은 제도가 지구적 시장에 필수적일지도 모른다. 설령 더 오래 전의 시대에는 그러한 제도가 주로 정치적 성격과 제국의 성격을 지녔다 할지라도 말이다. 불평등에 대한 역사사회학적 함축은 방법론적 측면에서 지구적 불평등을 장기간에 걸쳐 세심하게 비교하는 것이다.

탐구해야 할 두 번째 쟁점은 과거의 분배와 불평등이 여전히 오늘날의 경험에 어느 정도 영향을 미칠 수 있는가이다. 여전히 분명하게 이 측면에서 노예제와 식민지화의 경험은 식민지 노예 상태에서 벗어난 국가들과 과거 제국으로서 노예를 소유했던 보통 더 부유한 국가들 사이에 형성되는 문화적 관계의 참조점이다. 이 쟁점은 현재 이주로 인한 갈등에 반향을 일으킨다. 이 갈등에서 더 부유한 나라들은 예전에 식민지 지배를 받았던 나라들을 비롯한 더 가난한 나라에서 오는 이민을 제한하려고 한다. 그러는 사이에 미국에서는 일종의 내부 식민주의가 '백인' 인종 핵심과 '아프리카계 미국인' 집단의 관계에서 감지되었다. 이 관계는 노예제 철폐 이후 150년이 지난 오늘날에도 여전히 불평등을 상징하는 특징으로 남아 있다.

따라서 3장은 오늘날의 지구적 불평등에 대해 역사적 시각을 제공한다. 이 시각은 시간상에서 비교하는 목적이나 현재의 역사적 유산을 분석하는 목적을 이루는 데 모두 유용하다.

4장과 5장, 6장은 가장 넓은 의미에서 보는 오늘날 지구적 불평등의 국면과 관련이 있다. 4~6장은 대체로 증거에 기반을 두고 있으며, 불평등의 경제적 측면은 물론 더 넓은 측면의 자료를 담고 있다. 이들 장에서는 개인이나 집단의 삶의 경험에 근거한 질적인 증거뿐만 아니라 통계적으로 양화할 수 있는 불평등의 형태를 논의한다.

4장은 지구적인 소득 불평등과 부의 불평등을 논의하며, 국가 내 측면과 국가 간 측면을 모두 검토한다. 이 문헌은 방대하며 경제학자들의 논의를 압도한다. 3장의 역사적 접근에 근거해 4장은 먼저 지난 200년에 걸친 산업화와 지구적인 경제 발전의 급속한 진행 이래로 소득 불평등이 어느 정도 증가했는지 아니면 어느 정도 줄어들었는지를 검토한다. 이 접근은 비전문적일 것이다. 이 장의 주요 질문은 부유한 나라들과 가난한 나라들의 소득 격차가 얼마나 더 줄어들 수 있는가 아니면 더 벌어질 수 있는가이다. 이 질문에서는 가난한 나라들과 다소간 부유한 나라들의 격차를 메우는 가교 역할을 하는 것으로 보이는 중국의 부상을 언급하고, 또한 많은 최빈국의 빈곤 완화 실패를 언급할 것이다.

4장에서는 계속해서 국가 내 불평등 그리고 국가 간 불평등의 차이와 가정 기반 설문조사 증거의 점진적인 사용 증가를 비롯한 최근 연구의 주요한 혁신을 논의한다. 이 논의에서 핵심적인 참조점은 경제학자 브랑코 밀라노비치의 연구다(아래 참조). 밀라노비치의 연구를 지구적 불평등이 증가하고 있는지, 감소하고 있는지, 또는 안정적인지를 다루는 현재의 토론에 대한 하나의 제안으로서 심도 있게 검토할 것이다. 국가 간 불평등이 계속해서 지구적 불평등의 가장 중대한 원인일 것인가? 아니면 예란 테르보른(Therborn, 2011)이 제안한 것처럼 이제는 국가 내 불평등의 중요성이 더 커지고 있는가?

5장에서는 불평등 분석의 초점을 소득과 부로부터 기대수명과 질병률, 건강, 교육, 장애, 차별과 배제, 정치참여의 문제로 확대한다. 이렇게 불평등을 더 폭넓게 측정해야 경제학자의 소득 초점을 가정 내와 공동체

내, 정치적 영역 내의 사회적 관계로 확대할 수 있다. 여기에서 불평등의 비非소득 기반 측면은 여전히 아주 중요하다. 이러한 확대는 개인 복지보다 오히려 인간 발달의 개념과 관련이 있다. 그리고 이로 인해 우리는 대부분의 경제학 이론 학파에서 제시하는 개인적인 평안에 대한 지나치게 얄팍하고 간략한 해명을 넘어설 수 있다.

이러한 더 폭넓은 접근은 초점을 경제적 분석 너머로 확대해 더 넓은 사회과학의 문헌을 끌어들이고 양적 증거와 질적 증거를 모두 사용한다. 이러한 접근의 주요한 목적은 사회적 과정의 내포가 지구적 불평등을 이해하는 데 어떤 차이를 내는지를 명확히 밝히는 것이다. 물론 불평등의 소득 측면과 비소득 측면은 필연적으로 연결되어 있지만, 여기에서는 분석을 지원하고 경제학 문헌에서 소득을 주로 강조하는 것을 수정하기 위해 이 두 측면을 별개의 장에서 논의한다.

젠더 불평등은 소득뿐만 아니라 여성과 아동의 건강과 더 넓은 사회적 참여권에도 영향을 미친다. 젠더 불평등은 오랜 역사에서 지구적 불평등의 일관성 있는 특징이었다. 젠더 격차를 줄이는 약간의 진전이 있었는데도 말이다. 이 논의는 젠더 불평등이 어떻게 발생했는지, 어떤 주요한 장애가 남아 있는지를 고려할 것이다. 이로 인해 분석은 원자화된 가정을 넘어 지구적 유동성은 물론 현재는 식민지에서 독립한 국가의 주민들이 강요받는 제국과 식민주의의 위계로 확장된다.

6장은 앞선 장에서 전개한 분석적 주제들을 한데 모으고 '세계화는 지구적 불평등을 어느 정도 초래하는가?'라는 질문을 중심으로 논의를 펼친다. 이 질문은 오늘날 많은 토론과 사회운동가의 정치에서도 아주 중요하다. 예컨대 1999년 시애틀에서 열린 세계무역기구 회의, 또는 '점령하라 운동Occupy Movement'이 뉴욕과 런던의 기업권력의 상징을 향해 펼친 가장 최근의 도전을 보라. 그렇지만 현시대의 세계화가 지구적 불평등에 주요한 책임이 있다는 추정은 문제가 있으며 너무 단순화한 것이다. 지구적 불평등은 경제적 세계화가 강화될 때 필연적으로 악화되는 것이 아니다. 여러 다른 유형의 불평등에 많은 다른 이유가 있는 복잡성을 이해하려면 훨씬 더 폭넓고 더 섬세하게 분석해야 한다. 경제적 세계화는 지구적 불평등의 어떤 특징과 연결된다. 하지만 이 경제적 세계화는 이야기의 일부일 뿐이다. 그리고 경제적 세계화의 영향은 어떤 측면에서는 근본적으로 부정적이 아니라 오히려 긍정적이었다.

여기에서의 논의는 세계적인 제도와 정책의 지원을 받는 지구적인 기업 활동이 지구적 불평등에 어느 정도 책임이 있는지를 평가할 것이다. 지구적 불평등의 어떤 측면을 자유무역과 외국인직접투자, 지구적 이주의 탓으로 돌릴 수 있는가? 그리고 경제적 규제 철폐 정책은 가난한 국가들을 빈곤에서 끌어내는 데 어떤 효과를 발생시켰는가? 반대로 경제적 세계화는 어떤 긍정적인 기여를 했는가?

드러나는 바와 같이 자유무역을 통한 경제적 개방이 언제나 불평등의 악화와 연결되지는 않는다. 특히 중장기적인 측면에서 그렇다. 그렇지만 세계시장은 특정한 환경 아래에 있는 가난한 국가들의 입장을 악화시킬 수 있고 실제로 그렇게 한다. 그래서 나의 논의는 어떻게 가난한 국가들의 상황이 악화되는지를 파고든다.

외국인직접투자도 부정적 효과뿐만 아니라 긍정적 효과도 낸다. 반면에 가난한 나라의 사회적·정치적 특성을 무시하는 방식으로 규제 철폐 프로그램과 민영화 프로그램을 시행하면 흔히 상황은 역시 악화된다. 전 세계 가장 가난한 지역 가운데 하나인 사하라사막 이남 아프리카의 사례는 다루기 힘든 불평등 수준에 대한 지구적 영향의 관련성과 한계를 예증하기 위한 분석의 수많은 시점에서 탐구한다.

세계화와 불평등 사이의 복합적인 관련성 — 긍정적이든 부정적이든 — 을 분석한 다음 6장의 후반부에서 이루어지는 분석은 더 폭넓은 일련의 주제들을 검토한다. 이러한 주제에는 불평등을 초래하는 환경적 과정이 포함되고, 이 환경적 과정은 그 자체가 인구통계의 변화와 연결된다. 그 다음에는 인간의 잠재력과 자존감에 영향을 미치는 불평등의 형태를 설명하는 데 아주 중요한 인종주의와 가부장제의 문화정치에 더 많은 주의를 기울인다. 마지막으로는 지방 정치제도와 관련이 있는 쟁점도 고려한다. 다시 한 번, 분석의 가장 근본적인 초점은 지구적 불평등의 다차원적 본성에 두고, 지구적 불평등의 복합적인 원인을 설명하는 데 폭넓은 사회학적 접근이 지닌 가치에 둔다.

결론을 내리는 7장에서는 지구적 불평등에 대해 무엇을 할 수 있는지 묻는다. 이 질문은 불평등에 대해 앞선 장에서 논의했던 설명들과 다시 연결된다. 7장은 상세한 청사진이 아니라 오히려 개발원조와 폭넓은 정책 전략, 정책의 일반적인 특징에 관심을 둔다. 일반적인 정책 대응 가운데 작동할 수 있는 대응은 어떤 것이고, 이미 별로 유익하지 않다고 판명이 난 대응은 어떤 것인가?

이 책의 주요한 분석적 발견의 하나는 세계화가 그 자체로는 지구적 불평등의 일반적인 가장 중요한 원인이 아니라는 것이다. 지구적 불평등의 원인은 다양하며, 지구적 처리와 정책은 물론 국가적 처리와 정책과도 관련이 있다. 이것은 반세계화 정책이나 탈세계화 정책이 지구적 불평등 — 그리고 분명히 국가 간 불평등 — 을 완화하지 못하리라는 것을 암시한다. 한편 많은 상황에서 가난한 나라의 발전과 소득 상승을 촉진할 수 있는 세계화의 일부 측면이 있다. 이 증거는 무역 개방과 외국인직접투자가 흔히 긍정적 영향을 미칠 수 있다는 것을 암시한다. 작동하지 않는 정책 대응은, 충분한 사회적 지원이나 정치제도 개혁이 없는 강제적인 규제 철폐와 민영화를 강요하는 엄격한 워싱턴 컨센서스• 모델이다. 시장 자율은 그 자체로는 불평등을 줄이기에 충분하지 않다. 자체적으로 맡겨 놓으면 '자유시장'은 발전 문제의 악화와 불평등의 증가를 유발할 수 있다. 그래서 세계자본주의global capitalism를 어떻게 불평등 완화와 더 많은 조화를 이루게 할지, 그리고 세계자본주의로 하여금 어떻게 소득과 공적 자원을 분배하는 더 공정하고 정당한 방법을 내어놓게 할지의 문제는 여전히 남아 있다.

많은 사람에게 지구적 불평등은 여전히 고착화된 것처럼 보인다. 하지

• —— 세제개혁, 무역·투자 자유화, 탈규제화 등 열 가지 정책을 골자로 하는 미국식 시장경제체제 중심의 경제개혁 처방. 1989년 미국 정치경제학자인 존 윌리엄슨이 쓴 저서에서 맨 처음으로 '워싱턴 컨센서스'라는 용어가 나왔으며, 이를 1990년 미국 국제경제연구소(IIE)가 남미 국가들의 경제위기 해법으로 제시했다. 1990년대 초반 동구 사회주의국가들이 체제를 전환하는 과정과 1990년대 후반 아시아 국가들이 경제 위기를 타개하는 과정에서 미국 주도의 이 신자유주의 처방을 주요 정책으로 채택했다.

만 몇몇 변화의 조짐이 보인다. 특히 브라질과 러시아, 중국, 인도라는 이른바 BRIC^{Brazil, Russia, India, China}의 부상이 두드러진다. 내부적으로는 불평등하지만, 1인당 소득을 토대로 살펴볼 때 이들 국가 — 특히 중국 — 의 성공적인 경제 발전은 지구적인 국가 간 불평등을 상당히 감소시켰다. 하지만 이 성공은 전면적인 규제 철폐를 바탕으로 거둔 것이 아니라, 국가 주도의 선택적이고 부분적인 규제 철폐를 통해 거둔 것이다. 이 과정은 역시 현대자본주의 세계체제가 변화가 불가능할 정도로 완전히 불평등하지는 않다는 것을 보여준다. 이 체제의 변화가 불가능한 경우에는 모든 가난한 나라들이 영원히 불평등과 빈곤의 덫에 걸리게 된다. 그럼에도 BRIC은 아프리카와 아시아의 더 작은 많은 가난한 국가들에 비해 비교적 강력한 국민국가다. 그리고 세계체제이론과 일치하기 때문에, 이 BRIC 국가들은 이미 더 약한 국가나 지역과의 관계에서 힘과 영향력의 더 새로운 불평등을 창조하고 있는지도 모른다.

이후 7장은 국가 주도가 역시 얼마나 작동할 수 있는지, 그리고 개혁된 세계 치리 제도에 얼마나 의존해야 하는지를 계속해서 논의한다. 또한 경제 문제에 대한 국제기구와 국가의 개입 강화에 의존하는 특별한 두 가지 정책 조치 — 불평등 완화에 적합한 — 를 논의한다. 이러한 조치는 세계적인 금융거래세를 지지하는 제안이며, 지구적 이주에 대한 규제를 더 많이 완화해야 한다는 발상이다.

누스바움이나 여타 학자들의 주장과는 정반대로, 국민국가는 세계적인 협력을 통해 인간개발의 강화를 추구하는 조치를 실행하는 데 필수적인 지구적 협력을 보장할 충분한 역량이 없다. 이러한 쟁점은 하버드대학교 경제학자 대니 로드릭Dani Rodrik의 정책 관련 연구를 상세히 검토하며 논의하는데, 경제 세계화와 국가주권, 민주주의 사이의 삼도논법trillemma 에 대한 로드릭의 이론에 초점을 맞춘다. 이 세 가지를 동시에 모두 달성 한다는 삼도논법은 불가능해 보이지만 말이다.

전진하는 한 가지 잠재적인 방법은 세계 치리의 신자유주의적인 형식 이 아니라 오히려 사회민주주의적인 형식을 통하는 것이다. 이 방식의 장 점은 워싱턴 컨센서스 이후의 세계에 대한 가능한 기여로 간주된다. 사회 민주주의적인 주도는 소득은 물론 폭력이나 문화적 배제를 비롯한 많은 차원의 불평등에 적합하다.

7장의 주장은 지구적 불평등과 관련된 단순화한 일반적인 정책 처방에 대한 일관성 있는 경고다. 또한 정책 대응에서 계획적 요소를 선호해서 성공한 전 세계적인 건강 정책에 대한 사례 연구를 이용한다. 이 연구는 무엇이 작동하는지, 왜 작동하는지에 초점을 맞춘다. 그리고 전 세계의 건강 부문에서 나타나는 지구적 불평등에 대해 엘리트가 지원하는 하향 식 접근이 작동하지 않는다는 점을 보여준다. 오히려, 만성질환과 도덕적 문란함의 사악한 결과로부터 가난한 주민을 자유롭게 하기 위해 작동하 는 건강증진 프로그램에서 아주 중요한 것은 하향적으로나 상향적으로 활동하는 다수의 행위자다. 이 무대에서는 공동체 참여가 그러하듯이 행 동하려는 정치적 자발성이 엄청난 차이를 만든다. 그리고 이 책은 지구적 불평등을 줄이기 위한 구체적인 6개의 권고와 함께 끝을 맺는다.

2

"

사회 불평등 이론

"

이 장은 사회과학에서 창시한 사회 불평등 이론을 검토한다. 전형적으로 사회 불평등 이론은 불평등의 기원과 결과에 대한 일반적인 설명을 펼친다. 이 장은 세 가지 접근법을 제시한다. 첫째는 시장과 세계화에 대한 경제학자들의 연구이고, 둘째는 권력을 중심에 두는 정치경제학의 시각이며, 셋째는 경제적 생활과 정치적 생활, 문화적 생활의 상호작용을 중심에 두는 사회학이다. [이러한 전통에 대한 더 심오한 통찰은 Holton(1992)을 보라.]

세 가지 접근법은 완전히 균일하지도 않고 또한 서로 분명하게 구분되지도 않는다. 따라서 제기하는 질문이나 사용하는 개념, 분석하는 증거에 상당한 중첩과 공통의 기반이 있지만, 또한 이론적 폭과 분석의 초점에는 약간의 두드러진 차이와 대조도 있다. 그러한 차이에서 지구적 불평등의 범위와 원인, 귀결에 대한 상당히 다른 해명이 나온다. 이 장에서는 시장의 경제학과 힘의 정치경제학, 세계화의 사회학에 대한 종합적인 설명을 제시하지 않는다. 내가 하려는 것은 변별적인 세 가지 접근법이 지구적 불평등을 이해하는 방식을 분석하는 것이다. 나의 목적은 이들 접근법의 분석적 강점과 약점을 식별해 평가하고, 더 구체적으로는 사회학적 설명이 경제학과 정치경제학에 무엇을 더하는지를 명확히 밝히는 것이다.

경제학

핵심 주제와 쟁점

경제학자들은 지구적 불평등을 분석하는 데 많은 기여를 해왔다. 그들은 불평등이 왜 발생하는지와 불평등이 왜 국가 간에 다른지에 대한 이론을 제시하는 데 중요한 역할을 해왔다(Kuznets, 1955). 그들은 또한 불평등의 역사적 정형화에 대한 해명도 제시했다(Bourguingnon & Morrison, 2002). 그리고 개인과 가정에 대한 소득 불평등 자료를 분석했다(Milanovic, 2011). 경제학자들은 또한 세계화가 오늘날 지구적 불평등의 패턴에 얼마나 책임이 있는지와 어떤 의미에서 책임이 있는지에 상당한 주의를 기울였다. 그들은 세계은행 같은 기관과 연계해 지구적 발달이나 지구적 빈곤의 개선에 대해 정책을 조언하고 평가하는 일에도 중요한 역할을 해왔다. 그렇지만 경제학자들은 한목소리를 내지는 않았으며, 규제 없는 시장과 이러한 시장이 평등 및 불평등의 패턴에 미치는 영향 사이의 관계에 대해 여전히 의견이 갈린다. 그리고 최근의 불평등 심화에 대한 연구는 대체로 경제학자들이 수행해왔다.

지난 19세기와 20세기에 시작된 경제학자들 사이의 정통 신고전주의의는 규제가 철폐되거나 적어도 완화된 시장이 경제 효율성과 이에 따른 더 높은 생산성의 아주 중요한 근원이라고 주장한다. 신고전주의 경제학자들이 이렇게 주장하는 이유는 그러한 시장이 경제 팽창의 동력을 제공하는 생산자들과 소비자들이 이성적으로 사용하는 사익의 역동적 잠재력에 의존할 수 있기 때문이다. 더 높은 수준의 정치적 규제와 관련이 있는 대안 경제체제 ─ 사회주의 체제나 공산주의 체제를 비롯한 ─ 에 비해, 시장이 더 효율적이며 따라서 경제적 기회를 더 많이 확대하고 소득을 늘릴 수 있다고 본다. 20세기에 이 접근방식은 경제성장과 지구적인 경제 발전을 분석할 때 더욱 확대되었다. 그리고 경제학자들의 연구 대부분을 지배하는 기저의 특성은 경제적 자유주의다.

시장이 인구집단 전체의 필요를 충족하는 데 적합한 자원의 공평한 분배를 보장하지 않는다는 비판이 적어도 2세기 동안 일었다. 하지만 시장 기반 번영에 대한 낙관론은 20세기 전반부에 일어난 두 번의 세계대전과 경제 침체 이후에 되살아났다. 이 낙관론은 미국 내 경제학자들과 많은 사회학자들 사이에서 가장 분명했다. 이 맥락에서 현대화이론이 로스토(Rostow, 1960)와 파슨스(Parsons, 1960), 불라우와 던컨(Blau & Duncon, 1967)의 다양한 연구를 중심으로 발생했다. 현대화이론의 폭넓은 주장은 성공적인 산업화를 거친 서구 사회가 전통 사회에서 현대사회로 옮겨가고 있다는 것이었다. 현대성은 규제 없는 시장을 의미했으며, 정치적 민주주의나 개인주의적 성취의 문화와 결부되어 있었다. 현대화하는 사회의 성격 구조는 시장성 있는 기술을 늘리는 교육을 매개로 경제적 성공과 사회적 계층 상승에 필수적이었다. 여전히 개별적인 국민국가의 관점에서 생각되는 사회는 생산적인 시장과 더 좋은 교육을 받은 성취 지향적인 개인들이 전통적인 한계를 넘어설 때 더 평등해질 것이다. 그리고 그러한 성취는 서구 제도의 확산을 통해 전 세계 모든 지역으로 전파할 수 있다고 생각했다.

시장과 현대 제도에 대한 이 낙관론은 서유럽과 북아메리카에서 성취한 장기간의 경제성장과 사회변혁이라는 역사적인 기록에 부분적으로 의존했다. 그래서 시장 기반 경제가 동유럽의 명령 경제 – 즉, 공산주의 경제 – 보다 더 잘 수행했다고 주장했다. 이 관점은 20세기 말에 일어난 공산주의 경제의 위기와 붕괴가 명확히 입증하는 것으로 보인다. 시장 낙관론은 제2차 세계대전 이후의 경제적 세계화의 쇄신 국면과 연결된 경제적 혜택 덕분에 더욱 강화되었다. 이 주장은 지구적 시장이 단지 최빈국뿐만 아니라 전 세계의 생활수준을 끌어올릴 수 있는 훨씬 더 생산성 높고 역동적인 경제를 제공했다는 식이었다. 이러한 가정을 토대로 국제통화기금이나 세계은행, 세계무역기구에서 중요시하는 세계 치리 원리인 워싱턴 컨센서스가 구축되었다. 워싱턴 컨센서스는 시장규제 철폐와 공기업 민영화, 자본과 상품의 국가 간 유동성을 경제성장이나 지구적 번영과 연결했다.

경제학자들이 수용하는 정설은 선도적인 금융부 기자인 마르틴 울프 Marin Wolf가 잘 요약한다. 울프는 경제적으로 성공한 나라들이 "시장경제를 향한 어떤 조치"를 공유하며, 이러한 조치는 "국가 소유나 계획, 보호"보다 오히려 "사유재산권이나 자유기업, 경쟁"에 근거한다고 주장한다. 간단히 말해서 "이러한 나라는 …… 경제적 자유화와 국제적 통합의 길을 선택했다. 이것이 문제의 핵심이다. 그 밖의 모든 것은 부차적이다"(Wolf, 2004: 140~143).

경제적 자유주의가 시장 효율성을 현대성과 인간복지 개선의 열쇠로 강조하면서, 20세기의 마지막 30여 년에는 세계 인구의 거대한 다수에게서 삶의 기회를 끌어올리지 못해 점점 더 많은 문제가 발생했다. 분배 –

즉, 경제 혁신의 혜택을 모두에게 분산하는 방법 — 의 문제는 1950년 이후의 엄청난 경제적 호황에도 불구하고 세계적으로 분명했다. 다시 한 번 경제적 효율성이 더 높다고 해서 소득과 부, 생활수준 확장의 균등한 분배가 자동으로 보장되지는 않는다. 1990년대에 금융이 호황일 때는 경제학자들과 현대화이론가들의 자만심이 다시 나타났다. 하지만 이 호황은 2008년과 2009년의 지구적인 금융위기가 초래한 통화수축으로 귀결되었으며, 이 위기는 규제 실패**와** 시장 실패 **둘 모두**에서 나온 위기였다(Holton, 2012). 경제적 가치는 정부가 시장이 할 수 없었던 안정화를 제공하고자 개입했을 때 엄청난 규모로 파괴되었다.

경제적 자유주의에 대한 비판적 평가

경제적 자유주의의 강점과 한계를 마르틴 울프가 요약한 평가보다 더욱 균형 있게 평가하려면 복잡성을 더 명확히 인식해야 한다. 한편으로는 이성적인 사익과 기업가적 열성이 주도하는 시장이 역동적이고, 경제적 생산성의 증대가 시간의 흐름상에서 소득 총액을 정말로 끌어올린다. 법적으로 보장된 재산권이나 전쟁에서 촉발된 기술혁신, 인적 자본human capital•의 증가와 같은 영역에서 생산성, 기반 구조에 대해 사적 기여는

•—— 경제학의 전문용어로, 기본적으로 개인적 소득이나 부는 물론 경제성장을 견인하는 데 귀중한 지식이나 경험, 창조성과 같은 개인적 속성을 가리킨다. 취업기술보다 더 폭넓은 범주다.

물론 공적 기여 지원도 이루어진다. 그래서 자유시장이 문제의 핵심이라는 것은 지나친 단순화이자 이상화다. 그리고 이것을 넘어서 또한 시장 역동성의 혜택이 인구의 모든 부문과 세계의 모든 지역에까지 거침없이 흐르지 않는다는 것도 분명하다.

경제적 자유주의에 대한 이 비판의 기저에는 세 가지 핵심적인 명제가 있다. 첫 번째 명제는 가장 부유한 사람들과 가장 가난한 사람들 사이의 격차로 측정되는 사회적 불평등이 시간이 흐르면서 줄어들기보다 심화되었다는 것이다. 밀라노비치(Milanovic, 2011: 100)가 지적하는 바와 같이, 1820년에는 세계의 가장 부유한 나라들인 영국과 네덜란드가 인도와 중국보다 단지 세 배 더 부유했다. 오늘날에는 가장 부유한 나라들이 가장 가난한 나라들보다 백 배 더 부유한 반면, 가장 부유한 국가가 아닌 영국이 중국보다 여섯 배 더 부유하다. 중국이 지난 10년에 걸쳐 경제적 성장을 이룩했는데도 말이다. 이 점을 명확히 밝히는 또 하나의 방식은 세계에서 가장 부유한 10퍼센트 사람들의 몫과 가장 가난한 10퍼센트 사람들의 몫을 비교하는 것이다. 밀라노비치는 세계적 수준에서 세계 인구의 가장 부유한 10퍼센트가 세계 소득의 56퍼센트를 받는 반면, 가장 가난한 10퍼센트가 단지 0.7퍼센트만을 받는다고 계산한다. 이 차이는 약 80 대 1의 비다(Milanovic, 2011: 152).

경제적 자유주의자들의 반론은 가장 가난한 사람들이 사하라사막 이남 아프리카의 많은 지역에서처럼 세계적 경제 속으로 가장 적게 병합된 사람들이라는 것이다. 따라서 그들의 곤경은 시장이나 경제적 세계화의 탓으로 돌릴 수 없으며, 세계화가 너무 많이 되어서가 아니라 너무 적게 되어서 고통을 받는다. 그렇지만 이 옹호는 수많은 이유에서 설득력이 높지 않다. 불리한 기후나 빈약한 부존자원, 정부 부패와 연결되는 느린 성장과 극단적 빈곤의 지역적 원인이 존재할 수 있다는 것은 사실이다(Sachs & Warner, 1997). 그러나 이는 이 지역 빈곤의 내용 전체가 아니다. 분배 실패의 지역적 원인만을 주장하는 것은 외부적 원인도 있다는 가능성을 배제한다. 외부적 원인은 기업이나 서방 정부, 세계 치리 기관을 비롯한 외부 이해집단의 행위와 관련이 있다. 재프리 색스나 앤드류 워너(Sachs & Warner, 1997)에 따르면, 공적인 정책이 달랐더라면 빈약한 부존자원에도 불구하고 가난한 지역의 성장률이 증가하고 묵시적으로는 불평등이 완화되었을 수도 있다. 또한 지역의 정치 상황이 언제나 불평등을 재생산한다고 가정해서도 안 된다. 더 나중에 수행한 색스 등(Sachs et al., 2004)의 연구에서는 아프리카의 많은 정치제도의 긍정적 특징에 대한 증거가 아프리카의 치리가 빈약하다는 흔한 고정관념이 아주 오도적임을 보여준다.

전형적으로 부유한 나라의 정부는 가난한 나라로부터의 이민을 제한하고, 그에 따라 더 나은 삶을 향한 경로를 차단함으로써 자국의 시장을 보호한다. 미국이나 유럽연합의 국가를 비롯한 많은 국가 역시 국내 생산자들에게 보조금을 주고 더 가난한 국가의 식량 생산자들이 무역으로 빈곤에서 벗어날 수 있는 역량을 제한함으로써 자국의 농업 시장을 보호한다. 마지막으로 사하라사막 이남 아프리카 같은 지역에서 국제통화기금과 세계은행이 실행한 프로그램은 아주 선한 의도에도 불구하고 긍정적 결과보다 부정적 결과를 낳았다(Stiglitz, 2002).

그러한 상황에서 급진적인 시장 중심 치유책의 이면에 있는 근원적인 문제는 흔히 운송 기반 시설 같은 시장을 지원하는 자원이나 지역 신용공급회사 같은 제도가 부족하다는 것이다. 국가 주도를 급격히 줄이고, 그러한 상황에서 자립적인 발달 탄력을 쉽게 끌어올릴 것이라고 가정하자 흔히 상황은 지금까지 더 악화되었다. 이 경우의 반정부적인 편견은 지난 30년에 걸쳐 중국이 수행한 시장과 국가 기반 경제 발전의 대체로 성공적인 결합과 대조된다.

농업에 대한 시장 중심 접근의 실패는 사하라사막 이남 아프리카에 대한 세계은행의 농업 정책을 다룬 하워드 스타인Howard Stein의 2011년 연구에서 분명하게 드러난다. 지난 30년 동안 이 지역에서는 일반적으로 빈곤은 물론이고 세계의 다른 지역과의 불평등 격차가 악화되었다. 스타인은 이것을 반정부anti-government 편견이나 빈약하게 고안된 시장 중심 프로그램과 아주 큰 규모로 연결한다. 세계은행이 공공 지출의 삭감을 요구했을 때, 도로나 관개灌漑, irrigation를 대상으로 한 투자는 이전에도 낮았던 수준에서 더 감소했다. 농업에 대한 연구나 투자도 마찬가지였다. 이와 유사하게 탄자니아에서 비료 공급에 대한 규제를 철폐하고 농부들에게 보조금을 주는 조항을 없앴을 때, 시장가격이 너무 많이 올라서 많은 농부들이 비료 사용을 중단했다. 그러는 사이에 사적인 대손충당금은 유능한 생산업자들에게 혁신과 사업 확장을 위한 동기가 되지 못했다. 그래서 이 경우에는 사익에 충실한 합리적인 농부들이 유동적인 가격 신호에 따라 생산을 늘리려는 효율적인 세계와, 융자를 받을 수 있는 신용도 부족하고 농산물을 시장에 보내줄 좋은 도로도 부족한 농부들의 현실 사이에 거대한 괴리가 있다. 이러한 무대에서는 새로운 기술 학습에 들어가는 정보비용이 높다. 이는 성공적인 수확에서 기후 위험성이 높은 것과 같다.

여기에서 도출해야 하는 결론은 시장이 경제 발전에 기여할 수 없다거나 사람들이 스스로 빈곤에서 벗어날 기회를 제공할 수 없다는 것이 아니다. 또한 세계화가 모든 발달 문제의 근원이라는 것도 아니다. 오히려 결론은 경제적 자유주의가 경제를 발전시키고 가장 중대한 형태의 불평등을 완화할 전략의 버팀목으로서는 중대한 한계를 지니고 있다는 것이다.

경제적 자유주의에 대한 비판과 관련이 있는 두 번째 명제는 시간의 흐름상에서 세계국가들의 불평등 윤곽이 제한적으로만 수렴되었다는 것이다. 이 쟁점은 경제적 자유주의나 현대화 이론에 모두 중요하다. 왜냐하면 전통적 관행에서 현대적 관행으로 경제가 바뀌었을 때, 이 변화로 인해 관련 국가들에서 유사한 소득분배 패턴이 생성되는 경향이 있을 것이라고 가정했기 때문이다. 이 가정을 뒷받침하는 하나의 이론적 토대는 세계화가 자본이나 노동과 같은 생산 요인의 가격 수렴을 이끌어낸다는 주장과 또한 이것이 당연히 전 세계의 일인당 소득이 수렴되는 경향이 있다는 것을 의미한다는 주장이다. 이것은 물론 국가 내 불평등에도 문제이고 국가 간 불평등에도 문제다. (모든 조건이 동일하다면) 전자의 경우에는 개별 국가들의 국가적인 소득분배가 서로 비슷하게 되어야 하고, 후자의 경우에는 국가 간 임금률이 수렴되어야 한다.

경제적 사고에서 지구적인 소득 윤곽의 수렴이라는 가정은 대체로 헤크셔Heckscher와 올린Ohlin이 창시한 신고전주의 국제무역 이론에 근거한다. [이에 대한 더 상세한 논의는 O'Rourke(2002: 40ff)를 보라.] 이 이론은 정말로 수많은 가정을 포함한다. 기본적인 형식으로는 무역 패턴이 자원과 역량의 국가 간 차이를 반영한다고 가정한다. 따라서 세계시장 통합의 증가는 풍부한 생산 요인(예컨대 여러 유형의 자본과 노동)의 수요를 늘리고, 그러한 생산 요인에 돌아가는 수익을 늘리며, 그러한 생산 요인의 가격을 낮추는 더 희소하고 더 값비싼 요인에 대한 수요를 줄여야 한다. 미국과 멕시코에 근거한 두 나라 모형을 사용해 단순화하면, "만일 미국이 숙련노동이 풍부하고 멕시코가 미숙련노동이 풍부하다면 무역으로 인해 미국의 숙련노동 임금이 증가하고 멕시코의 미숙련노동 임금이 증가하는 반면 미국의 미숙련노동 임금이 내려가고 멕시코의 숙련노동 임금이 내려갈 것이다"(O'Rourke, 2002: 4). 따라서 이 무역으로 인해 당연히 미국의 임금 불평등은 심화되고 멕시코의 임금 불평등은 악화된다.

그렇지만 실제 세계에서는 상황이 더 복잡해진다. 첫째, 남에서 북으로의 국가 간 이주라는 쟁점이 있다. 멕시코에서 미국으로의 미숙련노동 이주는 무역과 동일한 효과를 지니고 미국에서 숙련과 미숙련 사이의 임금 불평등을 심화할 수 있다. 그렇지만 멕시코로부터의 숙련노동 이주는 정반대의 효과를 지니고 있어 미국에서는 임금 불평등을 완화하고 멕시코에서는 심화할 것이다. 이 요점의 더 일반적인 함축은 국가 간 무역이 지구적 불평등의 패턴에 영향을 미칠 수 있는 유일한 경제 기제가 아니라는 것이다. 또 다른 기제는 바로 노동이동이다.

두 번째 복잡한 쟁점은 경제 발전의 패턴이 공간이나 시간에 따라 달라지고, 따라서 단일한 일반적인 이론적 분석의 적용을 받지 않을 수 있다는 것이다. 국가 간 이주가 여러 나라의 불평등 윤곽의 수렴을 통해 불평등 완화에 긍정적인 영향을 미친다는 가장 좋은 증거는 현대의 출입국 통제 세계가 아니라 19세기 말의 팽창적인 세계경제로부터 나온다. 여기에서 국가 내 불평등은 비교적 자유로운 이주가 이루어진 1850~1914년에 걸쳐, 특히 1900년 이전에 감소했다. 이러한 노동이동이 평등주의 효과를 낸 것은 이주가 대부분 더 가난한 나라에서 더 부유한 나라로의 이주였기 때문이다(O'Rourke, 2002: 55). 동시에 헤크셔와 올린이 예측하는 바와 같이, 미숙련노동이 대부분 구세계 유럽에서 신세계로 이동해 구세계에서는 불평등이 완화되었고 신세계에서는 불평등이 심화되었다.

흥미롭게도, 미숙련노동의 지구적 이주가 미칠 수 있는 평등주의 효과에 대한 이 핵심은 지구적인 빈곤 완화에 대한 현재의 정책 토의와 관련이 있다. 만일 자본이동이나 상품이동의 경우처럼 지구적인 노동이동에 대한 규제가 철폐된다면 지구적 불평등이 상당한 영향을 받기 시작할 수도 있다. 그렇지만 이렇게 되지 않는 이유는 시장이나 자본주의 자체보다 (일자리 경쟁을 두려워하는 더 가난한 미숙련노동 집단의 사익을 비롯한) 부유한 나라들의 사익과 관련이 더 많다.

무역과 세계화, 불평등을 분석할 때 또 하나의 복잡한 쟁점이 있다. 이것은 명백한 사실로, 부존자원을 보유하고 있는 정도나 이 부존자원을 시민들에게 분배하는 정도는 개발도상국들에 따라 상당히 다르다. 누가 시장성 있는 기술을 지니고 있는지와, 누가 토지나 산업자본과 같은 자원을 보유하고 있는지, 정치적 권력을 어떻게 배분하는지가 중요하다. 따라서 규제 없는 세계무역이 개발도상국에 미치는 영향은 상품의 수요와 공급이나 이러한 무역이 소득에 미치는 영향보다 훨씬 더 많은 것에 의존한다. 예컨대 구세계에서 토지 소유권의 경우에는 노동의 외부 이주에 의존하는 임금 대 임대료 비율의 상승이 대지주들의 소득에는 역효과를 내고 소득분배에는 더 많은 평등주의 효과를 낼 것이다. 대조적으로 토지 소유권이 더 작은 규모라면, 더 가난한 생산자의 상황 악화가 정반대의 효과를 낼 것이다.

이제는 경제적 자유주의에 대한 비판의 세 번째 명제로 주의로 돌려보자. 두 번째 명제로부터 나오는 귀결인 이 명제는 경제적 자유주의가 경제활동의 사회적 맥락을 만족스럽게 다루지 못한다는 것이다. 이 방치는 어떤 의미에서 의도적이며 부분적으로 이해 가능하다. 경제학은 결국 인간 행동과 사회생활에 대한 단순화된 해명에 토대를 둔다. 이 해명에서는 합리적인 사익과 수익 또는 복지 극대화 행위라는 공준postulates을 선호해 더 넓은 복잡성을 차단한다. 이 접근방식은 필요 또는 이익이나 기업 혁신 문화가 어디에서 나오는지와, 경제적 삶을 이끌어가는 과정에서 사람들이 어떤 종류의 관계에 들어가는지, 사회적 안정과 응집을 위해 어떤 결과가 따라오는지에 대한 문제를 외부적인(또는 외인적인) 문제로 간주한다.

이 개념적인 절약을 정당화하는 근거는 다음의 논리라고 생각한다. 즉, '만일 세계가 합리적인 사익의 공준에 따라 작동한다면, 어떤 주어진 조건 집합에서도 시장은 효율적이고 소득을 극대화할 것이다.' 하지만 이러한 일이 일어나지 않기 때문에 (경제적 자유주의는) 증강 모형에 의지한다. 그래서 만일 오늘날 사하라사막 이남의 많은 아프리카 국가들이 여전히 빈곤의 덫에 걸려 있다면, 이것은 어떤 측면에서 시장 자체 때문이 아니라 오히려 다른 요인이 시장을 방해하고 있기 때문이다. 특별한 증강에 의지할 때는 보통 아마도 시장은 이론적으로 결코 실패할 수 없다는 느낌이 든다. 이때는 우리가 증거 기반 사회과학이 아니라 시장 유토피아주의를 다루고 있는 것처럼 보인다.

동시에 (경제적 자유주의가) 기본적인 모형에 대한 특별한 증강에 더 많이 의지할수록, 개념적 절약의 근본적인 문제는 실제보다 더 많이 과장된다. 이것은 시장경제학이 현상을 유지해왔다는 말이 아니다. 시장경제학은 현상을 유지해오지 못했다. 최근 몇 십 년 동안 시장경제학은 이론적으로는 수많은 방식으로 확대되어왔다. 이들 방식에는 다른 사람들이 우리를 원자화된 시장 행위자의 유아론적 세계 너머로 이동하도록 만든다는 것을 해명하는 전략적 행동을 분석하기 위한 게임이론의 사용을 포함한다. 이 게임이론으로 인해 우리는 거래비용의 경제학을 통한 비非시장 제도와 불완전한 정보의 작용을 더 잘 이해할 수 있다. 경제는 또한 재산권과 경제성장, 불평등 사이의 관계를 역사적인 정보에 근거해 분석하도록 영감도 주었다(North, 2006). 이제 경제학자들은 시장을 예전보다 더 정교한 방식으로 생각하며, 시장과 위계라는 말이나 시장과 위계, 네트워크라는 말을 한다(Thompson, 2003). 이 연구의 일부는 '새로운 제도 존중주의'라는 이름이 붙어 있으며, 시장과 제도의 상호작용에 대해 생각하는 새로운 방식을 상징한다.

세계은행의 수석 경제학자였던 스티글리츠(Stiglitz, 2002)에 따르면, 경제학적 모형을 실제 세계에 적용할 때 여전히 남아 있는 문제 가운데 많은 것은 새로운 통찰을 적용하지 못했기 때문에 발생한다. 그는 실업이나 신용과 같은 영역에 영향을 미치는 정보의 문제를 인용한다(Stiglitz, 2002:

xi-xii). 그는 시장 작동의 장애물에 대한 폭넓은 이해나 정부가 시장을 지원하는 방식으로 경제 발전을 유도하는 기회를 제쳐두면, 시장은 필연적으로 유럽이든 아프리카든 아시아든 어떤 맥락에서나 효율적이라고 가정했다. 로드릭(Rodrik, 2011: 12)은 시장 중심 무역의 전제 조건에 충분한 관심을 기울이지 않았다. 그는 이렇게 말한다. "궁극적으로 누군가는 평화와 안보는 물론 무역을 가능하게 하는 법과 규제의 틀에 대한 책임을 떠맡아야 한다." 그러한 전제 조건은 "사회적 약속"이다(Rodrik, 2011: 14). 이 '사회적 약속'은 우리가 국가와 법의 정치제도는 물론 근원적인 규범적·문화적 원리를 통해 생각함으로써 더 넓은 범위에서 정교화할 수 있는 개념이다. 이러한 원리는 법규를 존중하려는 마음이나 정당한 정치적 권위에 기꺼이 순응하려는 마음이다. 분명히 자본주의 기업이 러시아나 아시아의 여러 나라, 아프리카의 비교적 무법적이고 부패한 권위주의 맥락에서 작동할 수 있지만, 장기적으로 시장은 보통 불확실성의 최소화와 안정에 더 많이 의존한다.

실제 세계의 복잡성에 대처하기 위해 추가적인 요소로 경제 이론을 보강하는 것은 경제와 사회의 상호작용을 더 체계적으로 이론화하는 것과 상당히 다르다. 이 문제에 접근하는 더 광범위하고 더 설득력 있는 방식은 경제와 정부 형태, 문화 사이의 체계적 연결을 더 잘 이해하는 것이다.

경제적 사고의 누락 요소

여기에서 주의를 기울일 필요가 있는 수많은 누락 요소가 있다. 권력이 분명한 출발점이다. 이것은 지구적 불평등의 역학 관계가 경제적 자원을 소유하고 통제하는지, 그리고 이 권력의 행사가 다른 사회적 힘의 견제와 균형, 저항에 따르기보다 오히려 어느 정도까지 일방적인지에 의존하기 때문이다. 그렇지만 권력은 단지 경제적 문제가 아니라 군사적·정치적·문화적·이념적 과정으로까지 확대된다(Mann, 1986). 이것은 권력 기반 불평등에 다수의 근원이 있다는 것을 의미한다. 이러한 근원은 거주민에 대해 경제적 통제만큼 정치적 통제를 추구하는 제국의 제도에 근거할수 있다. 고대 로마제국에서는 황제뿐만 아니라 국외의 자원 속주屬州, province를 약탈했던 행정가들과 관료들이 극단적인 부를 손아귀에 쥐고 있었다(Milanovic, 2011: 48~49). 힘의 불균형은 경제적 권력이나 군사적 권력에 못지않게 성性과 인종에 근거한 여러 형태의 사회적 배제와 지배를 통해 발생한다. 성의 경우에는, 소득과 사회참여의 체계적인 불평등이 역사적으로 내내 어떤 범위의 정치적·문화적 형태의 배제에 의존했다. 이러한 불평등은 사회적 지위의 주요한 차이와 관련이 있었다. 이 차이를 신시아 엡스타인(Epstein, 2007)은 "국가적·지역적·[지구적] 수준의" 남성 지배 "통치 체계와 지배 체계"에 근거한 "가장 근본적인 사회적 차이"라고 간주했다('지구적'은 저자 홀튼이 추가).

경제적 사고가 일반적으로 무시하는 또 다른 주제는 사회적 질서나 사회적 통합이다. 이것은 지구적 불평등의 문제와 관련이 있다. 이것은 불평등 패턴이 사회적 긴장과 정치적 갈등, 불안정의 수용 불가능한 근원으로 여겨지기 때문이다. 일부 자유시장 신봉자들이 주장하는 바와 같이, 사회적 불평등에 대항하는 시위가 시기猜忌, envy의 정치로부터 촉발된다는 주장은 매우 피상적이다. 이는 사람들이 보유할지도 모르는 상이한 가치의 온전함을 거부하는 주장이고, 역설적이게도 이른바 자유주의 옹호자들이 수용하는 매우 자유주의적인 입장이다. 어쨌든 평등주의는 하나의 형식으로 오랜 역사를 지니고 있고, 좌파 정당이나 지구적 불평등에 반대하는 운동가들에 못지않게 현시대의 근대성 – 유럽식 의미의 정치적 자유주의자들을 비롯한 – 에서 주요한 역할을 한다. 평등주의는 사라지지 않을 것이다. 이에 따라 불평등 분석가들은 불평등 과정이 일어나고 실행되는 사회적 무대의 한 측면으로서 평등주의적 입장을 고려할 수밖에 없다.

더 광범위한 노선의 이 주장은 서로 다른 세계관[또는 '상상계'(Jessop, 2010)]을 포용한다. 이러한 세계관에서 분석가들은 지구적 불평등의 이해를 프레임에 넣는다. 대부분 경제학자들에게 전형적인 세계관은 지구적인 경쟁을 유지하고 더 큰 효율성을 창조하며 창조를 풍부하게 확대하기 위해 규제 없는 시장의 필요성에 대한 가정과 서사에 집중한다. 여기에서는 이 세계관을 경제적 자유주의로 기술했지만, 또한 널리 신자유주의라고 지칭된다. 이러한 세계관이 시장뿐만 아니라 정부와 정책에 대한 함축을 지니고 있기 때문이다. 그렇다면 신자유주의의 대안은 무엇인가? 지구적 불평등을 더 잘 해명하고 이 지구적 불평등이 지금까지 발생하고 시간이 흐르면서 재생산되는 사회적 배경을 더 잘 설명하기 위해 이용할 수 있는 방안은 무엇인가? 어떤 대안적 서사가 명확하게 제시되었는가? 그리고 어떤 형태의 정부와 정책, 사회적 조치가 현존하는 지구적 불평등의 수준을 완화하거나 수정할 수 있는지에 관한 대안적 이해에 이러한 서사는 어떻게 기여하는가?

경제학의 대안

여기에서는 두 가지 주요한 대안을 논의한다. 하나는 정치경제학이고 다른 하나는 사회학이다.

정치경제학

여기에서 사용되는 의미의 정치경제학은 시장과 경제생활에 대한 권력 중심 접근이라고 정의할 수 있다. 18세기와 19세기의 정치경제학은 애덤 스미스나 데이비드 리카도, 카를 마르크스와 같은 다양한 저술가를 포함하는 사고의 전통이었다. [그 이상의 배경에 대해서는 Winch(1996)와 Walton & Gamble(1972)을 보라.] 그들이 공유했던 것은 19세기 말에 발달한 신고전주의 경제학에서 출현한 것보다 경제 발전의 정치적·사회적 맥락에 대한 더 폭넓은 의미였다. 리카도와 마르크스는 마치 불평등이 개인 간 소득분배보다는 오히려 사회계층 간 소득분배에서 발현하는 것처럼 생각하며 불평등에 관심을 가졌다. 그리고 사회계층의 권력 불평등을 자본주의 생산양식을 다룬 분석의 핵심으로 만든 사람은 특히 마르크스였다. 뒤에서 검토하는 바와 같이, 권력 중심의 이 접근은 지난 150년에 걸쳐 제국주의와 자본주의 세계 체계 관련 연구에서 번성했다.

정치경제학과 지구적 불평등을 연결하는 주요한 주제

여기에서는 일반적으로 지구적 불평등의 문제와 정치경제학과 관련해, 특히 불평등의 계속되는 재생산에 대해 검토한다. 마르크스의 영향이 세계 분석에서 여전히 중요하지만, 정치경제학의 접근은 그의 연구의 주요한 문제에 맞서야 했다. 이것은 세계자본주의가 세계의 모든 지역을 바꿀 정도로 충분히 역동적이라는 가정이다. 자본주의는 어디에서나 진전된 형태로 출현할 것이다. 그러나 자본주의가 아무리 팽창해왔다고 할지라도 이러한 일은 그냥 나타나지 않았다. 그 대신 세계경제의 발달을 정의하는 특징은 종교 간이나 국가 간에 드러나는 발달 수준의 심오한 차이와 국가 내는 물론 국가 간에 드러나는 사회적 불평등의 심오한 형태다.

세계경제에 대한 권력 중심의 해명 ─ 여기에서 정치경제학이라는 이름으로 불리는 ─ 은 전형적으로 다음 과정의 하나 또는 그 이상에 초점을 둔다 (〈표 2.1〉 참조).

이러한 다양한 과정은 물론 많은 점에서 상호 관련이 있다. 이러한 과정에서 경제적·정치적 힘 ─ 때로 증강된 ─ 이 군사적 힘과 결합한다. 정치경제학의 특별한 세 양상은 지구적 불평등에 대한 권력 중심 해명에서 중요하다.

첫 번째 양상은 제국주의나 제국이론과 관련이 있고, 두 번째 양상은 종속이론이다. 반면에 세 번째 양상은 세계체제이론이다. 이 세 양상 사이에는 상당한 중첩이 있지만 흥미로운 대조도 드러난다.

19세기 말부터 계속해서 여러 제국주의이론은 상이한 길을 밟아서 신

표 2.1 ── 정치경제학과 권력

- (연구나 개발과 같은) 높은 가치의 활동은 주로 더 부유한 나라에 배치하는 반면에 부품 조립 같은 낮은 가치의 활동은 주로 더 가난한 나라에 배치하는 국제적 분업으로 작동하는 권력관계.

- 더 부유한 나라에 근거한 이익집단은 일반적으로 농산물을 낮은 가격으로 확보해 소득과 이익을 극대화할 수 있는 반면 더 가난한 나라의 이익집단은 소득과 발달 잠재력에 악영향을 미치는 더 낮은 가격을 수용하게 만드는 국가 간 무역조건에 영향을 미치는 힘.

- 접근하려는 더 가난한 나라들에게 해를 입히는 다국적기업이 보유한 지식재산권을 통해 기술혁신을 통제하는 힘.

- 유입되는 투자에 대한 세금 감면으로 인해 자본이 부족한 더 가난한 나라가 이용할 수 있는 재정 수입을 깎아먹는 것과 같은 문제에서 그러한 나라와 유리한 거래를 협상하는 더 부유한 나라의 힘.

- 더 가난한 나라 대상의 해외투자를 통해 만든 이익을 더 부유한 본국으로 다시 보내는 것.

- 부유한 나라들이 가난한 나라의 식량 수출을 불리하게 만드는 동시에 자국 생산품을 위해 더 가난한 나라에 자유무역을 강요하면서 농업 같은 부문에서 자국 시장을 보호하는 힘.

- 국제통화기금이나 세계무역기구와 같은 지구적인 경제적 치리 제도가 행사하는 힘으로 인해 국제금융과 무역의 규칙이 힘 있는 부유한 사람들의 이익을 우선시하는 것.

고전주의 경제학과 경제적 자유주의에 이르렀다. 시장은 경제성장과 빈곤 완화로 이르는 길을 비추어주는 효율성의 봉화로 간주되지 않는다. 시장은 오히려 심오한 사회적 불평등에 의존하고 또한 이 불평등을 재생산하는 경제적·정치적 힘의 구조 내에서 작동한다. 로버트 서트클리프 (Sutcliffe, 1999)가 지적하는 바와 같이, 지금까지 제국이론의 두 물결이 있었다. 1890년에서 1920년 사이의 첫 번째 물결에서는 전 지구로 나아가는 유럽 팽창의 역동성과 선도하는 국민국가들 사이의 갈등에 더 많은 관심을 두었다. 이 초점은 지난 60년에 걸친 두 번째 물결이 일어나서야 비로소 국가 간 불평등으로 이동했다.

제국에 대한 많은 정치적 이론이 공식적인 식민지화 과정을 통해 분명히 드러나는 영토 지배에 관심을 두는 경향이 있었지만, 제국에 대한 더 많은 경제적 해명은 비공식적인 제국에도 관심을 둔다. 여기서 초점은 힘 있는 국가의 지원을 받는 다국적기업이 국가 간 무역과 투자를 통제하는 방식에 있다(Hardt & Negri, 2001). 이것은 광산업과 대규모 농업, 제조업에서 값싼 노동으로 효율적으로 사용되는 일반적으로 더 가난한 국가의 사람들보다 오히려 서구에 기반을 둔 이익집단과 국가들에게 더 유리한 방식으로 진행된다.

따라서 지구적 불평등은 규제 철폐 전략의 시장 실패와 약점보다 오히려 권력 불평등과 통제 불평등의 귀결이다. 마르크스 이론을 다시 만들고 수정하고자 시도하는 제국주의이론가들에게는, 생산관계 속의 힘의 불평등이 가장 중요하며, 이른바 제3세계 국가들이 왜 자신들을 사회적 불평등의 한자리에서 발견하는지를 설명하는 데 도움이 된다.

힘의 격차는 분명히 중요하다. 비록 현시대의 탈식민주의 세계에서는 식민지 건설을 통한 제국주의 통치의 더 오래된 기제가 분명히 예전만큼 적절하지는 않지만 말이다. 역사적으로 일본이 형식적으로 한 번도 식민지가 된 적이 없었다는 사실은 20세기 후반부에 이룩한 일본의 경제 발전이 식민지로서 철저히 지배를 받았던 아프리카와 아시아의 여타 지역보다 더 성공적이었던 하나의 이유를 암시한다. 그렇지만 힘 격차의 충격은 특히 식민지로부터의 독립 이후에 과장될 수도 있다. 이 기간에 중국과 (정도는 덜하지만) 인도가 BRIC의 일부가 되어, 더 부유한 국가들과의 불평등 격차를 일부나마 메우는 방향으로 상당히 나아갔다. 따라서 부정적인 식민지 유산은 그 이상의 모든 발전을 방해하기에 충분하지 않다.

제국이론은 역시 발전을 방해하는 근원과 더 가난한 나라가 직면하는 총체적인 사회적 불평등의 근원으로서 외적인 힘 요인을 지나치게 강조했을 수도 있다. 그러한 이론은 빈약한 자원 역량이나 정치적 불안정, 부패와 같은 내적이거나 내인적인 불평등 원인을 무시하고, 흔히 그러한 원인에 관한 모든 언급을 제국주의에 대한 사과의 한 형태로 여긴다.

세계경제에서 힘의 불평등에 대해 생각하는 대안적인 방식은 두 번째 해석 학파 — 종속이론 — 가 창시했다. 종속이론은 1950년대 이후에 계속 출현했다. [이에 대해서는 특히 Prebisch(1950), Baran(1957), Frank(1971)를 보라.] 종속이론을 고안한 목적은 도대체 왜 가난한 국가들이 생존 가능한 산업국가 지위에 도달할 정도로 경제적으로나 사회적으로 꾸준히 발전하지 못하고 있는가를 설명하기 위한 것이었다. 이것은 분명히 현대화이론의 예측과 다르다. 종속이론은 거의 대부분 라틴아메리카에서 발생했다. 이 지역에서는 정치적 독립의 오랜 역사가 지역의 경제 발전 — 북아메리카나 서구 유럽과의 격차를 메워줄 — 을 이룩하기에 충분하지 않았다. 분석가들은 이 지역과 더 부유한 유럽 국가나 미국의 이익집단 사이의 무역조건의 역사적 불평등을 종속의 핵심적 요인으로 분류했다. 제국주의이론의 경우처럼 종속이론 역시 어떤 통일된 유형도 없으며, 이 이론의 주요한 지지자들은 라틴아메리카와 미국에 있다.

제국주의이론과 종속이론은 모두 경제적 자유주의와 현대화 이론을 비판한다. 하지만 두 이론은 주요한 개념적 초점이 다르다. 제국주의이론은 주로 지배 국가의 지구 전역으로의 팽창에 초점을 맞추지만, 종속이론은 어떤 국가의 발달과 다른 어떤 국가의 저개발 사이의 이분법을 창조하는 국제적 분업의 불평등에 더 많은 관심을 둔다(Ferraro, 2008: 58-64). 저개발 국가를 초래하는 요인은 더 부유한 국가의 발달 동력과 힘이다.

종속이론의 중심 명제는 경제 자원이 경제적 힘이 부족한 (국가와 지역을 비롯한) 더 가난한 장소로부터 경제 발전의 중심부에 있는 더 부유하고 더 강력한 장소로 넘어간다는 것이다. 현대화이론이 예측한 대로 국제경제 내에서 모든 나라가 전반적으로 발전하는 것이 아니라, 또한 마르크스주의자들이 그리는 대로 혁명에 이르는 제국주의의 위기가 아니라, 종속이론은 미래를 세계의 개발 지역과 저개발 지역의 차이라는 측면에서 보았다. 종속이론 주창자들은 어떤 지역의 저개발을 다른 지역의 정치적·경제적 지배로 설명했다.

초기 이론가들이 분석한 대로 종속의 핵심 요소는 저개발 국가의 원자재와 노동으로 이득을 본 더 부유한 지역의 제품을 수입하라는 압력이었다. 이 불평등 거래를 극복하기 위해 라울 프레비시Raúl Prebisch 같은 저술가는 국가에 초점을 맞춘 수입 대체 정책을 채택해야 한다고 가정했다. 이 정책은 자립적인 발전 탄력을 이끌어내고 빈곤과 불평등을 완화하는 데 도움이 될 것이다. 폴 배런Paul Baran 같은 마르크스주의 종속이론 주창자들은 (수입 대체 정책에) 더욱 회의적이어서, 실질적인 진전을 이룩하려면 먼저 정치적 혁명을 통해 더 가난한 주변 국가들의 발달을 막는 장애물을 없애야 한다고 믿었다. 하지만 밝혀진 바와 같이, 시장 중심의 경제적 자유주의에 대한 수입 대체 대안 — 1930~1980년대까지 라틴아메리카의 많은 지역에서 추종했던 — 은 자립적인 산업화와 중대한 빈곤 완화를 이끌어내지 못했다(Milanovic, 2011: 182-186).

월러스타인과 세계체제이론

지구적 불평등의 정치경제학은 세계체제이론을 창시한 이매뉴얼 월러스타인이 달리 형식화하고 활기를 불어넣었다. [이에 대해서는 특히 Wallerstein(1974, 1979)을 참조.] 이 세계체제이론은 지구적 불평등을 이해하기 위해 종속이론의 핵심/주변 초점을 유지했지만, 국민국가에 못지않게 지역에도 근거해 더 복잡한 위계를 설정했다. 이 위계는 부유하고 강력한 핵심 집단으로 병합되지 않고 어느 정도 성공적으로 발달할 수 있는 준^準주변 지역이나 국가를 포함했다. 복잡성에 대한 이러한 강조는 불평등한 국제적 분업에서조차 제한된 형태의 발달이 가능하다는 일부 종속이론 비판가들의 이의에 대처하는 데 어느 정도 도움이 되었다.

월러스타인의 접근은 분명히 역사적 접근이면서 비교적 접근이다. 그는 정치적으로나 군사적으로 연결된 더 오래 전의 세계 제국(의 시도)과 국제적 분업을 통해 연결된 자본주의 세계경제를 구별한다. 그는 이 자본주의 세계경제가 16세기에 출현한다고 본다. 그리고 자본주의 세계경제가 5세기에 걸쳐 발달했기 때문에, 그는 지금까지 이 체제를 자본축적의 힘이 끌고왔다고 믿는다. 최종적으로 자본축적은 아주 불평등한 방식으로 자원과 소득, 부를 할당하는 체제로 귀결된다. 이 체제는 경제적 수렴이나 지구적 불평등 완화로 이어지기보다 오히려 서로 다른 발달 수준에서 서로 의존하는 지역이나 국가의 복잡한 체계를 생성한다.

월러스타인은 핵심이 발달을 독점하지 않는다는 것을 인정했고, 한결같이 저개발 상태라는 제3세계 개념을 거부했다. 하지만 그의 접근이 BRIC 국가들의 최근 부상을 예측했다는 것은 분명하지 않다. 이 국가들은 자국과 서방 국가 사이에 나타나는 격차의 상당한 부분을 메울 수 있었다. 이런 점에서 핵심/주변 모형은 월러스타인이 초기의 종속이론 주창자들에 비해 다양성을 아주 세심하게 다루고 있는데도 불구하고 이론에 기인한 근본적인 엄격성을 포함할 수 있다.

또 다른 노선의 비판은 지구적 불평등의 외재적인(외부적인) 원인보다 내재적인(내부적인) 원인의 문제와 관련이 있다. 경제학은 지구적 불평등의 이유에 대해 대체적으로 내부적인 입장을 취하고, 다시 그 원인을 국민국가의 내부 구조에 연결하는 경향이 있다. 더 역동적인 경제 기록을 지닌 국가들은 성장과 소득 상승에 더 도움이 되는 내적 구조를 지니고 있는 반면, 더 가난한 국가들은 중대한 내적 장애물을 가지고 있다. 하지만 대조적으로 월러스타인이나 초기 종속이론 주창자들에게 경제 수행과 불평등을 설명하는 데 핵심이 되는 것은 바로 세계체제 수준의 외재적인 발달이다.

특히 스티븐 샌더슨(Sanderson, 2005, 2011)은 이 세계체제이론으로 인해 설명이 마치 이 체제의 전반적인 특성을 통해 모든 국가 현상이나 지역 현상을 전체적으로 이해할 수 있는 것처럼 외재적인 요인으로 치우치게 된다고 주장한다. 그는 오직 짧은 식민지화 역사로 인해 세계경제 속으로 그저 허약하게 흡수된 지역의 경우로 (앞에서 이미 논의한) 사하라사막 이남 아프리카의 실례를 든다. 하지만 이 지역의 가난한 경제 수행과 절망적인 빈곤은 여전히 그대로 남아 있다. 그러한 상황에서 이 상황의 주요한 책임이 어떻게 지구적 경제체제의 힘 격차에 있을 수 있는가? 이 주장은 아프리카가 이 체제에서 너무 주변적이기 때문에 이 체제의 지배를 받지 못한다는 것이다. 내전과 정치적 권위주의는 기원이 대체로 지역적으로 보이며, 사회적·문화적 권력투쟁과 연결된다. 설령 서구의 이익집단이 무기를 제공한다 하더라도 말이다. 이에 반대해, 크리스토퍼 체이스던(Chase-Dunn & Lawrence, 2010: 473) 같은 최근의 세계체제이론가들은 자신들의 이론이 필연적으로 외재적 요인을 우대한다는 것에 이의를 제기하며, 외재적/내재적 구분이 보통 쓸모없다고 주장한다. 더 중요시되는 것은 세계적/지역적 상호작용이다. 세계체제이론은 또한 단층적이지도 정적이지도 않으며, 월러스타인의 최초 연구에서 충분히 정교화되지 않은 새로운 영역 — 지구적 이주 같은 — 이나(Sassen, 1988a, 1988b), 유럽의 부상에 앞서 수천 년에 걸친 세계체제이론의 장기적인 진화로 이동한다(Frank & Gills, 1993).

추가적인 흥미로운 쟁점 하나는 세계체제이론의 정책적 영향과 관련해 제기된다. 대부분의 제국주의이론가들이나 종속이론가들처럼 월러스타인은 빈곤이나 불평등과 같은 인간 문제를 해결할 역량이 없다는 이유로 자본주의를 심하게 비판한다. 자본주의 세계경제는 정치적 제국의 경제적 한계를 극복할 수 있는 아주 역동적인 역사적 현상으로 간주되지만,

심각한 현시대의 위기에 직면한다(Wallerstein, 2011). 이러한 위기는 국가재정 위기뿐만 아니라 경제적 불안정과 불확실성을 포함한다. 이러한 경우에는 이 체제 ― 자본주의 세계경제 ― 를 관리하는 사회적 비용이 자본축적의 필수조건과 충돌한다. 시장은 혼자서 이 위기를 해결할 수 없다. 그럼 무엇이 해결할 수 있는가? 만일 이제 정치적 혁명이 아주 희박하다고 보인다면, 지구적 불평등을 더 효과적으로 다룰 수도 있는 사회적 변화를 이끌어내는 데 어떤 다른 과정이 도움이 될 수 있는가?

이 질문은 많은 쟁점을 제기한다. 지금까지 월러스타인의 연구에서 일관성 있게 강조한 한 가지는 지식 형태와 사고방식의 변화가 사회적 조치를 유도할 때 중요하다는 것이다. 즉, 월러스타인(Wallerstein, 1974)은 국민국가 초점을 통한 사고보다 오히려 지구적인 사고의 초기 옹호자였다. 불평등은 국제적 분업에서 지구적 수준으로 작용하는 힘의 진화 구조를 통해 발생한다. 이러한 구조는 지식과 문화를 포함한다. 따라서 자본주의 세계체제capitalist world-system는 워싱턴 컨센서스에서 목격한 바와 같이 자유주의에 근거한 지배적인 문화를 지니고 있다. 젠더 불평등 역시 국제적 분업의 구조적 불평등에서 나온다(Balibar & Wallerstein, 1991). 그리고 자본주의의 불평등이 유발하는 세계경제체제 반대 운동 ― 세계사회포럼World Social Forum● 같은 기구나 反세계화 운동으로 표상되는 ― 이 존재한다. 하지만 이

●―― 세계화를 지향하는 선진국 중심의 국제회의로서 세계경제포럼으로 불리는 다보스 포럼이 개발도상국과 제3세계 국가들을 철저히 외면하고 있다고 비판하며 반세계화를 기치로 내걸고 2001년 1월에 출범한 전 세계 사회운동가들의 회의. 이 포럼의 궁극적인 목적은 부의 집중과 빈곤의 세계화, 지구의 파괴를 앞당기는 다보스

러한 운동이 지배적인 사고방식을 무너뜨리기는 아주 힘들다. 세계체제이론의 기저에 있는 사회 이론은 사회생활이 경제적 관계와 제도를 통해 구성되고 이러한 관계와 제도가 자신의 이미지로 정치와 문화를 구조화한다는 점에서 여전히 마르크스주의의 유물론과 유사하다.

체이스던과 로렌스(Chase-Dunn & Lawrence, 2010)는 세계체제이론 내에서 인간 행위의 역할을 논의할 때 문화와 무관한 구조주의를 핵심부에서 긍정적으로 묘사한다. 그렇게 함으로써 세계체제이론은 행위의 초점을 자본가와 노동자를 비롯한 개인과 집단의 유의미한 행위보다 오히려 기관의 발생적 속성을 통해 전달되고 재생산되는 이 세계경제체제의 논리에 둔다. 이 접근 — 세계체제이론 — 은 경제학의 방법론적 개인주의에 대한 비판에서 출발한다. 그에 따라 구조의 토대는 힘과 지배보다 오히려 합리적 사익에 놓이게 된다. 그렇지만 사회적 행위의 이 특별한 해명을 거부할 때, 행위에 대해 생각하는 어떤 대안적인 방식도 고려하지 않는다. 그래서 구조주의가 가장 강력한 활동 동인이다. 그에 따라 사회생활은 지나치게 단순화되지만, 이 방식은 경제학의 단순화와 다르다.

이 단순화 — 정치경제학에서는 일반적인 — 의 가장 중요한 어려움은 세계경제의 불평등한 지배 구조가 마르크스가 자본과 노동의 갈등을 통해 발생할 것이라고 가정했던 사회적 변화로 이어지지 않는 이유가 여전히

포럼을 중단시키는 것이다. 이를 위해 개발도상국의 부채 탕감, 아동학대 금지, 여성운동 활성화, 인종주의 청산, 유전자변형식품 금지, 민주주의의 개혁, 농산물 수출 보조금제 폐지, 국제 투기자본 규제를 위한 토빈세 제정 등 분야별로 주제를 정해 다양한 워크숍, 토론회, 세미나 등을 개최한다.

불명확하게 남아 있다는 것이다. 이 문제가 제기하는 도전은 때때로 이른바 지배적인 자유주의 이념의 존재로 설명된다. 세계화 반대 운동과 민족주의의 범위에 대한 증거가 상당함에도 불구하고 말이다. 그러나 이 도전을 넘어서 자본주의를 대체하기 위해 고안된 사회주의와 세계국가가 요원하기 때문에, 사회적 행위자들이 왜 현재와 같이 생각하고 행동하는지와 사회적 행위자들이 불평등을 얼마나 현저한 정치적·문화적 쟁점으로 간주하는지, 전 세계의 가난한 사람들의 역경에 대해 세계시민으로서의 열린 마음이 얼마나 중요한지를 더 심오하게 분석해야 한다. 이러한 질문 덕분에 우리는 관습적인 경제학의 분석 범위를 훨씬 넘어설 수 있으며, 또한 정치경제학을 훨씬 넘어서게 된다.

정치경제학에 대한 평가

그렇다면 정치경제학이 지구적 불평등에 대한 지침으로 유용하다는 이 주장은 무엇을 함축하는가?

정치경제학의 주요한 강점은 세계경제의 불평등한 경제적 힘뿐만 아니라 경제 발전과 소득분배에 대한 이 힘의 귀결을 논의하는 것이다. 시장은 단순히 사익에 관심이 있는 합리적인 개인들 사이의 거래에 근거하는 것이 아니라 강력한 기관(예컨대 다국적기업)과 강력한 과정(예컨대 국제적 분업)을 병합한다. 다양한 제국이론과 종속이론은 다소 상이한 방식으로 이 제도적 틀을 구축하지만, 지구적 불평등의 근원으로 힘의 불평등에 대한 거시 수준의 초점을 공유한다.

따라서 정치경제학은 시장규제 철폐 자체를 지속적인 경제 발전과 지구적 불평등 완화의 필수적인 요소로 보는 정책 처방을 당연히 비판한다. 만일 우리가 최근 중국의 경제 발전을 시장 중심 접근과 권력 중심 접근의 상대적 장점에 대한 시험대로 여긴다면, 약간의 흥미로운 관찰이 적용된다. 우선 시장 중심 접근은 중국이 시장경제를 수용하기 시작했기 때문에 발전했다고 주장한다. 실제로 중국은 그렇게 했다. 반면에 정치경제학자들은 지정학적으로 상당히 강력한 국가들이 사용해온 신중상주의적인 국가 주도 방식으로 중국이 경제적으로 발전된 나라를 건설하고자 애써왔다는 점을 지적한다. 중국은 거대한 금액의 외국자본을 끌어들였지만, 결코 경제적인 규제 철폐의 워싱턴 컨센서스를 수용하지 않았다. 이 국가는 여전히 자신의 고유한 국가적 무역정책과 재정정책을 입안할 수 있는 아주 강력한 경제 매니저로 남아 있지만, 서구 자본주의가 개발한 지식재산권 제도를 회피한다. 이 모든 사실은 시장 중심의 경제적 자유주의보다 정치경제학 접근이 중국의 발전에 대해 더 많은 것을 우리에게 알려줄 수 있다는 것을 암시한다. 하지만 이 중국의 사례에도 역설이 있다. 즉, 대부분의 종속이론가들과 세계체제이론가들이 중국의 부상浮上을 예측하지 못하고, 중심/주변 관계에 내재하는 세계적 경제의 장애물이 중국을 방해할 것이라고 믿었다는 것이다.

만약 월러스타인의 연구에서 절정을 이룬 그 시기의 정치경제학이 강점을 지니고 있다면 또한 약점도 지니고 있다. 여기에서 우리는 일반적인 문제 세 가지를 식별할 수 있다. 첫째, 경제적 힘을 힘의 주요한 형태로 보고 인종과 성을 둘러싼 사회적·문화적 힘의 대안적 형태 — 불평등에 영향을 미치는 ― 를 배제하는 경향에 여러 문제가 있다. 이러한 문제를 해결하기 위해 힘의 대안적 형태는 시장과 경제제도, 국가를 넘어서까지 뻗어 있는 사회적 분열과 사회적 불평등의 근원이 다양하다는 사회관을 필요로 한다.

둘째, 이 시대의 많은 정치경제학은 지나치게 구조주의적인 경향을 지녔다. 그래서 불평등의 근원을 세계적인 분업과 기업권력기관(예컨대 초국적 기업)에 둔다. 이로 인해 사회적·문화적 의미가 일상생활에서 어떻게 구축되는지와 이러한 의미가 사회적 행위와 사회적 불평등의 패턴에 어떠한 영향을 미치는지가 불명확해진다. 힘은 문화적인 가정과 서사를 통해 어떻게 작동하는가? 이러한 가정과 서사는 안토니오 그람시Antonio Gramsci의 초기 전통에서 분석한 것과 같이 언제 문화적 헤게모니의 형태를 취하는가? 그리고 사회적 행위자는 어떤 환경에서 지배와 불평등의 패턴에 영향을 미칠 수 있는가? 문화적 헤게모니를 지나치게 구조주의적으로 해석하면, 사회적 복잡성이 너무 단순화되고 불평등의 원인이 다중적일 가능성이 배제된다. 또한 이 해석으로 인해 이 상황을 바꾸려는 사회적 행위자와 사회적 운동의 잠재력에 대한 탐구가 약화되고, 정책 권고를 훼손해 불평등의 원인에 대한 분석과 더 공정하고 더 평등한 사회의 달성 사이에 간극을 남겨놓는 경향이 있다. 그래서 한 국가나 세계의 국가들은 얼마나 평등할 수 있는가? 그리고 그러한 국가들은 어떻게 더 공정하고 더 평등한 사회에 도달할 수 있는가?

여기에서 관련이 있는 한 쟁점은 국가 중심 사회주의사회가 불평등을 자본주의가 지배적인 곳에서 전형적으로 발견되는 수준 이하로 낮출 가

능성이다. 소득 불평등에 대한 밀라노비치(Milanovic, 2011)가 개발한 비교
자료는 이 쟁점에 대해 어느 정도 해명한다. 이 자료에 따르면, 제2차 세
계대전 이후 소련 연방 블록 내의 소득 불평등 수준은 어느 정도 내려갔
는데, 상위 20퍼센트와 하위 30퍼센트 사람들 사이에서 지니계수가 서유
럽 자본주의국가들의 수준보다 낮은 약 6~7퍼센트였다(Milanovic, 2011: 53-
54). 이는 소비에트 유형의 사회주의가 경제적 의미에서는 더 평등했다는
점을 보여준다. 하지만 정치참여에의 접근을 비롯해 불평등을 더 넓게 측
정하면 그렇지 않았다. 다시 한 번 이것은 사회적 불평등의 다중 국면을
더 폭넓게 해명해야 할 필요성을 제기하고, 또한 사회적 과정을 더 넓게
해명하도록 요구한다.

이 논의를 넘어 계속 진행하는 두 방식이 있다. 하나는 사회적 전통에
서 발견되는 것을 비롯한 대안적인 지적 자원으로 곧장 이동하는 것이다.
내가 이 단계를 밟기 전에, 경제학 같은 정치경제학이 지금까지 정지 상
태에 있지 않았다는 점에 주목하는 것이 중요하다. 경제학과 정치경제학
이라는 사상의 두 흐름 가운데 어느 것도 단층적이지 않으며, 이전 분석
이 지닌 문제점에 반응하려는 시도는 이용할 수 있다.

정치경제학의 경우에는 지난 몇 십 년 동안 경제활동의 사회적·정치적
맥락을 이해하는 데 수많은 학제적(또는 아마도 탈학문적인) 모험이 있었
다. 이러한 모험 가운데 가장 중요한 하나가 문화적 정치경제학이다(Sayer,
2001; Jessop, 2010; Jessop & Sum, 2014). 정치경제학에서는 이것을 '문화적 전환'
의 측면에서 기술해왔다.

사상의 비교적 새로운 흐름으로서 문화적 정치경제학은 소수의 핵심

명제를 중심으로 하는 새로운 정설로 확고히 자리 잡지 못했다. 그럼에도 문화적 정치경제학은 권력과 불평등을 강조하는 기존의 입장을 유지하면서도 정치경제학에 문화적 쟁점을 끌어들이려는 절충적인 시도로 볼 수 있다. 문화적 정치경제학의 주안점은 사회적인 의미 구축에 있고, 또한 이 의미 구축이 사회적 행위자들이 핵심적인 형태의 사회생활을 이해하고 구성하고 재생산하는 방식에 어떻게 반영되는지에 있다. 구조는 여전히 중요하다. 하지만 의미를 창조하는 문화적 과정도 중요하다. 여기서 문화는 경제나 정치조직에 더해지는 별개의 영역이 아니라 사회생활의 통합적 일부 — 우리의 존재 자체의 일부 — 로 간주된다.

문화적 정치경제학의 강점은 경제적 세계화에 대한 지배적인 세계관이 기업 행위자들과 정책 입안자들에게 영향을 미치는 방식에 주의를 모으는 데 있다. 이 세계관은 사회 개선의 서사가 탈규제와 경쟁에 의존하고 주민들을 빈곤에서 끌어내는 방법에 의존하는 규제 없는 세계를 창조하는 데 도움이 된다. 권력은 문화적 헤게모니에 대한 그람시의 해명을 미셸 푸코Michel Foucault의 담화권력 개념과 연결하는 아이디어나 담화를 통해 중재된다(Jessop, 2010). 이 시각에서는 자본축적의 구조적 필요보다는 오히려 어떤 특별한 신자유주의 세계에서 세계를 이해하는 세계관과 담화의 효과에 못지않게 불평등이 발생한다.

여기에서 정치경제학의 문화적 전환을 아주 상세하게 검토할 수는 없다. 하지만 정치경제학이 핵심적인 지적 가정의 일부를 수정하고 다시 생각할 역량을 보여주었다고 말할 수 있다. 이러한 수정과 재검토는 이전 연구의 구조주의를 참조해 이루어졌지만, 젠더 불평등과 인종 불평등의 쟁점에 권력의 자립적인 차원으로 충분히 적용되지 않았다. 또한 문화적 정치경제학은 여전히 꽤 일반화되고 추상적으로 남아 있으며, 이로 인해 시간과 공간을 가로지르는 불평등 패턴에 대한 더 경험적인 문헌과 통합하기가 어렵게 된다. 그리고 이 통합 결여의 문제에 더해 주류 사회학의 권력 연구나 다중성 불평등 연구와의 더 긴밀한 논쟁의 지적인 혜택은 아직 제대로 탐구하지 않았다.

월러스타인 이후의 국제적인 정치경제학은 또한 지구적 불평등에 대한 자신의 권력 중심 접근의 목록을 수많은 중요한 방식으로 확장하고 다듬었다. 이러한 방식에는 불평등의 역사적 패턴에 대해 더욱 고도로 정교화된 해명과(Korzeniewicz & Mordan, 2009), 금융화 같은 개념을 둘러싼 세계자본주의의 현시대 국면에 대한 연구(Epstein, 2005), 무역 구조와 불평등 구조에 대한 연구(Kaplinsky, 2005), 조세 도피처나 돈 세탁에 대한 연구(Palan, Murphy and Chavagneux, 2010; Sharman, 2011), 지구적인 경제적 치리의 분석이 들어간다(Wade, 2003; Bernstein, 2011). 이러한 최근 연구 가운데 많은 것이 다음 장에서 지구적 불평등을 더 상세하게 분석할 때 구축될 것이다. 따라서 정치경제학의 유산은 아주 중요하다. 그러나 정치경제학은 여전히 권력에 대한 더 넓은 접근이 부족하다. 또한 시장과 국가, 문화 사이의 복잡한 관계에 대한 더 폭넓은 접근 ― 사회학적 분석에서 발견될 수 있는 ― 도 부족하다.

사회학

일반적인 의미에서 사회학은 가장 폭넓게 발현되는 사회적 과정을 검토한다. 그리고 경제적 과정과 정치적 과정, 문화적 과정을 별개의 독립적인 영역으로 다루기보다 함께 연결한다. 그래서 문화와 정치는 시장에서 중요하다. 한편 권력은 단지 경제적 권력으로 환원할 수 있기보다 오히려 다중적인 요소를 지니고 있다. 사회학은 시장·국가·문화의 상호작용, 권력과 사회적 분열의 상호작용, 경제 조직과 위계와 망의 상호작용, 권력과 사회적 행위와 지식과 정책의 상호작용을 탐구한다.

오늘날 이 연구의 많은 부분은 계층, 성, 민족성, 성적 선호와 연령을 둘러싼 사회학적 토의를 흡수한다. 이 토의는 세계화에 대한 논쟁이나 근대성의 역학과 불만에 연결되어 있다. 또한 인류학이나 철학과 같은 사회학은 불평등의 양적 측면에 못지않게 질적 측면에도 방법론적인 민감성을 지니고 있다. 이러한 측면은 전 세계의 소득과 부의 비교에 대한 단순한 의존보다 오히려 지구적 빈곤과 불의에 대한 삶의 직접적인 경험을 흡수한다.

나는 이미 경제학적 논의와 사회학적 논의의 중첩에 주목했다. 사회학적 논의는 20세기 후반부의 다양한 시점에 일어난 근대화와 사회적 유동성을 다루었다. 그렇지만 이 유산은 근대화를 해명할 때 지나친 진화적 낙관론으로 인해, 또한 부유한 서구 국가들 – 세계의 나머지 국가에 대한 모형이라고 상정한 – 에 대한 분석의 왜곡으로 인해 비판을 받아왔다. 따라서 더 강한 중첩은 정치경제학과 사회학 사이에서 서서히 확대되어왔다. 이 중첩은 자본주의와 민주주의에 대한 연구[예컨대 Offe(1985)]와 네트워크 사회에 대한 연구[예컨대 Castells(1996)], 대도시global city와 세계적 이주에 대한 연구[예컨대 Sassen(1998a, 2001)], 세계화에 대한 연구[예컨대 Martell(2010)]에서 발현되었다.

이 절에서 나는 사회학과 지구적 불평등 분석 사이의 모든 가능한 연결에 대한 체계적 논의를 제시하려 시도하지 않는다. 이 절의 초점은 더 선택적이며, 정말로 중요한 두 가지 구체적인 연결에 주목한다.

사회학 그리고 권력에의 다차원적 접근

지구적 불평등을 들여다보는 첫 번째 사회학적 경로는 권력에 초점을 두지만, 경제적 권력에만 머물지 않고 탐구의 범위를 그 너머로 넓힌다. 이 장의 앞부분에서 간략하게 인용한 권력에 대한 마이클 만Michael Mann의 연구는 여기에서 매우 유용한 출발점이다. 만은 사회적 권력이 하나의 단일한 양식이라기보다 네 가지 양식으로 작용하고 있다고 본다. 이 양식들은 이념적 과정과 경제적 과정, 군사적 과정, 정치적 과정으로 구성된다. 이러한 과정들은 분석적으로는 별개이지만 사회생활에서는 상호 관련이 있으며, 모두 조직을 통해서 효율적이 된다. 그러나 조직의 형태는 국가 – 특히 정치적 권력에 적합한 – 는 물론 군대와 시장, 교회를 비롯해 다양하다. **이념적 권력**은 사회적 행위의 기저에 있는 의미 탐구를 통해 발생하며, 이것은 소유욕 개인주의acquisitive individualism에 연결되는 합리적인 사익을 포함할 수 있다. 하지만 이것은 어떤 범위의 집단적이고 공동체적인 운동이나 네트워크도 포함할 수 있다. 이러한 운동이나 네트워크에서는 종교적 이념이나 세속적 이념(예컨대 사회주의)이 권력투쟁에 관여한다. **군사적 권력**은 집단방위 모색과 공격적 전략을 통해 발생한다. 이러한 전략은 물리적 힘의 행사나 위협에 토대를 두는 사회집단이 추구한다. **경제적 권력**은 더욱 발산적이며, 계층 관계나 경제활동 망과 관련이 있는 욕구의 충족에 대한 투쟁을 통해 도출된다. 한편 **정치적 권력**은 경계 지어진 영토 안에서 작동하는 중앙집권 국가와 관련이 있고, 이 정치적 권력의 특성은 다양한 집단이 자신들의 목적을 달성하려고 국가를 이용한다는 점이다.

마르크스를 따라서 정치경제학은 한 유형의 권력 — 경제적 권력 — 이 나머지 유형을 구조화하며 따라서 군대와 국가, 이념이 경제적인 과정과 분열 — 일차적인 — 을 반영한다고 가정하는 경향을 보여왔다. (경제적 권력과 여타 형태의 권력 사이의) 이러한 연결을 엄격하다거나 기계적이라고 생각할 필요는 없다. 이것은 경제적 우선순위 개념을 둘러싼 토론 덕택에 명확해지는 결론이다. 이 접근방식은 많은 장점을 지니고 있으며, 정치적·군사적·이념적 과정의 여러 국면을 조망할 수 있다. 불평등 영역의 강력한 한 실례는 여러 민족·인종 집단 사이 임금수준의 불평등이나 사회적 지위의 불평등, 정치적 참여 권리의 불평등이 각개격파의 전략을 반영한다는 주장이다. 고용주들에 의한 전략이든 식민지 정권에 의한 전략이든 말이다.

이 주장은 어떤 배경에서는 사실일 수 있다. 하지만 이것이 경제적 권력과 (개인과 가정의 문화적 지위에 근거한) 불평등 형태 사이의 필수적인 연결을 입증하지는 않는다. 만(Mann, 1987)이 지적하는 바와 같이, 지배 계층과 국가의 전략은 권위주의 방안뿐만 아니라 자유주의 방안과 개혁주의 방안을 비롯해 상당히 다양하다. 가부장제와 인종주의는 필연적으로 경제적 이익으로부터 발생하는 것이 아니라 오히려 이념적·문화적 권력과 이익으로부터 발생한다. 이 후자의 이익은 불평등 패턴에 미치는 자립적인 영향으로 작용한다.

만과 릴리(Mann & Riley, 2007)는 지구적 불평등의 거대 지역macro-region●적인 경향을 연구하며 이 주장을 더 심오하게 펼쳤다. 이들은 만이 분류한 권력의 네 가지 유형을 불평등의 네 가지 근원과 연결했다. 따라서 이념적 권력은 예컨대 이념적 불평등을 생성한다. 이러한 생성이 두 가지 방식으로 일어난다고 (만과 릴리는) 제안한다. 첫째, 기독교나 이슬람과 같은 이념이 국가의 사회정책과 불평등 유형 ― 주민들이 수용할 ― 에 영향을 미친다. 둘째, 이념은 카스트나 인종 범주와 같은 영역에서 집단 폐쇄성의 패턴을 합법화함으로써 사회적 위계에 영향을 미친다. 모든 경우마다 불평등의 여러 귀결이 있다. 이 동일한 논리를 만과 릴리는 경제적 권력과 정치적 권력, 군사적 권력에도 적용한다. 그 다음에 이 접근방식을 북유럽, 앵글로 지역, 라틴아메리카 등 이른바 거대 지역에 적용한다. 이 주장은 지역 내 불평등의 특별한 개요가 여러 형태의 권력의 상호작용 측면에서 가장 잘 설명된다는 것이다. 이 접근이 단 하나의 일반적인 사회

●──── 북유럽이나 라틴아메리카와 같이 개별 국가보다는 크고 대륙보다는 작은 지역을 가리키는 만과 릴리의 용어.

불평등 이론을 가로막는다는 것은 주목할 만하다. 이러한 이론에서는 설명적 틀이 모든 경우에 동일하다.

사회적 불평등과 관련한 권력의 많은 차원에 대한 이 주장은 세계화 시대의 사회적인 복잡성과 불평등에 대한 실비아 월비(Walby, 2009)의 아주 고무적인 연구에서 훨씬 더 정교하게 다듬어졌다. 월비는 만과 같이 다양한 형태의 권력과 불평등에 초점을 두고, 또한 불평등이 생성되고 재생산되는 복합적인 형태를 이해하기 위해 사회 이론을 재구성할 필요성에 초점을 맞춘다. 권력의 어떤 단일한 구조도 결코 없으나, 지배를 목적으로 권력을 사용하는 사회적 관계의 복합적인 집합이 있다는 것이다. "계층이 유일한 중대한 불평등이 아니다. …… 다른 불평등에는 …… 성, 민족성, 인종차별화, 국가, 종교, 신체 건강, 성적 지향, 나이, 세대, 언어 공동체 등이 포함된다"(Walby, 2009: 18). 경제학이나 정치경제학과 달리, 사회학은 불평등의 이러한 차원 대부분이 문화적 이질감과 관련이 있다고 본다. 이러한 차원을 계층으로 환원할 수 없는 것은 민족적 차이를 문화로 환원할 수 없는 것과 마찬가지다. 이 다차원성은 불평등에 대한 가장 최근의 사회학적 해명의 특성이다[또한 Therborn(2006) 참조].

월비는 권력을 자신의 용어인 이른바 '불평등 제도'로 명료화한다. 이것은 사회생활 — 더 철학적인 어법으로 말하면 사회적 존재의 본질을 지칭하는 존재론 — 의 기본적인 양상을 지칭하는 개념이다. 만과 같이 이 불평등 제도에는 네 가지 차원, 즉 경제와 정치조직, 폭력, 시민사회가 있다. 경제는 시장 기반 소득과 관련이 있고, 물질생활을 유지하는 데 도움이 되는 비금전적인 관계와도 관련이 있다. 반면 정치조직은 치리와 사회운동에까지 확대되는 통치 이상의 것이다. 폭력이 여기에 포함되는 이유는 폭력을 사회생활과 사회적 지배의 편재하는 특질로 간주하기 때문이다. 공식적인 국가 기반 형태의 폭력이든 비공식적인 공동체 형태의 폭력이든 말이다. 이러한 생각은 미시 수준의 폭력을 공동체 수준과 가정 수준으로 포함하기 위해서 만의 군사적 권력 개념을 확대한다. 월비에게 폭력은 상이한 사회 세력의 반영이며, 또한 사회적 관계를 자립적인 방식으로 구성하는 데 도움이 된다. 한편 월비는 시민사회를 문화에 대한 대용물로 사용한다. 바로 문화가 "미디어와 예술, 스포츠, 지식 창조"를 포함하는 용어의 범위를 좁힌다고 느끼기 때문이다(Walby, 2009: 18). 시민사회는 또한 사회적 창조성의 영역이라는 특권을 부여받는다. 불평등은 사회생활의 모든 차원에 퍼져 있지만 동시에 반응과 갈등, 대안 모색을 유발한다.

더 복합적인 이 접근을 통해 발생하는 하나의 지적인 도전은 불평등의 상이한 형태의 구매 목록보다 훨씬 더 멀리 나아가는 권력과 불평등의 다차원성을 인정하는 방식을 찾는 것이다. 월비는 상호 교차성 개념에 의해 이 문제를 언급한다(Walby(2009: 60~65, 2011) 참조). 이 개념은 최근 몇 년 동안 사회적 불평등의 여러 다른 형태의 복잡한 배열을 인식하는 방법으로, 또한 이러한 형태를 함께 통합하려고 시도하는 방법으로 사용되었다. 이 종류의 통합이 필요한 까닭은 불평등의 각 차원이 나머지 차원과 유리되어 작동하는 것이 아니라, 오히려 이 차원들이 호혜적으로 서로에게 영향을 미치고 서로를 변화시키기 때문이다. 그리고 상호 교차성은 또한 구조와 상징 표상, 정체성 구축 양식, (정책 초점의 의미에서) 정치적 과정의 측면에서 생각할 수 있다(Verloo, 2006; Wnker & Degele, 2011).

그래서 상호 교차성은 여러 상이한 형태의 사회적 불평등이 상호 작용할 때 발생하는 복잡성에 반응하는 방식이다. 월비는 이 개념으로 활동하는 일련의 가능한 방법을 계속 시연한다. 이러한 방법에는 일반적 접근으로부터의 전환이나, 복잡성의 기저가 되는 단일한 기저의 원인 탐구, 각각의 구체적인 형태의 불평등을 특별한 원인과 연결하는 것이 포함된다. 이러한 방법은 모두 문제를 지니고 있다. 월비의 해결책은 관계 과정과 제도 과정의 구별을 인정하면서도 일반적인 틀을 유지하려고 시도한다. 로페즈와 스콧(Lopez & Scott, 2000)의 연구에 뒤이어, 이 구별은 특별한 불평등 제도regimes가 단 하나의 기관의 위치와 연결되기보다 오히려 여러 기관에 걸쳐 확산될 가능성을 활짝 연다. 따라서 "경제에는 자유 임금노동과 가사노동 …… 정치조직 …… 국가 …… 유럽연합 …… (친밀의 국면과 같은) …… 삶의 구체적 영역을 지배하는 조직화된 종교가 들어간다"(Lopez & Scott, 2000: 65). 한편 폭력의 제도는 조직화된 군사적 폭력의 수준뿐만 아니라 대인 간 수준에서도 발생한다.

이러한 일반적인 이론적 고려는 사회 불평등에 대한 사회학적 접근이 얼마나 광범위하게 이루어졌는지, 그리고 주류 경제학과 정치경제학 ― 주로 소득과 부에 초점을 맞춘 ― 의 담화를 넘어서 얼마나 멀리 이동했는지를 보여준다.

사회학과 세계화

힘의 작용에서 다차원성과 복잡성을 인식하는 최초의 일반적인 이 쟁점을 넘어서서, 세계화 연구에 대한 사회학적 기여를 통해 지구적 불평등을 파고드는 두 번째 사회학적 경로가 있다. 불평등 연구에서처럼, 이 초점은 세계화에 대한 해명 — 비록 이러한 해명이 중요하지만 — 을 경제학자의 틀이나 정치경제학의 틀을 넘어 더 폭넓은 사회적 틀로 확대했다. 이 틀은 사회문화적인 정체성과 종교, 네트워크, 위험, 환경에 대한 연구 — 시장과 국가, 경제적 권력과의 상호작용 속에서 다시 검토되는 — 를 아우른다 (Robertson, 1992; Castells, 1996; Therborn, 2006; Beck, 2000, 2010; Sassens, 1998, 2007; Holton, 2005, 2011). 이 점은 마이클 만과 울리히 벡, 실비아 월비의 연구에서 비교와 대조를 통해 더 깊이 조망할 수 있다.

지금까지 살펴본 바와 같이, 만의 연구는 국민국가만을 사회적 권력의 주요한 그릇으로 보는 배타적 초점의 적정성을 논박한다. 오히려 그의 주장은 사회 — 이 내부에서 권력을 행사한다 — 가 국민국가에 국한되는 것이 아니라, "중첩되어 교차하는 다수의 사회공간 망으로 구성된다고" 보는 편이 더 낫다는 것이다(Mann, 1986: 1). 만의 이 주장은 세계화를 대표하는 국가 간 이동에 관심을 부여하지만, 국민국가가 정치적 권력의 주요한 소재지라는 현시대의 중심성을 포기하지는 않는다. 그 결과 "국가와 문화, 경제는 …… 결코 거의 일치하지 않는다"(Mann, 1986: 2). 이 입장이 함축하는 바는 권력이 일련의 과정과 조직을 통해 다중 논리에 따라 작동한다는 것이다. 권력의 작동방식은 사회에 대한 통일성 있는 해명이 국민국가에 근거하든 세계시장에 근거하든 이 해명으로부터 연역적으로 추론할 수 없다.

이 일반적인 주장은 지구적 불평등을 명시적으로 다루지 않는다. 이 주장이 도움이 되는 경우는 어떤 주어진 국가 내에서든 국가기관 사이나 국가기관 밖에서 발생하는 과정에서든 간에 불평등에 영향을 미칠 수 있는 일련의 권력 형태가 가능한지를 떠올리는 방식이다. 이 접근의 다차원성이 특히 도움이 되는 까닭은 현시대가 더 강화된 세계화의 시대이자 또한 국민국가가 여전히 사회생활에서 주요 선수로 남아 있는 시대이기 때문이다. 따라서 이 접근을 '계층과 국가'를 넘어 불평등에 대한 세계시민주의 사회학으로의 이동을 요구하는 울리히 벡의 영향력 있는 최근의 접근보다 더 선호한다.

세계화에 대한 벡의 실질적인 연구는 환경적 모험과 세계시민주의 치리를 포함한다. 또한 벡은 불평등에 대한 최근 몇 십 년 동안의 지배적인 사회학 연구가 '방법론적인 민족주의'의 덫에 걸려 있었다고 주장한다. 벡은 이 방법론적 국가주의를 사회적 관계에 대한 심오한 초^超국적화의 관점에서 구식이라고 본다. 초국적 관계에 초점을 맞추기 위해서는 불평등 연구의 프레임을 근본적으로 다시 짜야 한다. 대체로 설득력 있는 이 주장의 추구는 열정적이고 인습 타파적인 방식으로 진행된다. 하지만 이 주장은 국민국가의 계속적인 탄탄함을 폄하하고, 불평등에 영향을 미치는 핵심 영역(동등한 기회, 시민권, 복지 급여, 산업 관계, 보건, 교육 등)에서 공공 정책에 대한 국가의 조정을 폄하한다. 내재성 초점은 그 자체로는 불충분할 수 있다. 이는 이 초점이 외부적인 과정이나 압력 ─ 세계적 경제 내부에서 발생하는 ─ 으로부터 국민국가 자립의 한계를 폄하하기 때문이다. 하지만 이 초점을 완전히 거부해서는 안 된다. 그러면 필요한 것은 불평등에 접근하는 프레임을 근본적으로 다시 짜는 일이 아니라 세계적/국가적 상호작용을 파악히기 위해 초점을 넓히는 일이다.

월비(Walby, 2009: 117~131, 199~208, 228~247)는 지구적인 교차와 국가적인 교차를 넣음으로써 방법론적 민족주의를 피하는 분석 틀을 제공한다. 지구적인 초점에는 세계은행 같은 세계적 기관의 활동과 미국 같은 패권적 권력 중심, 정도는 덜 하지만 유럽연합에 더한 자본의 흐름과 무역, 사람들이 들어간다. 이 초점에는 그러한 위치에 거의 가까이에 가 있는 중국도 포함된다. 월비는 또한 '세계적 물결'도 여기에 넣는다. 세계적 물결은 여론과 행위의 정치 문화적 운동 — 시민사회를 정치적 실천과 연결하는 — 에 가까운 용어다. 여기에는 신자유주의는 물론 지구적 정의를 위한 운동도 포함된다. 세계화의 영향은 세계체제이론 내에서 투사되는 단일한 힘의 영향이 아니라, 많은 그러한 요소의 분할과 교차를 요구한다. 각 요소는 개별적으로 또는 결합해서 불평등에 영향을 미친다.

그러나 이 세계화의 영향은 이른바 '국가 과정'도 포함한다. 이 국가 과정에는 더 많은 정치적 과정에 더해 (1차 생산과 제조, 서비스를 비롯한) 한 나라의 경제적 부문의 유형이나 균형, 지식 경제와 기술에의 관여 정도, 가정의 비시장경제가 쇠퇴하고 임금노동이 팽창하는 정도가 포함된다. 이 정치적 과정에는 사회민주주의 정치가 불평등을 다루는 정치적 측정을 지원할 수 있는 경제적·사회적 토대를 지니고 있는 범위와, 개별 국가들이 재정 위기에서 준비할 수 있는 공적 지출의 한계를 정할 수 있는 범위가 포함된다. 마지막으로 월비는 동맹과 운동이 자유주의 프로젝트/정책과 사회민주주의 프로젝트/정책의 균형에 얼마나 영향을 미치는지를 파악하기 위해 국가적인 정치적 형상과 지역적인 정치적 형상(예컨대 유럽연합)을 검토한다. 이 균형은 다시 경제적 규제의 범위와 사회적 집단 사이의 자원 할당에 영향을 미치고, 정치적 형상은 또다시 사회적 불평등의 수준에 영향을 미친다.

이 일련의 과정과 교차하는 것은 폭력의 과정이고, 또한 시민사회의 사회적 창의성과 연결되는 운동이다. 공동체 수준과 가정 수준의 가부장적 폭력은 젠더 불평등의 패턴에 영향을 미친다. 반면에 국가 간 층위의 군사권력의 폭력은 사회적 불평등에 상당한 영향과 함께 사회집단과 주민들을 노예화하거나 해방시키는 역할을 할 수 있다. 흔히 국가와 시장 사이의 공간으로 정의되는 시민사회는 월비(Walby, 2009: 228)에게 "새로운 아이디어와 관행, 대안적인 사회 형성의 전망"이 발달하는 공간이다. 이러한 아이디어와 관행, 전망은 우파이든 좌파이든 간에 권위주의적이거나 민주적일 수 있다. 지구적 불평등을 분석하는 데 이 정치적 분파/운동은 신자유주의나 사회민주주의, 여성주의, 환경주의와 같은 프로젝트를 지원하기 위해 아이디어를 창조하고 사회집단을 동원하는 데 도움이 되기 때문에 중요하다. 우리는 이러한 프로젝트를 만연한 지구적 불평등 상태를 분석하고 불평등이 어떻게 지각되는지(Reis, 2006), 불평등을 변화시키고, 개선하고, 영속화하고, 재생산하는 방식으로 어떻게 사회적 조치를 취하는지와 같이 별로 연구되지 않은 쟁점을 분석할 때 고려해야 한다. 이 사회학적 틀은 경제학의 접근이나 정치경제학의 접근보다 더 완전하며 분석적으로 더 풍부하다.

결론

2장은 주로 이론에 관심을 두고서, 지구적 불평등을 이론화하는 분석적으로 구별되는 일반적인 세 가지 방식 — 경제학과 정치경제학, 사회학에 자리 잡은 — 을 식별했다. 그리고 서로 다른 이론이 생성하거나 의존했던 경험적 증거를 어느 정도 언급했지만 지구적 불평등의 복합적인 차원에 대한 더 상세한 경험적 조사는 앞으로도 이 연구에서 계속되어야 한다.

이 장에서 끌어낸 주요 결론은 세 가지다.

첫째, 경제학과 정치경제학의 명확한 강점에도 불구하고 두 학문 가운데 어느 것도 지구적 불평등을 설명하는 데 충분하지 않다. 둘째, 다른 유사한 학문과 연계해 사회학은 불평등에 대한 약간 더 넓은 시각을 제공하고, 이 시각은 다른 일반적인 이론의 수많은 문제에 대처할 수 있다. 사회학적 기여는 이론적으로 통일된 것은 아니지만 세계화를 연구하는 데 특히 유용한 방법론적 특질과 함께 변별적인 분석적인 틀을 생성했다.

셋째, 어떤 단일한 일반적인 이론도 지구적 불평등 뒤에 깔려 있는 복합적인 일련의 과정을 해명할 수 없을 분명한 가능성이 여전히 남아 있다. 이에 대한 요점은 이후의 장들에서 더 깊이 탐구할 것이다. 먼저 지구적인 사회 분열의 역사를 살펴본 다음 전 세계 다양한 무대에서 나타나는 지구적 불평등의 경험적인 윤곽을 살펴본다.

3

"

지구적 불평등의 역사사회학 약사

"

지구적 불평등에 대한 논평은 전 세계적으로 일부 국가는 엄청나게 부유한 반면 많은 나라는 지극히 빈곤한 현시대의 대조를 곧장 파고든다. 때때로 불평등은 허름한 도시와 부유한 도시 가정들의 사진을 함께 제시함으로써 시각적으로 표상된다(Held & Kaya, 2007). 또한 불평등은 소득의 대부분을 차지하는 세계 인구의 적은 비율과 임금을 거의 받지 못하는 거대한 비율 사이의 대담한 통계적 대조와 선명한 통계적 대조로 포장된다(〈표 3.1〉 참조). 이 현시대라는 초점은 유의미하다. 평론가와 분석가, 사회운동가들 — 변화와 개혁을 추구하는 — 은 물론이고 불평등의 결과로 고통받는 사람들에게 가장 중요한 것은 바로 여기와 지금이기 때문이다.

그러나 현재의 이해 가능한 우려가 지구적 불평등의 패턴을 완전히 이해하는 데 장애가 되는 것은 당연하다. 달리 말하면, 어떻게 우리는 이런 사태에 도달했는가? 소득 불평등은 역사적으로 어떻게 항상 거대했는가? 그리고 만일 그렇다면, 이는 오늘날 지구적 불평등의 원인이 현시대는 물론이고 역사에 있다는 것을 의미하는가?

우리가 이용할 수 있는 증거를 어느 정도 이해하지 않고서나, 사회과학자들이 시간적·공간적으로 불평등을 측정해 비교하려고 시도하는 방식을 어느 정도 이해하지 않고서는 이러한 중요한 문제를 제대로 해결할

표 3.1 ── 유산자와 무산자 사이의 불평등(%)

소득 수령자	전체 소득의 몫
상위 5	37
상위 10	56
하위 10	0.7
하위 5	0.2

자료: Milanovic(2011: 152).

수 없다. 관련 증거는 실제로 지난 200년 동안에 대해서만 존재한다. 그리고 이 증거는 완전히 주워 모은 것이며 19세기 대부분의 기간과 20세기 초반에 대해 균일하지 않다. 분석가들은 불평등을 비교하기 위해 수많은 통계적 측정치를 사용한다. 그중 가장 널리 사용되는 측정치는 지니계수다. 이 지니계수는 서로 다른 국가의 불평등 윤곽과 국가 내 지역들의 불평등 윤곽, 세계 전체의 불평등 윤곽을 비교하기 위해 사용할 수 있다. 따라서 이러한 불평등 윤곽의 비교는 국가 내 불평등은 물론 국가 간 불평등의 이해를 도울 수 있다.

이 측정치에 대한 더 상세한 해명은 〈표 3.1〉로 제시되어 있다. 현재로서 나는 지니계수를 0과 100 사이의 단순한 수로 표현할 수 있다는 점에만 주목한다. 이때 0은 절대 평등이고 100은 절대 불평등이다. 즉, 수치가 높을수록 불평등이 크다. 만일 최근의 역사에 걸쳐 지구적 불평등을 추적하기 위해 이 지니계수를 사용한다면, 이 수치는 1820년의 약 50에서 1910년의 61, 1992년의 66으로 지속적으로 현저하게 상승한다 (Bourguignon & Morrison, 2002). 지난 20년 동안 수치의 상승은 정지되었던 것

— 하지만 대략 70이라는 아주 높은 수준에서 — 으로 보인다(Milanovic, 2011: 150). 이 수치는 어떤 개별 국가보다도 더 높다. 수치가 높은 국가는 브라질과 남아프리카로 대략 60이고, 그다음 높은 국가는 미국과 러시아로 40 이상이며, 중간 수치에서 낮은 수치의 국가는 유럽연합으로 그중 스칸디나비아가 가장 낮다.

먼저, 이 자료는 지구적 불평등이 새롭지 않다는 분명한 핵심을 예시한다. 이것은 역사적 원인이 중요하다는 것을 분명히 보여준다. 둘째, 이 자료는 지구적 불평등이 산업화와 지구적 자본 팽창의 결정적 시기에 걸쳐 심화되었다는 것을 보여준다. 심지어 인구 1인당 총소득이 증가 경향을 보여주었을 때조차도 그러했다. 달리 말하면, 소득 격차는 풍요의 시기에 심화되었다. 셋째, 어떤 개별 국가 내의 불평등보다 세계 전체의 불평등이 더 크다는 사실은 국가 간 불평등이 국가 내 불평등보다 더 빠르게 심화되고 있다는 것을 보여준다. 이는 지구적 불평등을 설명하는 탐구가 국가 내부의 요인에 못지않게 지구적 무대에서 국가의 운명을 연결하는 역사적 과정에 집중해야 한다는 것을 보여준다. 마지막으로 국가 자체의 불평등 윤곽 사이의 차이에서는 국가적 요인이 여전히 중요하다는 것을 암시한다. 그렇지만 이 국가적 차원은 또한 현시대에 대한 분석에 못지않게 역사적 분석도 요구한다. 이것은 최근 시기에 대해 앞서 말한 지니계수의 대조가 최근 역사에 걸쳐 비슷하다고 판명이 나기 때문이다. 이것은 뒤에서 검토하는 로버토 코르제니에비츠와 티모시 모란(Korzeniewicz & Moran, 2009)의 연구에서 명확히 드러난다.

개인 소득 불평등은 그 자체만으로 가계 소득 불평등의 전체 구도를

●──── 지니계수

지니(Gini)는 불평등을 측정하는 데 관심을 지닌 이탈리아의 통계학자이자 경제학자였다. 지니계수는 어떤 주어진 인구 내에서 각 개인의 특성을 다른 모든 개인의 특성과 비교한다. 상이한 기술적 속성을 지닌 추가적인 유형의 측정치 ─ 타일 지수(Theil index) 같은 ─ 도 있지만 지니계수는 불평등 연구에서 가장 널리 사용하는 통계적 구성물이다. 지니계수는 측정할 수 있는, 소득 같은 개인의 특성에서의 불평등을 측정하는 데서만 유용하며, 이 유용성은 조립되는 데이터의 정확성에 의존한다.

지니계수는 일련의 단계에서 구축된다. 첫째, 어떤 인구 내 개인 간 소득의 모든 불평등의 합계를 계산한다. 이것은 보통 국민국가에 어울린다. 그리고 국민국가는 국가적 패턴은 물론 지역적 패턴과 국소적 패턴의 계산을 허용한다. 각 개인의 자료를 이용할 수 없는 경우에는 상이한 소득층의 일련의 개인들에게서 나오는 평균 소득 같은 어떤 대체물을 사용한다. 이 평균 소득에는 최고 10퍼센트에서 최하 10퍼센트까지 소득분포 10퍼센트 범위의 모든 사람에 대한 평균 소득이 들어간다. 둘째, 이 합계 총액을 인구 내 사람들의 수와 이 집단의 평균 소득의 합으로 나눈다.

이 결과는 0(완전 평등)과 1(완전 불평등) 사이에 들어간다. 국가 지니계수는 대부분 0.2~0.6 사이에서 다양하다. 이 수치는 때때로 비율 ─ 즉, 20퍼센트에서 70퍼센트까지의 범위 ─ 로 표시하거나, 100을 곱해 편리한 정수 ─ 즉, 20(비교적 낮은 불평등)에서 70(훨씬 더 높은 불평등) ─ 로 제시한다.

지니계수가 지닌 주요한 문제점 가운데 하나는 동일한 최종 수치가 아주 상이한 소득분포와 양립 가능하다는 것이다. 또한 이 지수는 특정한 시점의 구획 교차 자료에 초점을 맞추고, 따라서 수명이 다할 때까지의 소득분포 같은 인구 구조 내의 변화 과정에 도달하지 못한다. 따라서 지니계수의 분석적 중요성을 해석하는 것은 결코 명확하지 않다. 이러한 측면의 추가적인 정교화와 더 심한 전문적 논의는 Milanovic(2011)과 Atkinson(1970)을 참조하라.

보여주지 못한다. 왜냐하면 가계 대부분이 2인 이상의 소득 수령자로 구성되기 때문이다. 또한 개인 소득 불평등은 자택 보유 같은 다른 물질 자산을 다루지도 않는다. 따라서 개인 소득에 근거한 지니계수는 추가적인 데이터로 보강할 수 있다. 이것은 가계 소득 데이터를 보강할 수도 있고 (임대료가 분명한 그 대체물인) 자택 보유 혜택의 재무적 평가를 넣어서 보강할 수도 있다. 다른 복합적인 쟁점은 세금 구조의 변이는 물론 이전^{移轉}지출[●] — 사회적 안전으로부터 발생하는 — 의 충격과 관련이 있다.

그래서 지구적 불평등에 대한 역사적 시각은 어떤 차이를 내는가? 기본적으로 두 종류의 고려 사항이 문제가 된다. 첫째는 실재적인 고려 사항으로, 사회적 분열과 불평등의 장기적 패턴과 관련이 있다. 이 장기적인 패턴은 일련의 국소적 과정뿐만 아니라 국가 간 과정에 연결된다. 둘째는 이론적이자 방법론적인 고려 사항으로, 증거를 수집하고 해석할 때 사용하는 가정이나 기교와 관련이 있다. 이번에는 다시 각 고려 사항을 살펴볼 것이다.

●── 서비스나 물품을 대가로 받지 않고 정부가 일방적으로 직접 지급하는 지출을 가리키는 경제학 용어. 복지, 학자금 지원, 사회보장, 기업보조금 등이 여기에 해당한다. 정부지출이라고 부르기도 한다.

1. 사회적 분열과 지구적 불평등: 일부 역사적 주제

사회적 구분과 불평등은 아주 오랜 역사를 지니고 있다. 불평등의 황금기가 먼 과거의 수렵 채집 사회에 있다는 발상은 널리 수용되지만 이것은 하나의 신화로 보인다. 왜냐하면 부분적으로 삶을 유지하는 데 필수적인 물질자원에의 접근 차이가 집단 간 불평등을 배양하기 때문이다(Burch & Ellana, 1994). 또한 지위 형성의 문화적 과정도 차별을 야기하기 때문이기도 하다. 불평등이 맨 처음 생겨날 때는 돈과 시장이 필요하지 않았다. 경제적 불평등의 패턴은 지난 4천 년에 걸친 경제적 삶의 오랜 역사 내내 표준적인 형식이나 범위를 취하지도 않았다. 그리고 이 기간 내내 경제적 불평등은 일반적으로 정치제도와 문화적 관행에 내포되어 있었다.

불평등은 사적인 토지 소유에 근거한 농경사회의 부흥과 고대 그리스 로마제국, 중세 유럽, 중국제국과 인도제국을 가로질러 추적할 수 있다. 이러한 사회는 모두 서구의 현대자본주의 발달 이전에 존재했다. 그렇지만 불평등은 관련 데이터가 아주 드물기 때문에 측정하기 매우 어렵다. 우리가 말할 수 있는 많은 것은 양적인 것이 아니라 질적인 것이다. 불평등은 경제적·정치적·문화적 근원의 복잡한 혼합으로부터 발생했다. 이러한 근원은 제국주의의 식민지화와 자원 추출, 때때로 주민의 노예화를 포함했다. 그러나 모든 사회에는 엘리트가 있다. 엘리트들의 권력과 소득 생성 활동은 정치적 지배와 강제적 과세를 비롯한 일련의 활동에서 나온다. 이를 통해 엘리트들은 사회적 지위나 무역, 추종하는 사회집단의 노동 착취와 연결되는 부를 상속받았다.

•─── 로마제국의 불평등

약 2천 년 전의 초기 로마제국에서는 엘리트가 인구의 약 1퍼센트 ─ 20만~40만 명의 사람들 ─ 를 대표했다. 반면에 나머지 5천만~5500만 명의 사람들 대부분이 생계를 꾸리기 힘든 적은 비용으로 살았다. 공간적으로 이 제국의 가장 부유한 지역(예컨대 이탈리아와 이집트)과 가장 가난한 지역(예컨대 북아프리카와 도나우강 주변)의 소득 비는 약 2 대 1이었다. 당시 로마제국의 지니계수는 약 40으로 계산된다. 이 수치는 미국이나 확대된 오늘날의 유럽과 거의 같다(Milnovic, 2011: 49~52).

근대 이전의 불평등을 조금 심도 있게 검토하는 것은 이 연구의 범위를 넘어선다.

여기에서는 두 가지가 중요하다. 첫째, 불평등은 오랜 역사를 지니고 있다. 둘째, 현시대 불평등의 원인은 말할 필요도 없고 과거의 불평등의 원인도 해당 국가나 해당 지역의 내적 특성만을 고려해 간단히 설명할 수 없다. 외적 요인 역시 중요하다. 그리고 외적 요인은 제국과 식민지화, 무역, 이주와 연결될 수 있다. 외적 요인에 대해 생각하는 한 방식은 세계화라는 개념을 통하는 방식이다. 이런저런 형식으로 세계화는 불평등의 오랜 역사에 영향을 미친다.

세계화 과정은 단지 현시대의 불평등과만 관련이 있는 새로운 것이 아니다. 이 세계화 과정은 사회적 삶의 완전히 색다른 최근의 특성이라기보다 수천 년은 아닐지라도 수 세기에 걸쳐 발생했다(Hopkins, 2002; Holton, 2005, 2011). 세계화는 경제적 삶과 정치적 삶, 문화적 삶의 국가 간 연결과 상호의존이라고 정의할 수 있다. 이 정의에서는 세계를 하나의 공간으로 의식한다. 장거리 무역이나 국가 간 노예제, 제국주의 정복, 대륙 횡단 이주, 지역 횡단 이주, 문화적 구분에 걸친 방대한 종교적 이동과 같은 세계화의 국면은 수천 년에 걸쳐 확산되었다(Frank & Gills, 1993). 그러한 과정은 급속하게 이동하는 오늘날의 세계화 — 거의 즉각적인 의사소통 기술과 연계된 — 와 지리적 범위와 강도가 다르다. 따라서 (조®세계화라고 간주하는 것이 더 적절할지도 모르는) 고대의 세계화는 파편적이고 균일하지 않으며 과대 확대하거나 붕괴하기 쉬웠다. 하지만 고대의 세계화는 현대의 세계화에 작용하는 영향과 잔재를 남겨놓았다(Hopkins, 2002).

제국, 그리고 지구적 불평등의 역사사회학

두드러지는 한 예는 제국이라는 제도다. 월러스타인은 이 제도를 자본주의 세계경제 이전의 주요한 국가 간 사회제도로 본다(Wallerstein, 1974, 1979). 역사적으로 제국의 건설은 전형적으로 강력한 영토적 핵심에 근거했다. 예를 들어, 고대 그리스나 고대 로마, 17세기 스페인, 19세기 영국을 보라. 이러한 제국은 더 넓은 지역을 통제하고 지배함으로써 부와 자원 — 식량 같은 — 을 뽑아내고 주민을 지배하고 때로는 노예로 삼는 일을 추구했다. 이 모든 일은 강제력으로 실행했고, 우월한 문화적 임무에 대한 강한 의식으로 정당화했다. 유럽인의 시각에서 제국의 문화정치에는 어떤 범위의 정치적·과학적·인종적 요소가 포함된다. 제국은 언제나 경제적 독립체보다 훨씬 더 포괄적인 조직이었다.

역사의 어느 시기에나 지구적 불평등에는 종족 내부나 신흥 도시 내부의 힘과 지위의 위계 — 국지적으로 생성되는 — 뿐만 아니라 특정 지역과 지방의 부존 천연자원을 비롯한 많은 원인이 있다. 이것을 넘어서 제국은 아마도 국가 간 활동 자체로부터 발생하는 지구적 불평등의 주요한 근원 이었다. 이것은 경제적인 불평등은 물론 정치문화적인 지배와 관련이 있 었다. 때때로 이 정치문화적인 지배는 고의적인 원주민 집단 학살에서 보 듯이 극단적인 형태로 이루어졌다. 제국은 또한 식민지 개척자들의 정착 과 순응하는 지역 주민 일부를 관리직으로 선발하고, 새로운 식민지로든 근원적인 제국 중심지로든 노동의 수입을 통해 인구학적 변화를 이끌어 냈다. 고대 로마제국 시절에 로마로 수입한 식량과 노예는 모두 유럽과 북아프리카에 있는 영토에서 왔다.

하워드 위넌트(Winant, 2001)는 제국의 역사사회학을 주요한 세 요소의 측면에서 살펴본다. 첫째, 제국은 노동과 자본의 관계를 변화시키는 데 중요하다. 이 관계에는 노예화와 여타 형태의 연기계약(年期契約, indentured labor 노동이 포함된다. 둘째, 제국은 군사적 강제를 비롯한 여러 형태의 국가 건설과 영토 통제를 대표한다. 셋째, 제국은 여러 새로운 형태의 문 화와 문화적 정체성을 생성한다. 위넌트에게 이러한 형태는 근대 유럽에 서 르네상스 시대부터 계속 연합해 동적인 동시에 국가 간 불평등에 근본 적으로 내포되어 있는 여러 형태의 근대성을 창조한다.

정치경제학으로부터 도출되는 주요한 한 논증방식은 현시대 불평등을 세계의 여러 다른 지역의 초기의 부존자원과 연결하고, 또한 이 부존자원 이 식민지 정착 기간에 사회적·정치적 제도의 건설에 영향을 미치는 방 식과 연결한다(Engerman & Sokoloff, 2000; Hoff, 2003; van de Walle, 2009; Korzeniewicz &

Moran, 2009). 천연 부존자원이 대규모 농장농업이나 집약적 광물 채굴에 유리한 곳에서는 강제적인 노동 통제의 규모가 더 컸으며 국가기관의 통제가 지주의 손아귀로 들어갔다. 즉, 토지와 자원을 소유한 사람들이 국가와 사법부를 통제했다. 이것은 남아프리카와 남아메리카의 많은 지역과 미국 남부 주와 같은 배경에서 오늘날까지 지속되는 고도로 불평등한 사회구조를 창조했다. 간단히 말해, 과거에 불평등이 심한 국가들이 보통 오늘날에도 불평등이 심한 국가들이다. 이는 지주가 취한 경제적 이익의 산물일 뿐만 아니라 인종주의 문화와 관련이 있다. 프레드릭슨(Fredrickson, 2001)은 남아프리카와 미국 남부 주에 대해 쓰면서 인종적 종속의 역사가 흑인의 역량이 부족하다는 부정적인 고정관념을 영속화했다고 주장했다. 이것은 교육에 대한 접근 제한의 장기적인 패턴과 미숙련노동에의 집중을 강화했다. 흑인들은 '권리가 부족했으며' 따라서 '심하게 착취할 수 있는 노동력이었다'(Fredrickson, 2001: 9).

코르제니에비츠와 모란(Korzeniewic & Moran, 2009)은 자신들의 매혹적인 책 『불평등의 본질을 밝히다Unveiling Inequality』에서 정치경제학과 세계체제이론에 근거해, 수 세기에 걸쳐 거슬러 올라가는 불평등의 구별되는 역사적인 두 패턴을 식별한다. 이러한 패턴은 일정하기 때문에 여러 형태의 균형으로 간주된다. 한 패턴은 세계 표준에 의한 상대적으로 높은 수준의 불평등 균형과 관련이 있고, 다른 한 패턴은 상대적으로 낮은 수준의 불평등 균형과 관련이 있다. 〈표 3.2〉에 표시된 바와 같이, 이 두 패턴은 다시 서로 다른 형태의 경제활동이나 여러 패턴의 사회제도와 관련이 있다.

공간적으로는 이러한 대조 패턴이 서방세계는 더 평등주의적인 민주

표 3.2 ── 소득 불평등의 역사적인 두 패턴

	경제활동	사회제도	위치
높은 소득 불평등	채광, 대규모 농장 농업	식민지화, 노예제	라틴아메리카, 남아프리카, 미국 남부
낮은 소득 불평등	풍부한 토지	더 큰 사회적· 정치적 자립	서구 유럽, 동아시아

자료: Korzeniewicz & Moran(2009).

주의의 역사적 과정의 배타적인 본거지였던 반면 그 밖의 세계는 전형적으로 더 전체주의적이고 권위주의적이었다는 가정과 일치하지 않는다. 이 대조는 오히려 부존자원과 경제적·사회적·정치적 제도가 다른 지역 간 대조나 국가 간 대조다. 높은 불평등 범주에 들어가는 지역이나 국가의 대부분은 채굴 산업의 중요한 역사적 중심지 ─ 라틴아메리카나 남아프리카, 미국 남부 주와 같은 ─ 였을 뿐만 아니라, 서구의 이익집단이 1500년부터 계속 식민지화와 노예제를 강화했던 곳이다. 서구 유럽이나 뉴잉글랜드, 오스트레일리아와 같은 백인 정착 지역과 동아시아의 특정 지역(예컨대 일본)이나 동남아시아 등을 포괄하는 낮은 불평등 범주에 들어가는 다양한 국가 집합의 경우에는 간단한 공통적인 특징을 찾기가 쉽지 않다. 수많은 저술가가 언급한 노동과의 관계에서 더 풍부한 토지 부존에 더해, 이 집단의 대부분은 전형적으로 외적인 통제로부터 더 커다란 사회적·정치적 자립을 유지했다. 서구 국가의 경우에는 이것이 핵심 국가 외 지역의 아주 높은 불평등에서 부분적으로 잉태한 번영 덕택에 국가 내 불평등반 더 발레(Van de Walle, 2009)는 식민지 제도에 대한 다른 유형의 역사적 주장을 사하라사막 이남 아프리카에 적용했다. 지금까지 이 지역의 불평등은 높았지만 코르제니에비츠와 모란 이 분류한 높은 소득 불평등 패턴과 일치하지 않는다. 이곳에서는 대규모 농장 농업의 발달 수준이 더 낮았으며, 광산업이 비교적 소수의 지역에 집중되었다. 특히 열대 지역에서는 식민 지 국가의 발달이 낮은 수준이었으며 식민지 개척자들의 정착 규모가 더 작았지만 지역 노동 이 드물었다. 식민지 국가는 안정도가 더 낮았으며 그러한 국가의 주요한 제도적 충격은 경 제적 발전보다 오히려 과세 영역과 법질서 영역에 있었다. 이것은 인간복지를 개선할 식민지 에서 독립한 국가의 역량에 역효과를 발생시켰다. 지금까지 국가 주도의 발달 경험이 없었기 때문이다.

수준이 더 낮아졌다는 것을 의미했다.

코르제니에비츠와 모란이 기존의 해명에 더하는 것은 더 높은 불평등 의 패턴을 현재까지 수 세기 동안 유지하고 재생산한 제도에 대한 초점이 다. 이 초점은 변하는 권력 구조와, 이 권력 구조를 힘 있는 사람들에게는 유리하고 지배받는 집단 — 대규모 농장 노예이든 연기계약 노동이든 광산노 동자이든 — 에게는 불리하게 이용하는 방식에 있다. 이 접근방식은 국가 내 불평등과 국가 간 불평등을 모두 해명하기 시작한다. 국가 내 불평등 은 지역적 요인의 산물이고 국가 간 불평등은 세계적 요인의 산물이라고 추정할 수도 있지만, 두 학자는 지구적 불평등의 두 차원이 그렇게 깔끔 하게 구분될 수 없다고 주장한다. 이에 대한 핵심적인 한 이유는 국가 간 불평등이 대체로 국가들의 상호작용 과정에서 다른 국가들에 비해 일부

헤더 오코넬(O'Connell, 2012)은 국가 수준 인구 통계자료를 사용해 현시대 미국 남부의 인종 불평등 패턴을 연구했다. 이 연구에서 그녀는 오늘날 백인/흑인 불평등의 규모와 19세기 중반 노예의 밀집도가 가장 높았던 지역 사이의 상관관계를 발견한다. 다른 방향에서 네이선 넌(Nunn, 2008)은 노예무역이 서아프리카의 지역 — 대서양의 노예무역이 의존했던 — 에 미친 역효과를 고찰한다. 아프리카 지역의 경제 발전에 대해 통계적 기법으로 분석한 넌의 연구는 송출된 노예의 수가 더 많은 지역일수록 최근에도 경제 발전이 더 형편없다는 점을 보여준다. 이러한 연결은 마을과 도시 사이의 사회적 유대의 약화는 물론 더 광범위한 정치 구조의 발달에 미치는 효과와 관련이 있다.

국가들이 얻는 상대적인 이익의 결과이기 때문이다(Korzeniewicz & Moran, 2009: 74).

식민주의와 노예제는 또한 여러 집약적인 형태의 사회적 배제와 폭력, 심리적 압박이 새로 생겨나는 것과 관련이 있었다. 이러한 형태는 현재까지 계속 이어지는 불평등의 패턴에 더 장기적인 결과를 초래한다. 이러한 결과의 지속은 백인 우월주의에 근거한 인종 분류와 위계, 예속 제도 덕택이었다. 프레드릭슨(Fredrickson, 1981: 70)이 지적하는 바와 같이, 이것은 백인들 사이에 문화적 연대감을 만들어냈다. '이 연대감은 단지 경제적 착취를 감추기 위한 방편이 아니라 삶의 방식이 될 수도 있었다.' 그러한 형태의 연대감은 물론이고 이 연대감과 연결된 전통은 백인들의 권리와 특권, 복지를 옹호하려는 인종 동원의 최근 형식에 반영되었다. 그러나 노예제의 유산은 또한 이 제도의 지배를 받는 사람들의 사회조직과 의욕에 심히 부정적인 결과를 초래했다.

역사적으로 제국은 항상 간접적이든 직접적이든 복합적인 일련의 지배 형식과 통치 형식을 강제로 운용했고, 또한 어떤 단일한 공식으로 규정할 수 없는 피식민지 사람들을 선임하는 방식으로 운용했다(Cooper, 2001: 201-211). 지구적 불평등에 대한 이 연구에서 가장 적절한 것은 심지어 노예제와 식민주의가 더 이상 존재하지 않고 정치적 독립을 달성한 때조차도 인종적 배제의 오랜 역사는 극복하기 어렵다는 점이다. 여기에는 부분적으로 두 가지 이유가 존재할 수 있다. 첫째, 더 많은 소득과 부를 창출해 통제하는 토대인 자원 플랫폼을 제한하는 탈식민지 무대에도 경제적 의존이 그대로 남아 있다. 둘째, 탈식민지 국가구조와 사회조직 형태가 과거의 유산으로 인해 계속해서 손상을 받아왔다. 그러나 이러한 고려 사항이 사회적 불평등을 완화하는 변화나 주도에 대한 현시대의 전망을 치명적으로 훼손하지는 않는다.

1950년대와 1960년대에 정치적으로 독립할 때, 아프리카의 새로운 정부들은 높은 불평등의 상황을 물려받았다. 구체적으로 자연자원의 미개발, 불만족스러운 교육 수준, 자본 부족 등 부존자원 요인과 식민지 행정부의 태만으로 인한 많은 어려움을 포함해 일련의 불리한 조건들을 그대로 물려받았다. 권위주의와 부패는 지속되었고, 민주적인 참여가 제한되면서 이 유산의 많은 부분은 계속 남아 있었다. 식민지의 제도적 유산은 흔히들 사하라사막 이남 아프리카의 불평등을 이해하는 데 유일한 열쇠로 제시되는 경제적 세계화의 최근 단계 이전에 존재했다. 한편 식민지 독립 이후 지속되는 여러 형태의 배제는 대부분 아프리카와 아시아의 많은 지역에 걸친 여러 형태의 인종적·종족적 지배 탓이기도 하다. 이러한 지배의 원인을 단순히 제국에만 돌릴 수 없다.

이 모든 것에도 불구하고 식민지를 개척한 제국이 보통 부지불식간에 창조해왔던 역사적 유산의 범위를 경시해서는 안 된다. 예컨대, 더 장기적인 측면에서는 제국의 연결이 훨씬 더 많은 문화 간 연계와 박애주의를 장려하는 조건의 적어도 일부를 자극했을지도 모른다(Appiah, 2006). 이 문화 간 연계와 박애주의는 교혼이나 신념 간 대화에서 표현될 수 있지만, 또한 공동체 정치와 교육, 레저 활동(예컨대 스포츠)으로 표현될 수도 있다. 이러한 발달은 불평등의 근원으로서의 문화적 긴장과 문화 간 폭력을 약화하는 경향이 있다. 이러한 점에서 제국은 단순히 경제적·인종적 분열을 생성하고 영속화하는 기능을 한다기보다 오히려 지구적 불평등에 양면적인 영향을 미칠지도 모른다.

제국의 유산은 분명히 문제가 있는 개념이다. 이 유산이 실제로 의미하는 바에 대한 문화적 지각이 어떤 종류의 원시적인 방식으로 일정하게 남아 있기보다 오히려 바뀌고 변하는 한 말이다. 그럼에도 불구하고 (긍정적이든 부정적이든) 제국의 과거에 대한 다양한 느낌은 여전히 현대적인 영향으로 남아 있다. 이것은 대영제국이나 프랑스, 네덜란드와 같은 제국의 '핵심'이나 식민지에서 독립한 아프리카와 아시아, 카리브해 지역에 모두 적용된다. 대영제국 같은 옛 제국의 핵심에서는 카리브해와 아시아, 아프리카 지역의 옛 식민지 주민들의 독립 이후 이주가 인종차별 의식과 인종 배제의 문화적 짐과 충돌한다. 폴 길로이(Gilroy, 1987)의 뛰어난 책의 제목과 같이 '유니언 잭에는 검은색이 전혀 없다There Ain't No Black in the

Union Jack'.

인종적 우월의 유산은 제국의 핵심에서 여러 분파의 토착 주민들 사이에 계속 남아 있다. 이러한 유산은 보통 이민이 일자리 경쟁을 유발한다고 간주되는 곳이나, 지역 내 문화적 긴장이 인종적으로 해석되는 곳에서 표면화된다. 영국의 최근 실례는 랭커셔Lancashire의 옛 산업 지역의 갈등을 포함한다. 제국의 유산은 또한 남아프리카나 오스트레일리아와 같은 식민지 정착 국가에서 분명하다. 이러한 나라에서는 백인 정착민들과 토착민들 사이의 관계가 배제와 남용의 역사적 경험을 계속 반영한다.

20세기 후반부에 식민지에서 벗어나 독립한 신생국가들은 수많은 곤경에 부딪힌다. 하나는 식민주의의 제도적 유산이 보통 불충분하고 외부의 경제적·정치적 세력의 힘이 거대할 때 경제적·사회적 발달을 도모할 수 있는 새로운 국가 역량을 어떻게 건설할지의 도전이다. 또 다른 곤경은 자의적인 식민지 영토 분할에서 야기된 인구 혼합과 문화적·종교적 전통의 더 많은 역사적 유산에도 불구하고 사회적 융합을 추구해야 하는 내적인 곤경이다. 그러한 배경의 국가 내 불평등에는 의심할 바 없이 몇 가지 외적인 원인이 있다. 하지만 식민지 독립 이후의 배제 속에서 지속되는 불평등 역시 대부분의 원인이 아프리카와 아시아의 많은 지역에 퍼져 있는 국소화된 형태의 인종적·종족적·가부장적 지배에 있다. 이것의 원인을 간단히 제국의 역사적 유산이나 세계자본주의와 연결되는 불평등으로 돌릴 수 없다. 아프리카의 많은 탈식민지 지역에서 독립과 자유, 정의는 단지 수사修辭였고 경제적 차별과 공간적 배타성, 엘리트의 특권을 축소하는 실제적인 조치는 이루어지지 않았다. 마찬가지로 만연하는 강간과 가정 폭력에서 드러나는 인도나 중동 지역의 젠더 불평등 역시 거시 경제학적인 세계적 세력의 탓으로 돌릴 수 없다. (이것은 미국이나 영국의 비슷한 과정을 그러한 탓으로 돌릴 수 없는 것과 유사하다.)

지구를 북과 남으로 크게 나누는 사회적 분열 — 브란트위원회가 최초로 널리 퍼뜨린 용어인 — 이라는 개념은 제국을 떠오르게 하는 부와 권력의 불평등이나, 제국주의 이후의 시대에 경험하는 지속적인 불평등과 강하게 연결된다(International Commission on Development Issues, 1980). 이 구분을 구상한 토대가 된 언어는 반구의 구분에 근거해 부분적으로 지리적이었다. 또한 이 구분은 오스트레일리아 같은 일부 부유한 국가나 브라질 같은 신흥국이 남반구에 있기 때문에 은유적이다. 상징적으로 부유하고 강한 '북'이 가난하고 덜 강한 '남'을 계속 지배한다. 그렇지만 이러한 기제는 19세기와 20세기 형식의 영토 통제로부터 규제 없는 시장 기반 거래 — 다국적 기업에게 유리하도록 기울어진 — 로 바뀌었을지 모른다. 이 거래에서 시장은 북이 지배하는 국제조직(예컨대 국제통화기금, 세계은행)이 감독했다. 이 종류의 어떤 거시 수준의 구별에서처럼, 북/남 구분은 그 자체로는 전체적인 불평등 패턴과 원인은 **물론** 국부적인 불평등 패턴과 원인의 복잡성을 제대로 다룰 수 없다.

이주와 유동성

역사를 관통하는 장거리 이주는 노예제를 떠오르게 하는 강제된 형태의 인간 유동성에서처럼 때때로 제국과 연결되어 있었다. 하지만 이주에는 또한 강압적인 측면뿐만 아니라 자발적인 측면도 있으며, 이로 인해 이주는 그 자체로 사회적 분열과 지구적 불평등의 역사사회학을 이해하는 데 하나의 쟁점이 된다. 지구적 불평등의 분석에서 이주가 지니는 주요한 현시대의 의의는 아프리카와 아시아의 수백만 사람들에게 빈곤과 정치적 불안의 탈출구를 제공한다 — 또는 제공하는 것처럼 보인다 — 는 것이다. 그렇지만 세계적 경제에서 교역과 자본의 흐름에 대한 규제를 철폐하는 것과 대조적으로, 인구의 이동은 부유한 국가에서 철저히 규제한다. 출입국 관리는 새로운 이주자를 공식 허가를 받은 범주로 제한하고자 한다. 하지만 서유럽이나 북아메리카, 오스트레일리아에서의 더 나은 삶이라는 유혹이 계속되기 때문에, 이주를 시도할 때 죽거나 극단적인 학대를 받을 수 있음에도 불구하고 결국 불법 이민자들의 방대한 흐름이 생겨난다. 이러한 흐름은 지구적 불평등의 영속화로부터 초래되는 더 심한 비극을 나타낸다.

제임스 클리포드(Clifford, 1992)에 따르면, 인류는 언제나 여행하는 종種이었다. 사람들은 땅과 식량을 찾으려고, 더 나은 삶을 꾸릴 방법을 확보하려고, 정치적 통제와 지배로부터의 자유를 찾으려고, 자신들의 생활방식을 개선하려고 이주한다. 경제 발전 과정이 그래왔던 것처럼 제국은 때때로 이주의 선동자였다. 제국과 경제 발전은 대농장 노동을 위한 것이든 군사적인 고용을 위한 것이든 공장 일을 위한 것이든 간에 추가적인 노동 원천을 필요로 한다. 불평등 패턴은 전형적으로 쌓여서 이러한 과정이 되었다. 이는 다음 예를 보면 분명해진다.

이주자들의 흐름은 탈식민지 세계에서 계속 확대되었고, 세계은행

19세기 말과 20세기 초 아프리카 이주자들은 대규모로 식민지 도시에 이주해 들어와 광산 노동과 원재료 처리, 미숙련 서비스 노동을 했다. 데미시(Demissie, 2007: 158~160)는 요하네스버그나 하라레, 킨샤사, 나이로비와 같은 도시에서 식민지 관리자들이 어떻게 아프리카 흑인들을 사회적·문화적 위협 — 범죄와 질병, 혼란을 퍼뜨릴 가능성이 높은 — 으로 인식했는지를 보여준다. 인종 편견적인 공중보건 담론은 인종 분리를 강화하는 데 사용되었다. 인종 분리로 인해 주택은 열악하고 사회 기반 시설은 미비한 인종적인 빈민가가 생겨났다. 역설적이게도 노동조합주의 운동과 민족해방운동의 부화기 역할을 하는 데 유용했던 것은 바로 이러한 빈민가와 판자촌이었다.

(World Bank, 2011a)이 수집한 공식 통계에 따르면 이주자 수가 2010년까지 2억 명을 넘어섰다. 이는 출신 국가의 암울한 경제적 전망이나 정치적 억압과 같은 추진 요인은 물론이고 이주자들이 향하는 국가에 있는 기회 포착 가능성 인식과 개인적 자유라는 흡인 요인을 모두 반영한다(Castles & Miller, 1993). 이러한 흐름은 수용 국가의 불평등 구조에 내포되어 있을 뿐만 아니라 출신 국가의 경제적·정치적 불평등 형태에 대한 반응이다. 물론 모든 이주자가 가난하거나 미숙련인 것은 아니다. 그런데도 가난한 미숙련 이주자들에게 수용 국가의 삶의 조건은 다양한 이유로 보통 만만하지 않다. 다양한 이유 가운데 하나가 바로 인종적·문화적 차별이다. [이 쟁점에 대한 더 심오한 논의는 Sassen(1998a)을 보라.]

지구적 불평등의 역사사회학에 가장 적합한 쟁점은 세 가지로 구성된다. 첫째, 이주는 세계화의 반복되는 특성이다. 하지만 언제나 기회에 못지않게 불평등과 연관되었던 특성이다. 둘째, 제국과 노예제, 식민지 독립의 최근 역사는 이주자들이 더 나은 삶을 찾는 방식과 새로운 환경에서 그들을 대하는 방식에 영향을 미친다. 셋째, 지구적 이주를 시도했으나 실패한 규모는 더 나은 삶을 찾는 가난한 사람들의 소망뿐만 아니라 더 부유한 나라들이 직면한 도덕적·정치적 도전을 거론한다. 부유한 나라의 출입국 관리 정책은 불평등 완화의 가장 강력한 경로일 수 있는 이주를 전 세계의 가난한 사람들에게 허용하지 않는다.

일반적으로 이주는 개인들의 고립된 행동을 통해 이루어지기보다 오히려 문화적 관행을 공유하는 가족관계 망 내에서 이루어졌다. 인종과 종교의 혼합으로 흔히 거부당하는 그러한 망은 특별한 역사와 사회적 특성을 지니고 있다(Holton, 2008). 이 특성은 이주자들이 향하는 곳에 사는 다른 집단과 실제적으로나 상상적으로 대조를 이룰 수 있다. 이로 인해 사회적 긴장뿐만 아니라 사회적 분열과 불평등의 가능한 토대도 생겨난다. 역사적으로 이것은 유대인의 이주와 정착 과정에서 일어났다. 때로는 유대인들이 비교적 평화롭게 이주하고 정착했지만, 다른 맥락에서는 그들의 이주로 격렬한 사회 분열과 반유대주의가 생겨났다(Dubnow, 2000; Menocal, 2002). 문화적 특성에 근거한 모든 경우의 사회적 분열에서처럼 차이와 분열의 속성은 객관적 기준보다 평가적 기준에 근거한다. 이것은 흔히 이주자들을 비하하고 지배하는 방식으로 지배 집단이 만들어낸 경멸적인 문화적 고정관념의 형태로 나타난다. 극단적인 경우에 이것은 나치의 유대인 집단 학살, 더 최근에는 중앙아프리카와 유럽의 발칸 지역에서 일어난 인종 청소를 초래했다.

인종적 지배나 문화적 지배를 강제하려는 시도는 또한 배타적인 하향식 주도로 도출되기보다 오히려 공동체가 주도할 수 있다. 문화적으로 독특하다고 인식되는 이주자들에 대한 공포는 실제적이거나 상상적인 취업 경쟁과 연결될 수 있는 동시에 감정적으로 충전되는 문화적 상징주의의 강한 요소를 지닐 수 있다. 하지만 이주로 인해 발생하는 문화적 혼합이 필연적으로 서로 다른 사회집단 사이에 갈등과 문화적 불평등을 조장하지는 않는다. 어떤 조건에서는 이 혼합이 정반대의 결과로 이어질 수도 있다.

세계의 종교

종교는 폭넓은 범위의 사회적 기능을 수행한다. 종교는 영향력 있는 사람들의 이익 추구에 동원될 수 있다. 이것의 분명한 한 실례는 영토와 주민에 대한 제국주의적 팽창과 통제에 종교적 정당성을 부여하는 수단으로 기독교나 이슬람교를 이용하는 것이다. 남아메리카를 식민지로 삼은 스페인과 포르투갈을 지원한 기독교의 역할은 잘 알려져 있다. 종교는 인간의 고통 앞에서 하나의 위안일 수 있고, 따라서 가난한 사람들과 억압받는 사람들에게는 매력적일 수 있다. 이 양식에서는 종교가 억압 구조에 대한 저항에 동의하고 해방운동이나 인종주의 반대 투쟁에 대한 자양분이 될 수 있다. 지구적 불평등의 역사사회학에서는 종교가 수행하는 역할이 복잡해, 때로는 불평등을 조장하고 때로는 불평등에 저항한다.

지구적인 사회 분열을 기술하는 또 다른 방식은 서양과 그 밖의 세계

월터 미그놀로(Mignolo, 2000)는 세계 역사와 지구적 불평등에 엄청난 중요성을 지닌 16세기 스페인의 종교 논쟁에 관심을 끌어 모은다. 바로 종교 교리와 스페인의 남아메리카 정복을 다루었던 이른바 발라돌리드(Valladolid) 논쟁이다. 이 논쟁은 다음 질문에 초점을 맞추었다. 기독교인이 전쟁을 선포하고 원주민을 지배하는 것이 정당한가? 이 문제는 아메리카 원주민을 어느 정도 완전한 인간으로 보았는지에 의존하는 것처럼 보였다! 대부분의 사람들이 말한 '인간으로 보지 않았다'는 대답은 교회가 식민지 개척과 인종 불평등을 지원한다는 것을 의미했다. 소수의 사람들이 내놓은 '인간으로 보았다'는 대답은 아메리카 원주민들이 당연히 사람으로서의 권리를 지닌다는 것을 의미했다. 여기에서 인종주의에 대한 대안으로 일종의 종교적 박애주의가 나왔다. 하지만 다수파의 견해가 우세했으며, 이는 남아메리카 사람들에게 치명적인 결과를 낳았다.

— 때로 동양이나 오리엔트라고 지칭되는 — 를 대조하는 것이다. 이 대조의 기원은 경제 발전에 있는 것이 아니라 기독교 국가와 이슬람 세계 사이의 중세와 근대 초기의 종교적인 갈등과 분열에 있다. 이 갈등과 분열은 무어족의 스페인 점령과 오스만제국의 남동부 유럽으로의 팽창에 대한 저항이었던 '기독교의' 십자군 전쟁에서 나타났다. 뒤이어서 서양과 '그 밖의 세계' 사이의 대조는 경제적·정치적 과정은 물론 종교적 과정을 통해 1700년 이후에 확대되었다. 그 결과 서양의 제국주의와 자본주의는 모두 전 세계로 팽창해 아시아와 아프리카로 침투했다.

그럼에도 '문명적 대조'에 대한 더 초기의 종교적인 의미는 급진 이슬람교의 발흥과 9·11 테러의 충격, 이른바 '테러와의 전쟁'으로 지난 20년 동안 다시 전면에 등장했다. 이러한 현대적 상황을 떠올리는 상징적인 한 방식은 벤자민 바버가 지하드Jihad라고 부르는 것과 맥월드McWorld를 생생하게 대조하는 방식이다. 성스러운 투쟁을 뜻하는 아랍어인 지하드는 무기를 들라는 소명에 못지않게, 서구의 물질주의와 영적 공허로 인식되는 것에 대한 이슬람의 더 광범위한 도전을 함축한다. 대조적으로 맥월드는 맥도날드의 패스트푸드와 애플사의 맥 컴퓨터, 엠티비MTV 엔터테인먼트의 혼합인 서구의 소비자 자본주의를 상징한다. 지하드와 맥월드 사이의 사회적 분열은 문화적 차원뿐만 아니라 9·11 테러 공격에서 목격한 바와 같이 지정학적 차원도 지니고 있다.

급진적인 이슬람교화 뒤에 있는 지정학적인 역동적 이슬람교화의 많은 부분은 세계 질서 내의 심오한 정치적 불평등 의식과 연결된다. 이것은 이슬람 국가들이 세계 문제에서 국제적 존재감을 효율적으로 분명하게 확립하지 못하기 때문이다. 파키스탄이나 아프가니스탄에서처럼 이슬람 국가들의 국경과 주권에는 틈이 있기 때문에 서양이 군사적으로나 정치적으로 침투하고 개입할 수 있다. 이런 점에서 맥월드에 대한 지하드의 투쟁은 대체로 서구 문명에 대한 딴 세상의 투쟁이 아니다. 지하드의 투쟁은 물질적 불평등을 명확히 겨냥한 것은 아니지만 지정학적 지배뿐만 아니라 이와 관련된 굴욕에 대한 저항 의식을 거론한다. 많은 이슬람교도들은 칼리프 국가의 부활에 의지한다. 칼리프 국가는 과거의 다양한 시점에서 팽창적인 정치적·군사적 기관 역할을 했다. 그들은 바로 이 칼리프 국가가 많은 급진과격화를 추동하는 정치적 불평등에 대처하는 하나의 수단이라고 본다.

유럽과 북아메리카를 넘어서는 맥월드의 유혹 덕택에, 사회적 상향 이동을 하려는 시도는 세계 전역에서 계속 탄력을 받는다. 극빈자들에게 이 사회적 상향 이동은 부분적으로 이주의 시도를 통해 달성할 수 있다. 그러나 교육을 받고 기술이 있는 사람들에게는 또한 지속 가능한 중산층 삶의 방식으로 살아가려는 기대가 있다. 말레이시아나 인도네시아와 같은 이슬람 국가에서든 중국이나 인도와 같은 나라에서든 말이다.

역사를 가로지르는 젠더 불평등

지금까지 이 장에서 나는 지구적 불평등을 이해하는 데 왜 역사가 중요한지를 보여주고자 했다. 그리고 과거 수 세기에 있었던 경제적·정치적·문화적 과정과 제도의 출현에 주의의 초점을 맞추었다. 이러한 과정과 제도가 계속해서 현대 세계를 형성하고 또 영향을 주기 때문이다. 하지만 역사적 과정이 현재에 영향을 미치는 또 하나의 측면이 있으며, 바로 그 지점에서 아주 장기적이고 깊숙이 자리 잡은 불평등 구조가 과거부터 현재까지 지속된다. 이것의 두드러진 경우가 바로 젠더 불평등이다.

페르낭 브로델Fernand Braudel은 역사 속의 아주 장기적인 과정을 지칭하기 위해 '장기 지속la longue durée'이라는 용어를 사용한다. 이 '장기 지속'은 수십 년에 걸친 더 짧은 변화 주기와도 구별되고 일상생활의 유동과도 구별된다. 이 관점의 연속성은 변화에 못지않게 중요하다. 연속성에 대한 이 강조는 주디스 베넷(Bennett, 2006)이 수 세기에 걸친 여성에 대한 아주 장기적인 남성의 지배를 조사하면서 계속 논의해왔다. 이 지배는 가부장제의 장기 지속을 나타낸다. 여성의 경험은 현대화나 산업화 과정에서 제한

표 3.3 ── 역사를 가로지르는 젠더 불평등의 차원

- 남성 노동과 여성 노동에 쌓이는 물질적 보상과 지위의 차이
- 생식력 같은 영역에서 몸에 대한 여성의 권리 제한 또는 거부
- 가정 폭력과 강간에 대한 여성의 지속적인 취약성
- 재산 소유권에 대한 여성의 권리 부재 또는 제한
- 공동체 생활과 정부에 대한 여성의 사회적·정치적 참여 금지 또는 제한

적으로 바뀌었을 수도 있지만, 근본적으로 바뀌지는 않았다. 따라서 이러한 상황이 어떻게 일어났는지를 설명하는 것은 오늘날의 분석가들에 못지않게 연속성의 역사가들에게도 하나의 과제다.

이 역사적 관점을 뒷받침하기 위해 사용하는 증거에는 〈표 3.3〉이 있다.

이 논의에서는 여성의 사회적 상황이 역사적으로 완전히 변함없이 암울하다고 주장하지 않고, 또한 여성 지위의 역사적 변화가 완전히 부재하다고 주장하지도 않는다. 이 주장의 핵심은 오히려 다소 강하지만 변하는 형태의 가부장제가 아주 오랜 역사를 지니고 있다는 것이다. 바로 이런 의미에서 역사적 연속성의 장기적 과정이 지구적 불평등 — 현재의 것이든 과거의 것이든 — 을 이해하는 데 아주 중요하다. 위넌트(Winant, 2001: 21)가 식별한 '인종적인 장기 지속' 외에도 가부장적인 장기 지속이 있다(Bennett, 2006).

역사적 유산과 경로 의존성

　제국이나 노예제, 이주, 민족성, 가부장제와 같은 현상과 연계된 역사적인 불평등 패턴은 시장경제와 국가 간 자본주의가 제한적인 중요성을 지녔던 시기에 발생했다. 이는 우리에게 지구적인 자본축적에의 동력 같은 어떤 단 하나의 과정이 언제나 지구적 불평등 이면의 주요한 원동력이라는 지나치게 단순화된 가정에 대해 경고한다. 자본주의 재산권과 시장 규제 철폐에 토대를 둔 국제적 분업과 같은 친숙한 현시대의 과정은 정말로 오늘날 아주 중요할 수 있다. 하지만 과거에 중요했던 다른 과정 역시 여전히 중요할 수 있다.

　분명한 한 실례를 들어보자. 만일 젠더 불평등과 가부장제가 과거도 중요했고 현재에도 중요하다면 이것은 자본주의만을 핵심적인 인과적 요인으로 보는 어떤 현시대의 설명도 불만족스러울 가능성이 있다는 것을 암시한다. 이 주장의 의도는 단순히 아주 중요한 하나의 설명적 틀에만 지나치게 의지하는 것에 대해 주의를 주기 위해 시장과 자본주의, 불평등 사이의 어떤 종류의 연결도 부인하는 것이 아니다. 오히려 지구적 불평등의 분석에 어떤 단일한 거대 이론을 적용하는 것과, 그에 따라 더 평등한 사회질서에 도달하기 위해 하나의 정책 접근에 의존하는 것에 대해 의심을 가질 이유가 있다.

　역사적 연속성에 대한 이 일반적인 주장의 또 다른 유형은 경로 의존성에 대해 말한다. 경로 의존성은 특별한 국가적 배경과 지역적 배경에서 발생했던 발달 경로가 현재까지 더 장기적인 영향을 미칠 가능성을 지칭한다. 경로 의존성이라는 개념은 현대화이론의 핵심 가정 가운데 하나 — 즉, 특별한 국가들이 시장이나 민주주의 정치, 법치와 같은 현대적 제도의 단일한 패턴으로 수렴된다는 것 — 에 도전한다. (서유럽이나 미국과 같이) 먼저 현대화한 국가들은 후발국이 현대성을 발산하는 데 도움이 된다. 이는 20세기 후반 수십 년 동안 서양이 지배하는 세계은행이나 국제통화기금과 같은 기관이 운용하는 워싱턴 컨센서스 이면에 있는 폭넓은 논리다. 그렇지만 이 접근은 무너져버렸다. 바로 중국의 경우처럼 최근의 성공적인 경제 발전의 많은 실례가 전통에 의존하는 정치적·문화적 제도와 결합했기 때문이다. 근대성에의 경로들이 서로 다른 이유는 오늘날 부분적으로 역사적 유산 — 예컨대 중국 공산주의에 내포된 역사적 유산 — 이 중요하기 때문이다. 그러한 경로는 결코 어떤 간단한 방식으로도 수렴되지 않는다.

앞서 그들의 연구를 논의했지만 코르제니에비츠와 모란(Korzeniewicz & Moran, 2009)은 이 종류의 분석의 더 일반적인 실례를 제시하며, 어떻게 '높은 불평등' 국가와 '낮은 불평등' 국가 사이에 일련의 대조가 출현했는지를 밝혀낸다. 이 대조는 현재에 국한된 것이 아니라 수십 년 — 때로는 수세기 — 을 거꾸로 가로질러 올라간다(Korzeniewicz & Moran, 2009: 43~88). 살펴본 바와 같이, 그들의 근원적인 주장은 사회 변화의 특별한 순간에 일어나는 경제적 활동이나 정치적 권리의 패턴 변화가 불평등 패턴에 더 장기적인 결과를 초래하며, 이 결과가 지속되어 더 장기적인 발달 경로를 창조한다는 것이다. 연속성의 기제는 전형적으로 재산권과 사회적 위계 형식, 민주적 권리를 창조하는 새로운 제도와 관련이 있다. 이러한 권리와 형식은 (높거나 낮은) 불평등의 특별한 패턴을 가둔다. 소수의 국가 — 특히 미국 ― 는 이 두 가지 패턴 가운데 하나에 꼭 들어맞지는 않지만 대조적인 이 두 가지 윤곽은 아주 일정하다.

이 역사적인 차원은 어떤 단일한 거대 이론 시각에도 반대하는 경고다. 이 경고가 더욱더 중요한 것은 코르제니에비츠와 모란이 세계체제이론의 영향을 강하게 받아왔는데도 지역 기관이 유지하는 불평등 패턴 내의 균형뿐만 아니라 불평등 내의 복잡성과 변이를 잘 인식하고 매우 섬세한 접근을 전개하기 때문이다. 이것은 '가장 거대한 권력과 범위'를 설명하려는 탐구와 '정확성과 특별성에 대한 관심' 사이에서 월비(Walby, 2009: 79)가 주목한 사회 이론 내 긴장의 한 실례다.

코르제니에비츠와 모란의 시간 틀에 비해 월비의 시간 틀은 범위가 훨씬 더 좁다. 월비는 근원적으로 세계화의 시대에 여러 복잡한 불평등 체제와 연결되는 다양한 형태의 근대성에 초점을 두기 때문이다. 월비가 제시하는 시간 틀의 많은 부분은 지난 25~30년과 관련이 있고, 지구적인 과정이 흔히 동질화와 연결되었던 시기에 신자유주의 유형의 근대성과 사회민주주의 유형의 근대성 사이에 존재하는 어떤 차이와도 관련이 있다. 여기에서 일반적인 질문 하나가 제기된다. 이 차이가 특성상 단지 단기적이라고 판명되고, 지구적인 수렴의 힘이 더 장기적으로 더욱 중요해질까? 월비는 이 차이의 타당성, 그리고 이 차이와 경로 의존성의 연결이 자본주의의 서로 다른 유형이 있다는 생각(Hall & Soskice, 2001; Jackson & Deeg, 2008)과 복지국가 제도의 서로 다른 유형이 있다는 생각(Esping-Anderson, 1990) 덕택에 유지된다고 주장한다.

물론 경로 의존성이 신자유주의 환경과 사회민주주의 환경에서 사회적 관계와 사회적 불평등의 대조적인 역사적 패턴에 어떻게 영향을 미치는지를 더 구체적으로 밝혀내는 것이 중요하다. 월비(Walby, 2009: 208-212)는 폭력 문제와 관련해 하나의 실례를 제시한다. 여기에서 민주주의의 깊이나 경제적 불평등의 범위, 군사주의의 역사적 현저성과 같은 특성은 특별한 나라들의 경로 의존적 궤도와 연결된다. '여성에 대한 폭력을 더 철저하게 범죄로 규정하고' 군사주의에 더 많이 반대하는 경향과 마찬가지로, 민주주의는 사회민주주의국가에서 더 심오한 경향이 있다. 대조적으로 미국 같은 신자유주의국가에서는 범죄율과 더 높은 폭력률과 마찬가지로 경제적 불평등의 수준이 더 높다(Halpern, 2001; van Wilsem, 2004). 또한 월비는 더 높은 수준의 젠더 불평등과 여성에 대한 높은 수준의 가정 폭력 사이에 연관성이 있다는 점에 주목한다[또한 Yodanis(2004) 참조].

현재의 불평등 패턴에 대한 역사적 영향을 분석하는 데 기여한 또 하나의 중요한 사회학적 연구는 만과 릴리(Mann & Riley, 2007)가 수행했다. 2장에서 살펴본 바와 같이, 만과 릴리는 국민들 내 불평등이나 국민국가 간 불평등보다 오히려 거대 지역에 초점을 둔다. 거대 지역의 정의는 "지정학적 위치를 차지하고 …… 유사한 정치적 제도와 문화, 유사한 경제를 가지고 있는 나라들의 무리"다(Mann & Riley, 2007: 82). 먼저 만과 릴리는 여러 변별적인 지역적 불평등 패턴이 있으며, 따라서 거대 지역을 구성하는 국가들의 국가 내 불평등 윤곽이 높은 수준으로 수렴된다고 주장한다. 달리 말하면, 지역 내보다는 오히려 지역 간에 드러나는 대조가 더 크다. 하지만 왜 이러한가?

다음으로 만과 릴리는 전쟁의 성공과 패배나 식민지 침략, 변별적인 문화적 관행의 확산과 같은 역사적 과정이 과거에서 현재까지 이어지는 유산을 창조했다고 주장한다. 예컨대 동아시아는 라틴아메리카보다 하나의 지역으로서 더 평등주의적인 모습을 지녔다. 동아시아의 불평등 패턴은 라틴아메리카보다 비교적 동질적인 인구와 더 통합적인 교육제도, 더 높은 문해력으로 귀결된다. 치리 조직 역시 동아시아에서 더 잘 구성되어 있고 이 조직 내에 여러 다른 권력집단이 있는 반면, 대지주들은 유럽 강대국에 협력해 신임도가 낮았다. 대조적으로 라틴아메리카에서는 대지주의 힘이 그대로 남아 있었다. 만과 릴리에 따르면, 역사적으로 동아시아 국가들은 라틴아메리카에 비해 지구적인 자본시장과 국외 이익집단에 대한 부채 문제에 비교적 늦게 맞닥뜨렸다.

3장 1절에서 나는 사회적 분열과 지구적 불평등의 역사사회학을 간단하게 제시했다. 이를 통해 폭넓은 두 결론이 나온다. 첫째, 지구적 불평등이 오늘날뿐만 아니라 역사적으로 존재했다는 것은 분명하다. 이는 불평등에는 현시대적인 원인뿐만 아니라 역사적인 원인도 있다는 것을 의미한다. 이 사고방식이 직면하는 도전은 어떤 역사적 과정이 현재에도 영향력을 행사하는지와 또한 어떤 새로운 경향이나 수정된 경향이 중요한지를 밝혀내는 것이다. 그래서 여기에는 연속성과 변화라는 근원적인 문제가 있다. 경로 의존성 개념은 장기적 유산의 아주 일반화된 의미 ─ 하지만 보통 꽤나 모호한 의미 ─ 를 넘어서 연속성의 문제를 정교하게 파악하는 데 도움이 된다. 둘째, 그 밖의 모든 것을 구조화하는 어떤 단일한 포괄적인 불평등 패턴도 지금까지 없었다. 따라서 불평등에 책임이 있는 원동력을 전제하는 이론은 옹호할 수 없다.

2. 역사적 접근법 사용의 방법론적 어려움

그럼에도 복잡성을 적절하게 고려해 더 역사적으로 사고할 때 몇 가지 중요한 방법론적 어려움이 있다. 첫 번째 어려움은 불평등에 대한 역사적·문화적 인식과 도덕적 관심이 존재한다는 것과 관련이 있다. 두 번째 어려움은 불평등 연구에서 가장 폭넓게 사용하는 횡단면 분석 증거와, 우리가 시간의 흐름상에서 사회적 과정을 더 잘 이해하도록 해주는 더 역동적인 형태의 증거에 대한 필요 사이의 불일치와 관련이 있다. 2절에서는 이러한 문제가 왜 중요한지를 개괄한다.

불평등에 대한 도덕적 관심 속의 역사적·문화적 차이

불평등의 인식과 이를 통해 발생하는 정치적·도덕적 문제는 시대별로 다양하다. 우리는 가난한 사람들이 가난함을 결코 즐거워한 적이 없으며 이것이 다소간 역사적으로 보편적인 상황이라고 생각할 수 있다. 하지만 빈곤을 이해하는 방식과 빈곤으로부터 평생 동안 드러나는 현저성이 상당히 다양하다는 것은 여전히 사실로 남는다. 첫째, 불평등의 인식은 실행되는 비교에서 상대적 — 즉, 무엇과의 관계에서 불평등한가? — 이다. 이 비교 측정하기는 사회의 다른 계층이나 지구 무대의 다른 지역에 사는 다른 사람들과 관련될 수 있다. 하지만 또한 자신의 권리 의식이나 신의 우주에서 당연히 널리 퍼져 있는 질서, 어떤 문화적 기준에 따라 평가되는 삶을 살 역량과도 관련될 수 있다. 만약 성이나 인종에 근거한 차이 같은

어떤 종류의 사회적 차이가 만물의 자연적 질서 ─ 즉, 신이 부여한 질서 ─
로 간주된다면 그러한 사회적 차이는 보통 불평등이라고 정의되지 않는
다. 그러한 자연적 질서 개념이 정치적으로나 문화적으로 도전받을 때까
지는 말이다.

둘째, 물질적 불평등은 어떤 구역에 비해 다른 어떤 구역에서 훨씬 덜
현저할 수 있다. 분명한 한 사례는 영적 관심 ─ 수도원 생활에서 요구되는
청빈 같은 ─ 이 물질적 부보다 더 높은 문제로 간주되는 경우다. 물질적
관심이 덜 중요한 경우에는 물질적 불평등이 문화적으로 덜 현저하다. 하
지만 이 주장이 중대한 것의 전부는 아니다.

특권을 누리는 사람들이 도덕적으로 무관심하면 불평등은 국내적으로
나 세계적으로나 분명히 드러나지 않을 수 있다. 만일 풍요롭게 살고 있
는 사람들이 소득과 부, 삶의 기회의 방대한 차이를 문제라고 인식하지
않는다면, 지배적인 사회의 이익집단은 평안의 차이를 식별하거나 측정
하는 데 많은 관심을 기울이지 않을 것이다. 현저성의 문제가 흥미로운
문제인 것은 불평등의 공식적인 측정이 비교적 최근 ─ 19세기 후반까지 추
적할 수 있는 ─ 의 역사적 현상이기 때문이다(Milanovic, 2011: 4-5). 이 시기 이
전에 국민국가와 이 국민국가를 지배했던 사회집단은 제도상의 부에 약
간의 관심을 가졌지만, 주민 사이의 부의 분배에는 관심을 훨씬 덜 가졌
다. 데이터를 수집해야 할 새로운 이유 가운데 하나는 투표할 수 있는 자
격에 영향을 주는 사회적·정치적 지위가 어디에서는 부분적으로 소득과
부의 기준에 의존하기 때문이다. 따라서 더 앞선 시대에서부터 살아남은
그러한 증거는 단편적이고 삽화적挿畫的, episodic이다. 두드러지는 실례 가

운데 하나는 고대 로마의 사례다. 고대 로마에서는 가장 높은 사회계층(예컨대 상원의원)의 구성원 자격과 기사의 말 타는 순서에 대한 적격성 기준을 충족하기 위해 수집한 데이터에 근거해 불평등을 측정했다(Milanovic, 2011: 46-50).

더 체계적인 소득분포 조사는 전쟁과 공교육 확대, 노동 계층으로의 정치적 민주주의 확장에서 비롯된 재정적 수요 증가의 영향을 받은 맥락에서 지난 200년 전까지 거슬러 올라간다. 그렇지만 소득 불평등의 공적인 현저성은 단지 누진적인 소득세 개념에 반영된 더 위대한 경제적 정의 때문만이 아니라 경제적 효율성과의 관계 속에서도 증가했다. 여기에서 논의되었던 문제는 과세 수준 — 절약을 통해서나 기업가 정신의 과정을 통해 시장의 기능 작동을 억제하지 않을 — 을 정하는 방법이었다. 이것의 기저에는 역동적 경제를 달성하기 위해 정당화된다고 느껴지는 불평등 수준에 대한 문제가 놓여 있다. 우리는 1장에서 제기했던 문제로 다시 돌아와 있다. 한마디로, '어떤 주어진 불평등 수준이든지 왜 문제가 되는가?'

분명히 그러한 논의는 시간의 흐름상에서 불평등에 대한 증거 수집 — 어떤 데이터가 조금이라도 수집되었든지 — 에 영향을 미쳤다. 그리고 만일 데이터가 조금이나마 수집되었다면, 어떤 형태로 수집되었고 무슨 목적으로 수집되었는가? 지난 120년에 걸쳐 불평등에 대한 데이터는 엄청나게 늘어났고, 특히 부유한 국가들에서 그러했다. 부유한 국가들은 국가 내 증거를 수집해왔기 때문이다. 그러나 이 증거는 또한 집권 중인 정부의 정치적 색깔에 따라 늘어나고 줄어들었다. 그래서 20세기 마지막 4분기에 미국과 영국의 경제적으로 자유주의적인 행정부는 사회정의에 관심바실라 쿠마리(Kumari, 2008)는 케랄라 지역 여성의 사업 목적과 가계 목적의 소액 대출 신청을 말미암아 발생하는 성폭력을 여성의 증언을 이용해 탐구한다. 이 증언은 여성의 대출 신청이 보통 어떻게 가정이나 공동체의 남성 구성원들에서 폭력적인 반응을 유발했는지를 보고했다. 남성들은 여성의 대출 신청으로 인해 자신들의 가부장적 권력과 지위가 불안정해진다고 생각했다. 가부장제에 대한 대인 간 미시 수준 과정의 이 실례는 양적 연구의 망을 빠져나가는 불평등의 많은 질적 차원 가운데 하나다.

을 둔 중도좌파 정부보다 데이터를 덜 수집했다.

한편 증거를 수집해왔던 형식은 경제학자들의 가정에서 영향을 받았다. 이로 인해 대부분의 연구는 아주 최근까지 양화 가능한 증거 ― 즉, 부의 더 폭넓은 사회적 측면보다 오히려 소득과 부에 대한 측정 가능한 데이터 ― 에 맞도록 편향적이 되었다. 여기에서 분석 단위는 전형적으로 가정이라기보다 개인이다. 희생을 당하는 가난한 사람들이 자신들의 사회적 종속에 어떻게 대처하고 대항하는지에 대한 전기傳記나 해명을 비롯한 질적 자료 ― 불평등을 체험하는 사람들의 경험과 관련이 있는 ― 는 일반적으로 대부분의 시간 동안 역사로부터 숨겨져왔다. 이것의 아주 좋은 실례가 가정폭력과 강간에서 드러나는 젠더 불평등이다.

불평등의 이러한 차원은 엘리트들의 하향식 관심이 아니라 사회운동이나 저항을 통한 상향식 관심을 통해 표면화된다. 노동운동과 여성주의, 환경운동, 식민지 해방운동은 모두 이러한 초점 확대에 기여했다. 관련 쟁점에는 열악한 작업 현장의 임금 착취 노동과 여성에 대한 폭력, 가난한 국가의 유독성 환경 관행이 포함된다. 이러한 쟁점은 모두 지구적 불평등의 주요한 주제다(Bahun-Radunovic & Rajan, 2008; Carmin & Agyemann, 2011).

국민국가 내 불평등에 대한 관심은 일반적으로 지구적 불평등에 대한 관심보다 시기적으로 앞선다. 다시 한 번 그러한 문제에 대한 침묵은 도덕적 무관심을 반영할 수 있다. 이는 세계의 사회질서가 신의 뜻이나 시장의 힘의 불가피성을 반영한다는 인식 때문에 심각해질 수 있는 특성이다. 제2차 세계대전이 끝난 후 반세기 동안에 도덕적·정치적 관심의 변화가 지구적 불평등을 의제로 내세운 것은 오직 정치적 민주주의의 확대와 식민지로부터의 독립, 사회 저항운동 덕택이다. 이로 인해 세계은행이나 국제노동기구ILO, 유엔무역개발회의UNCTAD, 경제협력개발기구OECD와 같은 조직이 생겨났고 공간적으로나 주제별로 더욱 폭넓게 데이터를 수집할 수 있었다. 이러한 노력을 바탕으로 국제기구들은 유엔개발계획의 인간개발지수HDI를 뒷받침하는 아주 상세한 통계자료를 제시했다.

아주 최근까지 부유한 국가에서 나온 데이터는 역시 가난한 국가에서 나온 소득 데이터와 짝을 짓기 힘들었다. 라틴아메리카와 아시아, 아프리카에 대한 관심과 이들 지역에서 데이터를 수집할 역량이 발현한 것은 오직 제2차 세계대전 이후의 식민지로부터의 독립과 정치적 독립 과정 덕택이다. 이 과정으로 인해 전 세계적인 소득 불평등의 척도를 구성할 수 있게 되었다. 이는 비교 가능한 데이터가 존재하는 국가 수가 급속하게 늘어났기 때문이다. 그러나 다시 한 번 데이터 수집의 형식과 범위는 지역적인 정치적 고려 사항과 지구적인 고려 사항의 영향을 받아왔다.

이러한 영향을 약간 우회할 수 있는 한 가지 방법은 역사적으로 가능한 가장 방대한 데이터베이스를 체계적으로 확인하는 것과, 이러한 공백의 일부를 채워 넣을 평가치를 신중하게 사용하는 것이다. 여기에서는 경제사학자 앵거스 매디슨Angus Maddison의 연구를 언급해야 한다. 매디슨(Maddison, 2006, 2007)과 그의 동료들은 30년 동안 시·공간을 가로질러 가능한 경우에는 200년을 거슬러 올라가고 공간적으로는 유럽과 북아메리카를 훨씬 넘어서 국민계정national accounts•과 인구에 대한 데이터를 수집했다. 다음 장에서 검토하는 역사적 증거의 많은 부분은 매디슨이 수집한 데이터베이스에 근거한다. 여기에서 방법론적인 쟁점이 지적하는 것은 지구적 불평등에 대한 이용 가능한 모든 데이터의 총계가 정치적·문화적·지적 관심과 가정으로 표시된다는 친밀한 사회학적 명제다. 모든 사회조사에서처럼 가공하지 않은 데이터는 스스로 말하지 않으며, 활발한 해석을 요구한다.

불평등에 대한 횡단면 분석 데이터의 문제

지구적 불평등에 대한 역사적 연구의 두 번째 방법론적 차원은 지구적 불평등에 대한 양적 증거 대부분이 취하는 주로 횡단면적 형식과 관련이 있다. 횡단 분석 데이터는 시간상 주어진 어느 한 시점에서 지구적 불평

•⎯⎯ 기업의 재무제표에 비견되는 국가의 재무제표. 일정 기간 국민경제의 모든 구성원이 이룩한 경제활동의 성과와 국민경제 전체의 자산과 부채 상황을 나타낸다. 국민소득통계, 산업연관표, 자금순환표, 국제수지표, 국민대차대조표인 5대 국민경제 통계로 구성된다.

등을 정적으로 조망한다. 이 횡단 분석 데이터는 여러 국가와 전 세계를 가로지르는 소득분포의 측면에서 또한 인간복지와 평안의 다른 측면을 통해 구성된다. 데이터가 있는 경우에 이것은 여러 다른 시점에서 여타의 횡단 분석 증거와 결합한다. 이로 인해 한 시점의 불평등뿐만 아니라 경향에 대한 해명이 가능해진다. 물론 다수의 횡단면 '조각'이라는 방법론은 시간의 흐름상에서 출현한다는 점에서 역사적이다. 시간상에서 더 멀리 거슬러 올라갈수록 우리가 이용할 수 있는 데이터가 점점 줄어들기 때문에 시간 틀 자체는 더 짧지만 말이다.

공적 영역에서 인용하고 정치 토론에서 수용하는 데이터의 대부분은 횡단면적 형태를 취한다. 흔히 이 접근으로부터 끌어내는 추론의 이면에는 한 묵시적인 가정이 있다. 즉, 시간의 흐름상에서 서로 다른 소득분포 수준을 차지하는 사람들이 여전히 거의 그대로 유지된다는 가정이다. 이 가정은 어떤 경우에는 당연히 인정받지만, 반드시 모든 경우에 그런 것은 아니다. 여기에서 근본적인 어려움은 어느 한 시기에 소득분포의 특별한 위치를 차지하는 사람들이 그 이후의 시기에도 동일한 상황에 있는지의 여부다. 그렇지 않다면 횡단 분석 데이터로부터 끌어내는 전형적인 추론은 오해를 야기할 소지가 아주 높다.

에스핑앤더슨(Esping-Anderson, 2007: 217~220)은 '선진' 산업국의 불평등에 관한 횡단면적 데이터를 특별히 참조해 이 어려움을 논의한다. 횡단면적 데이터가 빠뜨리는 불평등의 한 차원은 관련된 서로 다른 개인들이 현재 차지하는 인생 여정의 단계다. 삶의 한 단계 — 예컨대 학생이나 은퇴자로서 — 에서 적은 소득을 얻는다는 것이 필연적으로 유급노동 생애 전체의 낮은 소득을 의미하지는 않는다. 따라서 소득의 횡단면적 분포에서 특별한 위치의 점유가 얼마나 일시적인지 또는 얼마나 지속적인지가 아주 중요하다(Whelan, Layte and Maitre, 2004). 이 연구는 1993~1998년까지 5년 동안 서유럽 국가들에서 거대한 일련의 구체적인 가정 사이의 지속적 — 만성적 — 인 소득 빈곤이 7~12퍼센트 사이에서 다르게 분포한다는 사실을 발견했다. 이 시간대에서 지속적인 빈곤을 경험하지 않은 사람들은 추적 가정의 64~82퍼센트 사이에서 다르게 분포했다. 지속적인 빈곤에 대해 가장 중요하다고 여기는 요인에는 소득 불안정과 대규모 가정, 이혼이 들어갔다.

고용 기회를 제한하는 경제 침체와 구조적 위기의 국면보다 경제 발전이 가속화하고 기회가 증가하는 시기에 일시적 박탈의 수준이 훨씬 더 높을 가능성이 있다. 개인들이 단기적 빈곤에 직면하는 경우에는 불황기에 사용할 수 있는 자원을 보존하기 위해 호황기에 소비 지출을 약간 억제한다. 개인들이 내핍 상태의 유럽에서 청년 실업자들이 직면한 도전 같은 지속적인 경제적 도전에 직면하는 경우에는 상황이 훨씬 더 어렵다. 에스핑앤더슨은 이 견해를 유럽과 북아메리카 밖의 세계로 확장하지 않는다. 하지만 동일한 방법론적인 문제는 모든 횡단면적 데이터에 그대로 남는다. 이것은 영국에 대한 데이터이든지 중국이나 브라질, 독일에 대한 데이터이든지 상관없다.

소득과 삶의 양식 박탈에 대한 종단적 데이터는 이용 가능하다. 이 데이터 덕택에 소득분포의 낮은 극에 있는 만성적인 빈곤과 일시적인 빈곤을 구별할 수 있다. 이 방법론적인 변화 덕택에 빈곤의 본성을 새롭게 통찰할 수 있게 되었다. 비록 상이한 유형의 측정과 관련이 있는 기술적인

● —— '일시적 빈곤인가, 지속적 빈곤인가'라는 복잡한 문제

뒤클로, 아라르, 질(Duclos, Araar and Gilles, 2010)은 1980년대 후반부터 21세기 초반까지 17년에 걸쳐 중국의 가정 빈곤을 조사했다. 그들은 중국 내 대다수 빈곤이 만성적이라기보다 일시적이라는 것을 발견했다. 더 이전에 수행된 인도에 대한 연구(Gaiha & Deolaiker, 1993)와 파키스탄에 대한 연구(McCulloch & Baulch, 1999)에서도 비슷한 결과가 나왔다. 그렇지만 이들 결과는 이러한 종류의 접근에서 만성 빈곤의 규모를 과소평가해왔기 때문일지도 모른다. 예컨대 매케이와 로슨(McKay & Lawson, 2003)은 이 연구에서 가정의 생활방식에 미치는 빈곤의 질적 깊이를 충분히 측정하지 않았다고 주장한다. 또한 이 논의는 불평등 자체보다 오히려 빈곤을 다룬다. 그래서 생애 전반에 걸친 일시적인 저소득 문제는 경제와 사회의 유리한 위치에서 출발하는 사람들의 시간대별 누적 효과를 나타내는 다른 데이터를 통해 균형을 잡아야 한다(Willson, Shuey and Elder, 2007). 그러한 지속적인 이점은 또한 불평등의 분석에 중요하다.

문제가 상이한 결과를 도출할 수 있지만 말이다.

이 단계 이 시점에서 나의 관심은 지속적 빈곤자들과 일시적 빈곤자들의 상대적 수에 대한 논란을 해소하는 일이 아니다. 문제는 오히려 빈곤과 저소득, 경제적 이점의 양을 논의할 때 시간 요인을 고려하는 방법론적인 것이다. 시간의 흐름상에서 소득분포의 바닥에 동일한 무리의 사람들이 있는지, 다소 다른 무리의 사람들이 있는지에 대한 관심은 아주 중요하다. 하지만 이러한 관심은 불평등에 대한 횡단면적 데이터에 영향을 미치지 않는다. 이 데이터는 여러 다른 국가 내의 불평등과 세계 전체의 불평등의 일반적인 개요를 밝혀내기 위해 사용한다. 4장과 5장에서 주의를 기울일 내용이 바로 이러한 개요다.

결론

이 장의 주요한 목적은 지구적 불평등 연구에서 역사적 접근을 취하는 것이 얼마나 중요한지 보여주는 것이었다. 이 장에서 나는 실질적인 문제와 방법론적인 문제를 모두 검토했다. 실질적으로 역사는 중요하다. 현재의 불평등에 영향을 미치는 과거의 유산은 중요하기 때문이다. 이 유산은 제국과 노예제, 이주, 종교적 팽창과 연결될 수 있다. 이들의 유산은 보통 현재까지 그대로 이어진다. 이러한 과정은 세계화의 경제적 국면에 못지않게 사회적 분열의 정치적·문화적 역사에 영향을 미친다. 역사적 의식은 세계화와 불평등 사이의 복잡한 관계를 조망한다. 무엇보다 역사적 의식은 현시대의 지구적 불평등을 현시대의 세계화 과정의 탓으로 돌릴 때 주의해야 한다는 것을 암시한다.

역사적 접근으로 인해 발생하는 중요한 방법론적 문제도 있다. 이러한 문제에는 불평등 – 사회생활에 현저한 영향을 미치는 불평등 – 에 대한 문화적 인식의 전환과, 경로 의존성이 변화와 연속성을 이해하는 데 중요하다는 사실이 들어간다. 역사적 과정은 구조와 제도뿐만 아니라 사회적 행위자에 대한 것이며, 불평등 구축과 불평등 저항과 관련이 있는 사람들의 삶에 대한 것이기도 하다. 이것은 연속성과 변화라는 주제뿐만 아니라 개인들의 생애에 대해서도 여러 함축을 갖는다. 이러한 함축은 횡단면적 데이터와 양적 증거에만 의존해서는 잘 포착할 수 없는 문제다.

다음 두 장에서는 현시대의 경제적·사회적 불평등 패턴에 주의를 기울인다.

4

"

부와 소득의 지구적 불평등

"

지구적 불평등에 대해 가장 널리 사용하는 접근은 소득에 대한 증거에 근거한다. 경제 발전과 사회정의에 대한 공적 토론에서 인용될 가능성이 더 높은 것은 소득 불평등의 통계자료다. 가장 부유한 국가들과 가장 가난한 국가들의 거대한 격차나 세계 인구의 상위 1퍼센트와 나머지 99퍼센트의 거대한 격차에 대한 측정치는 정책 처방을 뒷받침하는 소득에 관한 통계자료를 인용한다. 이 초점의 기저에는 소득 불평등의 수준과 경향은 물론 이 둘을 설명할 수 있는 방법에 대한 경제학자들과 사회학자들의 연구가 있다. 4장과 5장은 지구적 불평등의 증거를 다룬다. 4장에서는 소득과 부를 심도 있게 살펴보고, 5장으로 넘어가서 불평등의 더 방대한 사회적 측정치를 검토한다.

현시대의 배경에서 지구적인 소득 불평등의 규모와 패턴에 대해 어느 정도까지 대담하게 판단할 수 있는가? 소득 불평등은 심화되고 있는가, 완화되고 있는가? 일관성 있는 패턴과 경향을 따르는가? 그리고 그러한 판단을 뒷받침하는 증거 기반은 얼마나 믿을 수 있는가?

이 장의 전반부에서는 분석가들 사이에서 상당한 수준의 합의에 도달한 지구적 불평등의 일반적 특징에 초점을 맞춘다. 후반부에서는 주의의 초점을 옮겨 더 많은 이견과 더 많은 불확실성이 있는 쟁점을 다룬다.

지구적인 소득 불평등의 아주 일반적인 몇 가지 특징

일반적으로 합의하는 지구적인 소득 불평등에 대해서는 어느 정도 대담한 판단을 내릴 수 있다. 이러한 판단의 토대가 되는 증거는 주로 형식상 양적이며, 다양한 방식으로 수합된 통계적 증거에 의존한다. 때때로 정확한 데이터는 찾아내기 어렵거나 불가능하다. 특히 충분한 데이터를 수집할 자원이 부족한 가난한 나라에서 그러하다(Jerven, 2013). 또한 통계분석에서 사용하는 가정은 다양하다. 뒤에 가서 이 방법론적 쟁점의 일부를 살펴볼 것이다. 지금은 가장 많은 합의를 이루는 일반적인 특징을 요약하는 네 가지 명제에 주의를 기울인다.

첫째, 현대 세계는 소득과 부의 아주 높은 불평등 수준을 보여준다. 국가 간 불평등이든 국가 내 불평등이든 모두 그러하다. 소득은 세계 소득의 37퍼센트를 차지하는 세계 인구의 상위 5퍼센트의 손에 집중되어 있다. 반면에 하위 5퍼센트는 세계 소득의 0.3퍼센트만을 보유하고 있다. 상위 5퍼센트 집단과 하위 5퍼센트 집단의 소득 비는 정말로 거의 200 대 1이다(Milanovic, 2001: 152). 지구적인 소득 불평등이 지금까지 얼마나 높아졌는지를 보여주는 또 하나의 방법은 전 세계에 대한 지니계수를 계산하는 것이다. 3장에서 기술한 지니계수는 (불평등이 전혀 없음을 뜻하는) 0에서 (가능한 최고의 불평등을 뜻하는) 100까지의 범위에 있다. 현재 전 세계의 지니계수는 약 70이며, 따라서 지구적인 소득 불평등은 어떤 단일한 국가 내 불평등보다도 더 높다. 국가 내 지니계수는 대부분의 서유럽 국가에서는 30~35점 사이에서 변하고, 미국과 중국, 러시아에서는 40까지, 라틴아

오릿츠와 커민스(Ortiz & Cummins, 2011: 20-21)는 유엔아동기금(UNICEF)을 위한 발제 논문에서 25세 이하의 세계 아동과 청년의 거의 절반이 지구적 소득분포의 하위 20퍼센트 ─ 지구적 소득의 단 9퍼센트에만 접근하는 ─ 에 포함된다는 가정에 주목한다. 또한 소득 수준에서 지구적인 젠더 격차는 여전히 중요하게 남아 있다. 2009년 세계은행(World Bank, 2012)이 발표한 수치에 따르면, 전 세계적으로 제조업 분야에서 여성의 임금이 남성의 임금보다 여전히 10퍼센트 낮은 반면, 농업 분야의 여성은 일반적으로 소득에 별로 도움이 되지 않는 농작물을 재배하면서 더 작은 땅에서 일한다.

메리카와 아프리카에서는 약 50~55까지, 브라질과 남아프리카에서는 약 60까지 올라간다(Milanovic, 2001: 30-31, 152).

높은 수준의 소득 불평등은 두 가지 이유에서 특별한 의미를 지닌다고 간주된다. 먼저 이러한 수준이 개인들이 이용할 수 있는 상품의 소비를 제한하기 때문이다. 또한 낮은 소득 수준이 건강과 교육, 사회참여를 비롯한 평안의 여타 측면에 부정적인 사회적 영향을 미치기 때문이다. 웨이드(Wade, 2007: 115)는 소득 불평등이 더 높은 빈곤과 실업, 범죄, 더 열악한 건강, 더 약한 재산권, 공적 서비스에의 편향된 접근과 밀접하게 연결된다고 본다.

베이본스(Babones, 2008)는 수십 년에 걸쳐 100개국을 대상으로 수행한 최근 연구에서 소득 불평등과 짧은 기대수명, 높은 영아 사망률 사이의 강한 상관관계를 발견한다. 이 연구는 소득 불평등과 여타의 불리한 사회적 결과의 상관관계 ─ 직접적인 인과적 연결이 아니라 ─ 에 근거한다. 만일 우

● ──── 소득 불평등보다 더 극심한 부의 불평등

전 세계의 소득에 대한 지니계수는 약 70이지만 2000년 기준 부에 대한 지니계수는 가정을
대상으로 측정할 때 약 80이었다(Davis et al., 2008: 7~10). 더 최근에 크레딧 스위스가 발표
한 1912년의 세계재산보고서(Global Wealth Report)에서 이 극심한 불평등이 확인된다. 전
세계 상위 8퍼센트의 성인이 전 세계 부의 82퍼센트 이상을 보유한 반면, 하위 70퍼센트는
3퍼센트 조금 넘는 재산을 보유하고 있다(Credit Suisse, 2012).

리가 서로 다른 유형의 불평등과 서로 다른 인과적 영향의 복잡한 교차를
이해하고자 한다면 상관관계와 인과관계 사이의 구별은 중요하다. 이 문
제는 다음 장에서 소득을 넘어서 평안의 사회적 차원을 더 폭넓게 분석하
는 맥락에서 더 깊이 탐구할 것이다. 우선은 소득 불평등의 패턴이 방대
한 범위의 사회적 차원과 귀결을 지닌다는 점만을 언급한다.

훨씬 더 큰 불평등은 부 ─ 소득과는 구별되는 개인들이 소유한 자산의 양
─ 를 추산할 때 드러난다. 유엔대학의 지원으로 2008년 작성된 한 발제
논문은 2000년 기준 세계에서 가장 부유한 성인 2퍼센트가 전 세계 가정
의 부의 절반 이상을 보유하고 상위 10퍼센트가 그러한 부의 약 85퍼센
트를 보유한다는 사실을 확인했다. 이 사실은 전 세계 부의 겨우 1퍼센트
만을 보유하는 하위 50퍼센트의 성인과 대조된다(Davis et al., 2008). 그러한
거대한 차이는 빈곤에 처한 사람들이 절약을 통해 부를 축적할 수 없다는
점을 반영한다.

부의 불평등은 또한 국가 내 ─ 심지어 부유한 계층의 사람들 사이 ─ 에서
도 다양하다. 2000년 미국과 스위스에서는 상위 10퍼센트에 속하는 재산

보유자들이 국가 부의 약 70퍼센트를 차지했다. 이 수치는 영국과 캐나다, 인도의 53~56퍼센트나 오스트레일리아와 독일의 약 45퍼센트와 비교된다. 여기에서 흥미로운 사실은 부의 불평등에 대한 국가적 변이가 국가 부의 수준과 상관관계를 이루지 않는다는 점이다. 따라서 부의 불평등은 중국과 아일랜드, 스페인에서 다소 유사하다. 이들 국가에서는 상위 10퍼센트의 재산 보유자들이 국가 부의 41~42퍼센트를 차지한다. 비록 부의 실제 수준은 아주 다르지만 말이다. 마찬가지로 상위 10퍼센트가 국가 부의 55퍼센트를 차지하는 영국의 상황은 인도의 모습과 다르지 않다. 역시 부의 실제 수준은 상당히 다르지만 말이다.

부의 지구적 불평등은 개인의 수준과 가정의 수준, 국가의 수준에서 모두 분명하다. 또한 이것은 기업의 부와 국가의 부의 상관관계 측면에서도 분명하다. 여기에서 전 세계 상위 1퍼센트의 기업이 꽤나 크고 상당히 번영하는 국가보다 더 많은 수익을 올린다. 소득과 부에 대한 이 측정치는 또한 흔히 글로벌 기업권력의 지표로 간주된다. 비록 이 종류의 증거가 분석적이라기보다 예시적이기는 하지만 말이다. 따라서 기업의 엄청난 힘은 자신보다 더 큰 국가와의 관계에서도 적용된다. 이 힘은 미국의 낮은 법인세 비율에 반영되어 있고, 또한 거대 은행과 거대 자동차 회사가 공적 자금으로 긴급 구제를 받던 세계적인 금융위기 동안에 우호적인 미국 정부의 조치에 반영되어 있다.

둘째, 경제적 불평등은 공간적으로 집중되어 있다. 세계에서 소득이 가장 낮은 지역은 아프리카와 아시아에 집중되어 있는 반면에 가장 부유한 지역은 북아메리카와 서유럽에 집중되어 있다는 사실은 일반적인 의

잡지 ≪비즈니스 인사이더(Business Insdier)≫의 2011년 판에 따르면, 제너럴 일렉트릭사 (GE)는 뉴질랜드보다, 월마트는 노르웨이보다, 쉐브론은 체코보다 부의 규모가 더 크다 (Trivett, 2011).

미에서 잘 알려져 있다. 그렇지만 최근의 연구는 지구적 소득의 국가별·지역별 분포에 대한 더 정확한 지도를 만들었다. [뒤따르는 설명에 대해서는 코르제니에비츠와 모란의 연구(Korezeniewicz & Moran, 2009: 91-96)를 보라.] 85개국의 표본에 근거해 이 연구는 미국이나 스웨덴과 같은 부유한 국가의 소득 수혜자의 모집단 거의 전체가 세계 소득 수령자들의 상위 20퍼센트에 집중되어 있는 반면, 짐바브웨 같은 가난한 국가에서는 약 90퍼센트의 소득 수령자들이 세계 수령자들의 하위 20퍼센트에 놓여 있다는 사실을 보여준다.

이 증거가 넌지시 암시하는 한 가지 의미는 가장 부유한 국가의 가장 가난한 구역조차도 세계 기준에 따르면 부유하다는 것이다. 이는 심지어 부유한 국가의 더 높은 생활비를 고려할 때도 그러하다. 이러한 급격한 소득 차이는 또한 일자리의 확실성이나 차별 없는 안전한 정착의 보장이 없는데도 불구하고, 세계의 빈자에 속하는 아주 많은 사람이 더 부유한 사회로 이주를 추구하는 주요한 이유다. 이것은 또한 소득 불평등의 패턴이 전국적인 국가 내 비교로부터 지구적인 국가 간 차이로 옮겨갈 때 아주 다르게 보일 수 있다는 것을 깨우쳐주는 놀라운 증표다.

지구적인 공간적 불평등의 추가적인 차원은 도시에 적용된다. 아주 가난한 사람들이 시골에서 도시로 이주하면 국가 내 불평등이 줄어들 수 있지만, 이러한 과정에서 또한 지구적 불평등이 도시화되는 경향이 드러났다. 1993~2002년에는 하루에 1달러 이하로 살아가는 가난한 시골 사람의 수가 약 1억 5천만 명으로 줄어들었지만, 동일한 방식으로 정의되는 도시 빈곤자 수는 5천만 명까지 증가했다(Ravillion, Chen and Sangruala, 2007). 이 과정은 또한 지역적으로 편향되었으며, 도시 빈곤자 수는 라틴아메리카에서 가장 많았고 동아시아에서 가장 적었다. 한편 이 시기에 동유럽과 중앙아시아에서는 시골의 빈곤이 더 악화되었다.

자본과 노동의 전 세계적인 유동성 속으로 가장 많이 흡수되는 도시를 의미하는 세계도시global cities의 경우에 대해서 사스키아 사센(Sassen, 2001, 2011)은 불평등의 추가적인 차원을 식별한다. 그러한 배경의 새로운 도시 구조는 고임금을 받는 기업의 관리자와 전문가는 물론 대부분 이주해 온 보통 여성화된 노동력 ─ 청소부와 가정부, 건물관리인, 접객업 노동자 ─ 을 모두 포함한다. 다른 학자들은 가난한 사람들이 도시 노동의 어떤 일자리에서도 점점 더 배제당하고 있음을 지적한다(Kilory, 2009). 이러한 경향은 국가 간 불평등이 아니라 오히려 런던이나 뉴욕, 도쿄, 가장 최근의 상하이와 같은 세계도시 내의 불평등을 재생산한다(Chen, 2009). 사센은 이것을 새로운 종류의 양극화라고 본다. 덜 분명한 것은 세계도시 내의 저소득 수령자들이 동일 국가 내 다른 도시의 저소득 수령자들보다 더 가난한지 또는 부유한지의 여부다(Elliot, 1999).

이 종류의 세계도시 분석에서는 자본의 흐름과 노동의 흐름이 가상적이고 또한 물리적인 글로벌 네트워크를 통해 통합된다. 사회 망과 전자

망은 새로운 종류의 사회구조 ─ 동적이면서 고도로 불평등한 ─ 의 상호 연결된 특징이다. (불평등을 국가 간 과정의 측면에서 해석하는) 이 종류의 사고방식은 지구적 불평등을 순전히 국가적 과정의 결과로 생각하는 대부분의 상당히 정적인 국민국가 틀을 극복하는 데 도움이 된다.

지금까지 검토한 소득 불평등과 재산 불평등 척도의 대부분은 정적인 횡단면적 정보로 구성된다. 그렇지만 시간의 흐름상에 있는 경향은 아주 중요하다. 역사적으로 조망할 때 불평등은 더 확대되고 있는가, 더 줄어들고 있는가? 그리고 국가나 지역은 현시대의 세계에서 불평등 분포 내의 자신의 상대적 위치를 바꿀 수 있는가? 이 질문들은 매우 중요하다. 하지만 많은 질문이 합의된 하나의 대답을 가지지 않으며 근본적으로 여러 대답이 경쟁한다. 가장 많은 합의가 존재하는 지점은 불평등의 역사적 패턴화다.

셋째, 역사적 주제에 주의를 돌리면 앞 장에서 주장한 대로 지금까지 사회적 불평등은 언제나 존재했다. 이 특별한 장에서는 더 구체적으로 경제적 불평등의 아주 최근의 패턴에 초점을 맞춘다. 이러한 패턴은 19세기와 20세기를 가로지르며 점점 더 정확하게 밝혀낼 수 있다. 더 방대한 범위의 국가들이 통계적 데이터를 수집하기 시작했기 때문이다. 관련 증거에는 인구조사 데이터와 국가 산출·소득 통계, 과세 데이터, 더 최근의 소득 여론조사가 들어간다. 경제사학자 앵거스 매디슨(Maddsion, 2006, 2007)이 힘들여 수집한 역사적 통계는 1820년의 약 50개국에서 21세기 첫 10년의 160개국 ─ 중국을 비롯한 ─ 으로 범위가 확대된다. 그렇지만 이 자료가 나타내는 바는 시간의 흐름에 따라 소득과 지구적 불평등의 규모와 구성이 변해왔다는 것이다.

규모의 측면에서 가장 부유한 사람들과 가장 가난한 사람들 사이의 격차는 지난 2세기 동안 세계 전체의 범위에서 점점 더 벌어졌다(Bourguignon & Morrison, 2002; Milanovic, 2011: 158~160). 이는 가장 가난한 사람들이 19세기와 현재 사이에 절대적으로 더 빈곤해졌다는 것을 의미하지 않는다. 만일 그러하다면 이것은 산업화와 기술혁신과 연계된 생산성 향상의 측면에서 놀라운 일이고, 지난 2세기에 걸친 세계 인구의 급속한 증가와도 일치하지 않을 것이다. 이것이 실제로 의미하는 바는 가장 부유한 사람들과 가장 가난한 사람들의 상대적 격차가 더 벌어졌다는 것이다. 이는 생산성 향상의 혜택이 아주 불평등하게 분배되었다는 것을 의미한다. 이로 인해 많은 사람이 연명과 식량 불안, 기근의 위기에 직면한다. 그리고 이 상황은 기후변화와 연계된 환경 위험의 증가로 훨씬 더 악화된다.

국제연합식량농업기구FAO는 '최소의 에너지 필요량을 규칙적으로 제공할 정도의 음식물 섭취를 할 수 없는 사람'의 측면에서 영양실조를 정의한다. 이 정의에 따르면, 2010~2012년에 8억 6800만 명의 사람들이 영양실조로 고통을 받았다. 이 수치는 세계 인구의 약 12퍼센트를 나타낸다. 사하라사막 이남 여러 아프리카 지역에서는 많은 나라의 인구의 약 30~35퍼센트가 영양실조에 걸린 것으로 파악되었다. 그렇지만 20년 전에 세계 인구의 19퍼센트에 달했던 전 세계 영양실조 비율이 개선되고 있다는 약간의 증거가 있다(FAO, 2013). 비교의 측면에서, 국가 내 불평등과 국가 간 불평등의 상대적 중요성은 또한 시간상에서 변해왔다. 19세기 초에는 국가 내 불평등이 지구적 불평등의 더 많은 부분을 구성했다고 평

밀라노비치는 1820년 당시 세계에서 가장 부유한 국가인 네덜란드의 1인당 국내총생산 (GDP)이 가장 가난한 국가인 중국의 국내총생산의 세 배였다는 사실에 주목한다. 1913년 무렵 미국은 세계에서 가장 부유한 국가가 되었고, 미국과 중국 ─ 여전히 최빈국으로 남아 있던 ─ 의 국내총생산 비는 10 대 1로 확대되었다. 이제 중국이 더 이상 가난한 국가는 아니지만 오늘날 가장 부유한 국가 대 가장 가난한 국가의 비는 100 대 1에 이른다(Milanovic, 2011: 100, 109, 143).

가 된다. 그렇지만 20세기에는 자본주의 산업화가 확대되고 세계의 여러 지역의 발달 궤도가 분화됨에 따라 국가 간 불평등이 상대적으로 중요해졌다.

현재 국가 간 불평등이 지구적 불평등의 가장 거대한 부분을 형성한다고 말하는 것이 국가 간 혼합에서 여러 다른 국가와 지역의 상대적 위치가 여전히 동일하게 남아 있다는 것을 의미하지는 않는다. 따라서 만일 일부 국가가 경제 발전 비율을 성공적으로 끌어올린다면, 스스로 가장 가난한 국가 집단에서 벗어나 아마도 국내총생산 차이의 역사적 비를 좁힐 수 있다. 이것이 바로 1980년대 이후 중국과 인도, 동남아시아의 많은 지역과 브라질에서 발생한 일이다(Dollar, 2007). 그렇지만 더욱 성공적인 이 발달 궤도는 저개발국으로 여겨지는 모든 국가에서 보편적이지 않았다. 국가 간 불평등의 패턴과 경향을 분류하는 데 관여하는 복합적이고 역동적인 과정으로 인해 확실한 일반화에 도달하기는 어렵다.

지구적 불평등에 대한 논란이 두드러지는 일부 지역

이 논점 외에도 지구적 불평등의 본성에 대한 이견이 드러난다. 논란의 최우선적이고 가장 직접적인 영역은 지구적 불평등의 최근 경향과 관련이 있다. 논란 중인 문제는 소득 불평등이 완화되고 있는지, 악화되고 있는지, 또는 약간의 정체기에 이르렀는지의 문제다. 세 가지 가능성에는 모두 지지자들이 있다. 이 핵심적인 문제에 대한 대답은 소득 불평등을 측정하는 최선의 방법에 상당히 의존한다. 절차와 가정이 다르면 다소간 다른 결과가 나온다. 분석 단위는 개인이어야 하는가, 가정이어야 하는가, 국가여야 하는가? 우리는 어떻게 서로 다른 통화로 측정된 서로 다른 생계비를 지닌 여러 다른 국가의 소득을 비교할 수 있는가? 사하라사막 이남 지역 대부분의 국가를 비롯한 더 가난한 국가에서 수집된 데이터는 얼마나 정확한가? 그러한 지역에는 정확한 데이터가 거의 존재하지 않으며, 인용되는 많은 수치가 어림짐작에 근거한 것이다(Jerven, 2013). 그리고 마지막으로 지구적 소득 불평등의 서로 다른 구성 부분에는 하나의 단순한 경향이 작동하는가, 아니면 여러 경향이 혼합되어 있는가?

최근 경향에 대한 견해차는 단지 학문적인 관심사가 아니라 정책 결정과 정치적 행위에도 영향을 미친다. 어떤 경향이 더 높은 평등을 향하고 있다고 보는 사람들에게는 현재의 정책을 급격하게 바꿀 필요가 없다. 반면 더 비관적인 사람들에게는 현재의 정책이 대부분 실패했으므로 새로운 정책이 필요하다. 이것은 국민국가와 경제성장을 열성적으로 장려하는 국제기구와 더 높은 정도의 세계 정의를 실현하고자 애쓰는 비정부기구에 모두 적용된다. 우연하게도 지난 30~40년을 살펴보면 아마도 이 범위의 기관에는 낙관론자보다 비관론자가 더 많을 것이다. 하지만 낙관론자와 비관론자의 명확한 구별이 최근 경향에 대한 가장 설득력 있는 통찰을 제공하는지는 여전히 밝혀내야 한다.

대략 1980년 이후 지구적인 소득 불평등이 완화된다는 **낙관론적인 주장**은 서짓 브할라(Bhalla, 2002)와 하비에르 살라이마르틴(Sala-i-Martin, 2002, 2006)이 펼쳤다. 이들은 1인당 소득의 국민계정 수치를 가구별 소득분포에 대한 더 제한적인 여론조사에 더해 사용했다. 하지만 이 절차는 일부 국민계정이 경제성장률을 과장하고 따라서 국민소득 성장을 과장한 것으로 보인다는 이유로 계속 비판을 받아왔다. 이 비판은 중국과 인도와 같은 핵심 국가들에 관한 것이다[이에 대한 논의는 Dollar(2007: 84)를 보라]. 두 사람이 시도한 접근방식의 다른 기술적인 문제는 밀라노비치(Milanovic, 2012)와 아난드와 시걸(Anand & Segal, 2008)이 밝혀낸다. 그럼에도 살라이마르틴(Sala-i-Martin, 2006)은 중국과 인도의 높은 경제성장률이 지속된다면 대략 2015년까지 불평등 완화의 국면이 계속될 것이라고 추정했다. 2008년까지의 기간을 다룬 최근의 연구에서 밀라노비치는 이 개선을 여러 나라의 평균적인 소득 수준의 수렴과 관련짓지만, 지구적인 소득 불평등의 지속적인 감소가 또한 국가 내 불평등이 억제되고 있는 것에 의존한다고 주장한다.

1980년대와 1990년대에 관해 저술한 다른 학자들은 더 **비관적**이었다. 페터 고트샤크와 티모시 스미딩(Gottschalk & Smeeding, 1997: 636)은 수많은 산업화 경제를 가로지르는 소득 불평등의 심화를 밝혀냈다. 마찬가지로 지오바니 코르니아와 토니 애디슨, 삼프사 키이스키(Cornia, Addison and Kiiski, 2003)는 세계 인구의 80퍼센트를 구성하는 73개국에 대한 더 방대한 연구에서 개발도상국의 3분의 2 – 특히 사하라사막 이남 아프리카와 라틴아메리카 국가들 – 가 이 기간에 소득 불평등의 심화를 경험했다는 사실을 발견했다. 불평등 심화에 대한 데이터는 제2차 세계대전 이후 첫 30년의 불평등 완화와 대조된다. 물론 이러한 데이터는 많은 나라에 걸친 일반화이지만 확실한 반례도 눈에 띈다. 많은 개발도상국과 미국이나 영국과 같은 선진국의 소득 불평등 심화는 독일이나 노르웨이, 동남아시아의 여러 지역에는 어울리지 않는다.

따라서 낙관론자와 비관론자를 명확히 구분되는 두 진영으로 묘사하는 일은 잘못일 것이다. 어떤 경향도 반드시 보편적이지는 않기 때문이다. 이것은 6장에서 지구적 불평등에 대한 설명을 검토할 때 다시 다룰 요점이다. 이념에 관심이 더 많은 관찰자들은 낙관론이나 비관론을 펼치는 데 민감했지만, 증거 기반 분석에서는 더 많은 주의가 필요하다. 이는 지구적 불평등의 완화 증거가 더 많은 신뢰성을 얻던 시기인 2000년 이후에 특히 그러했지만 아직까지는 일반적인 경향으로 수용되지 않았다. 최근 몇 년의 주목할 만한 복잡한 문제는 2007~2008년에 시작된 세계금융위기의 충격이다.

일부 학자들은 이 금융위기가 부분적으로 이미 존재하는 불평등 수준 – 수요의 부족과 가계 부채의 증가를 초래했던 – 의 귀결이라고 주장한다(Stockhammer, 2012). 이 주장은 설득력이 아주 높지는 않다. 왜냐하면 금융 부문의 문제 – 특히 위험에 대한 금융파생상품 시장의 가격 책정 착오 – 를 충분히 강조하기 않기 때문이다. 금융위기의 많은 다른 구조적·제도적 원인이 있지만(Holton, 2012), 금융위기가 경제성장과 소득의 패턴에 미친 파괴적인 영향을 강조해야 한다. 이 패턴은 많은 나라에서 위기 이전의 수준으로 복구되지 않았다. 경제적 교란은 세계적인 신용거래 기제의 위기와 국가부채 위기의 결합으로 더 악화되었다. 또한 (특히 유럽 내 여러 지역의) 내핍 조치는 실직과 자살 위험의 측면에서 젊은 성인들에게 엄청나게 높은 영향을 미쳤다(Karanikolos et al., 2013). 따라서 전반적으로 볼 때 이 위기로 인해 소득 수준은 떨어졌으며, 이 위기가 없었더라면 소득 수준은 더 높았을 것이다. 하지만 이 위기가 공간적으로 아시아나 오스트레일리아보다 오히려 북아메리카와 유럽에 집중되었다는 사실은 이 위기가 지구적 불평등의 심화를 초래했을 가능성이 낮다는 것을 의미한다.

밀라노비치(Milanovic, 2007, 2011, 2012)는 현시대 지구적 불평등의 경향에 대한 논의에 가장 포괄적이며 최신의 방법론적으로 그럴듯한 기여를 한다. 그의 연구는 가계의 가처분 소득이 지구적 불평등을 연구하는 데 이용하는 최선의 분석 단위라는 방법론적 명제에 근거한다. 여기에는 몇 가지 이유가 있다. 첫째, 인구조사 데이터와 국민계정은 개인들의 소득에 대해 충분한 정보를 제공하지 못하는 반면에 가계 조사는 그렇게 할 수 있고 실제로 그렇게 한다. 둘째, 소비에 이용할 수 있는 총소득의 척도로서 가처분 소득이 과세 가능한 소득보다 더 낫다. 일부 소득 수령자들은 세금을 전혀 내지 않고, 또 일부 사람들은 보통 세금 체계와는 구별되는 공적인 소득 보조금을 받는다. 셋째, 여기에 더 사회학적인 의견을 더할 수 있다. 즉, 사람들은 대부분 소득 수령자로서든 아동이나 (많은 국가의)

노인과 같은 소득 없는 피부양자로서든 다인多人 가정에서 산다. 따라서 가정 구성원들의 삶의 기회에 대해 가계 데이터를 통해 얻는 통찰이 가정 구성원들을 개별 원자로 간주해 얻는 것보다 더 낫다. 넷째, 마지막 이유로, 가정이 가사 노동에 의존하는 정도는 서로 다르다. 가사 노동의 주요한 측면은 가정 구성원들을 보살피는 일이며, 이 노동은 대부분 여성이 수행한다. 가사 노동은 또한 대부분 임금을 받지 않으며, 따라서 통계에도 들어가지 않는다. 그럼에도 가사 노동은 시장과 공적인 복지 제공을 통해 조직화되는 더 분명한 기여 - 금전으로 환산되는 - 에 더해 가정 복지의 중요한 기여자다(Walby, 2009: 287~291).

양질의 가계소득 조사 데이터는 지금까지 오직 1950년 이후의 더 부유한 산업 국가들과 지난 20~30년 동안의 개발도상국들에 대해서만 이용할 수 있게 되었다. 그러나 이 데이터는 이제 이 핵심 기간 - 이 기간에 대한 지구적 불평등의 경향이 논란이 되고 있다 - 을 실제로 포괄한다. 밀라노비치는 가계 소득 데이터에 대한 자신의 분석을 바탕으로 1988~2005년까지 지구적인 소득 불평등의 비율을 약 5년 간격으로 계산했다(Milanovic, 2011: 151ff). 밀라노비치(Milanovic, 2011: 153)의 전체적인 결론은 이 기간에 지구적인 소득분포가 전체적으로 '아마도 더' 불평등하게 되지는 않았다는 것이다. 이는 지구적인 소득분포가 정체 상태에 이르렀을지도 모른다는 것을 암시한다. 그렇다면 이것은 결국 낙관론자들과 비관론자들 양쪽 모두 완전히 잘못이라는 것을 의미하는가? 반드시 그렇지는 않다. 불평등의 전체적 수준이 세 가지 요소로 구성되고, 이 요소들의 경향이 서로 다른 방향(일부는 개선, 일부는 악화)을 향하기 때문이다.

표 4.1 ── 현시대 소득 불평등의 세 가지 경향

1. 국가 내 불평등의 변화
2. 부유한 국가와 가난한 국가의 경제성장과 소득의 변화 추세
3. 중국, 인도와 부유한 국가의 경제성장과 소득의 변화 추세

자료: Milanovic(2011: 153~154)에서 발췌.

밀라노비치는 지구적 소득 불평등의 전반적인 경향에서 작동하는 분석적으로 별개인 세 가지 성분을 구별한다(〈표 4.1〉).

여기에서 밀라노비치는 세 가지 성분 가운데 처음 두 가지 성분에서는 최근 몇 십 년 동안 불평등이 전반적으로 심화되었지만 세 번째 성분에서는 불평등이 완화되었다고 주장한다. 이는 중국과 인도, 동아시아와 동남아시아의 어떤 다른 지역이 부유한 국가보다 더 빠르게 성장하고 있으며, 이것이 바로 그 외 지역의 불평등 악화를 상쇄하기 때문이다. 이 세 가지 성분을 합산할 때, 우리는 어떤 정체 상태(Milanovic, 2012: 155ff)나 어쩌면 지구적 불평등의 완화(Milanovic, 2012: 8)를 발견할 수 있다. 만일 1998~2008년에 대해 찾아낸 패턴이 유지된다면, 이것은 "지구적 불평등이 줄어들 수도 있다는 것을 산업혁명 이후 최초로" 나타낸다(Milanovic, 2012: 7-8).

확실히 이 일반적인 경향은 비관론적인 경우와 낙관론적인 경우를 모두 지원하는 요소를 감춘다. 또한 이 전반적인 경향은 그 성분이 변하기 쉽다. 따라서 만일 중국과 인도의 성장 실적이 혹시라도 둔화된다면 국가 내 불평등은 증가할 것이다. 반면에 코르제니에비츠와 모란(Korzeniewicz & Moran, 2009: 106)이 지적하는 바와 같이, 만일 중국과 인도의 성장률이 계속 유지된다면 "이로 인해 결국 지구적 성층화의 모습이 바뀔 것이다". 이전의 역사에서 개별 국가들은 국가 성층화 위계에서 성공적으로 상향 이동을 했다. 예컨대 19세기 말에는 스웨덴이, 제2차 세계대전 이후에는 일본이 그렇게 했다. 중국과 인도가 다른 점은 세계경제에서 이들이 차지하는 인구학적·경제적·지정학적 규모다.

밀라노비치의 주장에는 살펴봐야 할 사항이 몇 가지 더 있다. 첫째, 그의 주장은 지구적 불평등의 전체적인 비율을 묘사하기 위해 국가 계산보다 오히려 사람 계산을 이용하는 방식에 의존한다. 중국과 인도는 엄청나게 많은 인구를 보유하고 있기 때문에, 사람 계산에 근거한 전역 데이터global data를 불가피하게 왜곡한다. 일단 엄청난 인구의 중국과 인도를 제외한다면 상황은 훨씬 더 암울하다. 둘째, 중국이 국가 간 불평등 완화에 긍정적인 기여를 하고 있지만, 이것이 반드시 중국 내 불평등 역시 완화되고 있다는 어떤 특별한 견해로 이어지지는 않는다. 중국 내 불평등은 도시/시골 구분이나 지역 간 구분의 측면에서는 실제로 상당히 늘어나고 있다. 물론 최저 수준의 불평등은 극복했지만 말이다(Pogge, 2007).

밀라노비치의 연구는 방대한 견해차를 더 통합된 방식으로 해소할 정도로 지구적 불평등의 최근 경향에 대한 복합적인 논의를 재구조화하는 하나의 방식을 제공한다. 그의 접근은 또한 많은 다른 접근보다 더 신중하다. 특히 사회 변화에 대해 더 사변적인 시나리오를 새로 쓰는 토대가 되는 최근 경향에 관해서 너무 쉽게 일반적인 결론으로 내닫는 데는 어려어려움이 있다. 이것의 적절한 사례는 지구적 불평등의 패턴이 '계급의 귀향'으로 안내하는 것처럼 보이는 테르보른(Therborn, 2012)의 최근 명제다.

테르보른은 지구적 불평등에 대한 최근 연구를 해석해 불평등이 중국과 아시아의 일부 다른 국가, 그리고 그의 관점에 따르면 아프리카와 라틴아메리카의 많은 지역이 부상한 결과로 이제 '국가 간' 불평등이 줄어들고 있다는 것을 확실히 보여준다. 반면 국가 내 불평등은 심화되고 있으며, 이 과정은 고르지는 않지만 일반적인 경향이다. 테르보른은 다른 연구(Therborn, 2006)에서 불평등의 다양한 차원과 결정 요인을 인정하지만, 국가 내 소득 불평등의 이 심화를 '계급의 귀환' 개념으로 포장한 '새로운 전환'으로 간주한다. 이러한 심화는 단지 소득분포의 변화에만 의존하는 것이 아니라, 테르보른의 주장으로는 젠더 불평등과 인종 불평등의 급속한 완화 ─ 조금이라도 심도 있게 탐구된 적이 없는 명제 ─ 에도 의존한다. 세계화가 국가 간의 거리를 더 좁히지만, 테르보른은 점점 더 불평등한 소득분포가 계층을 구분한다고 주장한다. 모든 계급이론에서처럼, 더 어려운 난제는 이것이 계급 정치에 노동계급 혁명의 형태로 다시 활력을 불어넣을지, 열정을 더 크게 떨어뜨릴지, 중산층 소비주의 ─ 저금리 신용판매로부터 동력을 공급받는 ─ 의 꿈을 강화할지에 관한 것이다. 만일 계급 정치가 다시 활력을 받는다면 이로 인해 노동계급 혁명이 중국 같은 곳으로 공간적으로 이동하게 될 것이다. 이는 아주 흥미로운 사변이지만 개념적으로나 증거의 측면에서 아주 박약하다.

계급의 귀환에 대한 일반적인 비판은 당신이 사는 곳이 지구적인 성층화 위계에서 당신이 속한 사회적 계층보다 더 중요하다는 것이다. 일반적인 수준에서 가난한 나라에서 부유한 나라로의 위치 변화는 주어진 어떤 국가 내의 사회적 구조 상승보다 지구적 불평등 패턴에 더 많은 차이를 만든다. 지구적 성층화에 관한 한 국가 간 사회적 유동성이 어느 정도 가능한지가 아주 중요하다. 이것은 밀라노비치나 테르보른의 연구 양쪽 모두에서 빠져 있는 문제다. 가난한 나라에서 부유한 나라로의 세계적인 이주에는 이주자들의 생활수준을 끌어올리는 역량도 있고, 또한 계층을 훼손하는 이민 반대 정책과 격렬한 국수주의 정책을 창조할 역량도 있다.

밀라노비치의 연구와 많은 다른 연구의 더 근본적인 어려움은 국가 내 불평등과 국가 간 불평등을 구별하는 방식 때문에 나온다. 이 둘은 완전히 구별되는 과정이 아니라 아주 중요한 방식으로 상호 작용한다. 코르제니에비츠와 모란(Korzeniewic & Moran, 2009)은 지구적 불평등의 역학을 이해하는 데 전체적인 분석 단위가 중요하다는 것을 재확인함으로써 이 주장을 펼친다. 이 견해에서 국가 간 불평등은 "일부 국가들이 여타 국가들과 상호 작용할 때 얻는 상대적인 이익의 결과다"(Korzeniewic & Moran, 2009: 74). 그러한 이익은 기술혁신은 물론 기관 - 은행, 정부 부처 등 - 의 경직성 없는 업무 처리에도 의존한다. 그러한 경직성의 실례에는 피식민지 지역에 대한 제국의 통제와 식민지의 통제, 또는 가난한 나라에서 부유한 나라로 향하는 이주의 제한이 있다.

국가 간 이주 같은 과정은 국가 간 불평등과 국가 내 불평등 둘 다에 영향을 미친다. 19세기에 이루어진 유럽에서 미국으로의 이주는 해당 국가들 내에서 소득의 수렴을 이끌어내는 경향이 있었다. 그렇지만 이 이주가 국가 내 불평등에 미치는 영향은 혼합되었다. 노동 공급의 부족이라는 맥락에서는 이주자들의 유입으로 불평등이 완화되었다. 하지만 엄청나게 많은 미숙련 이주자가 더 빈틈없는 시장으로 들어왔을 때 불평등은 심화되었다. 20세기에 미국 같은 부유한 국가로 들어오는 이주가 제한되면서 국가 내 불평등의 심화가 뒤집어졌다(O'Rourke & Williamson, 1999: 138). 오늘날 가난한 국가에서 부유한 국가를 향한 이주의 제한은 지구적인 국가 간 불평등을 완화하기 위한 가능한 하나의 기제를 배제하는 결과를 낳았다. 이주를 막는 장벽을 세울 정도로 강력한 국가는 자국의 이익 — 이러한 국익의 하나가 국내 고용과 소득의 보호다 — 을 위해 국가 간 불평등의 잠재적인 완화를 희생시킨다. 그리고 복지국가 체계를 지닌 나라에서는 이러한 제한이 또한 국내의 재분배성 복지 지원 제도를 보호하는 효과를 낸다.

어떤 의미에서 이주 과정은 사회적 유동성의 국가 간 지형이며, 경제학자들과 사회학자들에게서 훨씬 더 많은 관심을 불러일으켜온 국가 내 사회적 유동성과 나란히 작동한다. 세계적인 사회적 성층화는 이 두 지형을 상호 관계 속에서 검토하도록 요구한다. 교육에 의한 자격과 기술의 수준을 높이는 것이 부유한 국가 내의 주요한 상향 이동 경로를 나타내지만, 이민은 지구적 수준에서 동일한 과정을 나타낼 수 있다. 설령 자본과 능력이 부족한 1세대 이주자들이 정착 국가에서 저임금 고용과 높은 실업률의 피해를 입기 쉽다 하더라도, 더 가난한 국가로부터의 지구적 이주는 세계적 임금 성층화에서의 자신들의 위치를 끌어올린다. 그리고 이 사실은 미국과 유럽으로 향한 아프리카와 아시아의 더 가난한 지역들 사이의 이동과, 가난한 나라와 매우 가난한 나라 사이의 이동에 모두 적용된다. 예컨대 과테말라에서는 인구의 가장 가난한 70퍼센트에 속하는 누구든지 멕시코의 가장 많은 형태의 고용에 접근한다면 사회적 상향 이동에 성공할 것이다(Korzeniewicz & Moran, 1990: 108).

아주 다른 노선의 주장은 불평등의 유형과 경향을 이해하기 위해 경제학자들이 전형적으로 사용하는 공식적인 소득 통계에 하향식으로 접근해 문제를 다룬다. 만일 우리가 상향식으로 연구해 불평등과 빈곤의 경험을 조망한다면 어떨까? 예컨대 세계 인구의 거대한 집단은 어떻게 미국 통화 2달러로 하루를 살아가는가? 이 질문은 『가난한 사람들의 포트폴리오 Portfolios of the Poor』라고 불리는 혁신적인 학문적 연구에서 다루었다(Collins et al., 2009). 이 연구는 인도와 방글라데시, 남아프리카의 수백 명의 응답자들이 작성한 일상적인 재정일지에 근거해, 힘든 일상에 대처하는 문제에 대해 다소 놀라운 대답을 제시한다.

무엇보다도 이 수준의 삶을 살아가는 사람들의 소득에 영향을 미치는 일반적인 특성 세 가지가 있다. 첫째, 가장 분명한 특성으로, 소득이 낮다. 둘째, 소득이 이따금씩 발생한다. 이는 할 일이 불확실하고 특히 시골에서는 보통 계절적이기 때문이다. 이 특성은 홍수 같은 환경적 불안이 많은 곳에서도 어느 정도 역할을 한다. 또한 소득을 올리는 일은 종교적 축제의 방해를 받을 수도 있다. 어떤 날은 아무런 소득을 올리지 못하고, 다른 날은 미국 통화 2달러 이상을 벌 수도 있다. 그리고 임금노동과 자영업이 흔히 결합할 수도 있다. 셋째, 은행 같은 기관을 통해 아주 낮은 소득자들이 접근할 수 있는 공식적인 금융 수단●은 빈곤을 관리하는 데 도움이 되지 않는다.

그러면 사람들은 어떻게 빈곤을 관리하는가? 사람들은 흔히들 가정하

●—— 주식과 채권, 예금 증서, 어음(CP) 따위의 총칭.

는 방식 — 아주 작은 소득이 있을 때 이것을 쓰면서 근근이 연명하는 방식 — 으로 살지 않는다. 오히려 사람들은 현금 관리에 많은 주의를 기울이며 기회를 이용하고 작은 땅덩이를 사기 위해, 비상시에 대처하기 위해 푼돈을 저축한다. 이 밖에도 재정적 지원의 비공식적 원천이 이용 가능하며, 이에 따라 이웃하는 가정과 친척이 서로 푼돈을 빌리고 빌려준다. 게다가 푼돈은 흔히 재정적 절제를 풀고 저축을 쓰고 싶은 가족구성원들의 유혹에 대항하는 보험으로 다른 사람에게 맡겨 보관한다. 연구자들이 놀라워한 일은 두 가지였다. 먼저 아주 가난한 사람들이 현금 흐름 관리를 계획하는 범위에 놀랐다. 그리고 그들의 방식이 세계은행 같은 국제기구의 하향식 접근이나 가난한 사람들을 지원하기 위해 공식적인 시장 기반 기관을 확대하는 방식과는 얼마나 다른지에 놀랐다(Collins et al., 2009: 29).

물론 재정의 비공식적 원천은 이용 가능한 자원의 규모라는 측면이나 지원 망에 대한 높은 수요라는 측면에서 한계가 있다. 이 한계를 상쇄하기 위해 방글라데시의 그라민 은행Grameen Bank이 설립되었다. 이 은행은 저소득 집단을 대상으로 소액 대출을 조직화했으며, 처음에는 저축보다 대출에 초점을 두었다. 그리고 소액 대출은 아주 당연히 영세 소기업을 지원하는 방식으로 간주되었다. 콜린스와 그의 동료들은 응답자들이 작성한 재정일지가 가계의 현금 관리를 위해서나 의료적인 비상상황이나 자녀 교육비용과 같은 뜻밖의 역경에 대처하기 위해서 소액 대출이 필요하다는 점을 보여준다고 주장한다. 지금까지 공식 기관은 이것을 느린 속도로 인식했다.

『가난한 사람들의 포트폴리오』의 더 일반적인 결론은 충분한 돈이 없그라민 은행의 영세 소기업 융자는 빈곤 완화에 비효율적이라는 이유로 비판을 받아왔지만 (Khandker, 2005), 콜린스 등(Collins et al., 2009)은 이 은행의 주요한 기여가 소득 흐름의 불확실성 문제를 다룬 것이라고 본다. 이것은 공식기관이 더 확대할 필요가 있는 기능이다. 퀴브리아(Quibria, 2012)도 빈곤 밖으로의 이동이 재정 조직이나 정책의 혁신에 대한 즉각적 반응이라기보다는 오히려 느린 과정이라고 주장한다. 다시 한 번, 시간의 흐름상에서 일어나는 과정을 탐구하는 일이 더욱 중요해진다.

다는 것은 아주 나쁜 일이지만, 가지고 있는 얼마 안 되는 돈을 관리할 수 없다는 것이 더 나쁜 일이라는 점이다. 이 연구서는 이것이 '빈곤의 숨겨진 제약이다'라고 주장한다. 아동이 교육받을 장소나 의료적 지원을 받을 권리를 박탈당하는 이유는 바로 이 두 요인이다. 이 요인들은 또한 가정이 전문 고리대금업자의 탐욕스러운 마수를 피할 수 있는지에 영향을 미친다. 사람들의 비공식적인 소규모 망의 집단적 자조自助는 도움이 될 수 있지만 낮고 불확실한 소득의 문제를 해결하지는 못한다. 또한 그러한 전략은 소득을 넘어서 불평등의 다른 차원에 직면할 수도 있다. 이러한 차원에는 인종차별이나 법적 권리를 강제할 수 있는 제도의 결여, 다음의 몇 장에서 논의할 더 폭넓은 문제가 들어간다.

마지막의 일반적인 방법론적 쟁점은 지구적 불평등을 분석하는 데 전형적으로 사용되는 절차와 방법을 신뢰할 수 있는가이다. 여기에서는 아주 기술적인 문제는 제쳐두고, 서로 다른 국가 사이에서 소득을 비교하는 방법이라는 까다로운 문제에 초점을 맞춘다. 이것은 아주 중요한 문제이지만 명확한 해답이 전혀 없다. 그 대신 분석가들은 기술적 판단뿐만 아니라 실용적 판단에도 의존한다. 그러한 판단은 지구적 불평등에 대한 일반적인 진술을 할 수 있는 확신에 영향을 미치고, 따라서 지구적 소득 불평등을 완화하기 위한 특별한 정책과 책략을 세울 수 있는 확신에도 영향을 미친다. 이 방법론적인 문제를 이 책의 끝에 있는 부록으로 밀어내지 않는 까닭은, 상이한 방법의 사용이 지구적 불평등의 수준과 경향에 대한 이해에 영향을 미칠 수 있기 때문이다. 이것은 또한 유니세프 같은 유엔 기구에게 실용적인 문제다. 유니세프는 전 세계 아동에게 영향을 미치는 거대한 불평등을 밝혀내고 개선하려고 애쓰고 있다(Oritz & Cummins, 2011: 11~19). 따라서 이 문제를 끝까지 추적하는 일이 중요하다.

국가 간 소득을 비교하려면 모든 맥락에 적용되는 공통의 척도가 필요하다. 일반적으로 이것은 다양한 국가 내의 소득이 제공하는 구매력과 관련이 있다고 본다. 어려움은 동일한 품목이나 유사 품목의 가격이 나라에 따라 다르다는 데 있다. 예컨대 서비스 가격은 보통 개발도상국이 부유한 유럽 국가보다 훨씬 더 저렴하다. 간단히 말해, 우리는 어떻게 유로화 소득이나 영국 파운드화 소득을 중국의 위안화 소득이나 우크라이나의 흐리브냐 화폐 소득과 비교하는가? 물가 수준을 비교할 수 없다면 말이다.

기본적으로 이 비교를 행하는 두 방식이 있다. 첫째는 지역의 상품과 서비스의 집합에 대한 물가 수준 데이터를 측정하는 구매력 평가Purchasing Power Parity: PPP와 관련이 있다. 한 묶음의 상품과 서비스에 대한 미국 내 달러 물가는 참조점으로 사용되며, 유사한 묶음에 대한 그 외 지역의 물가는 미국 수치의 비율로 표현된다. 그래서 만일 가설에 따라 중국의 물가 수준이 미국의 약 42퍼센트라는 것이 판명된다면, 중국 소득의 구매력은 거의 두 배 반을 곱해야 구매력 평가치를 얻는다(Milanovic, 2011: 98-99). 이런 방식으로 전 세계의 다양한 국가 소득 수준은 미국 달러 구매력 평가로 측정된다. 그렇지만 구매력 평가 수준에 대한 계산이 데이터가 고르지 못하거나 존재하지 않는 경우에 사용하는 근원이나 결정하는 추산에 따라 다르게 나온다.

대다수 경제학자들은 이 구매력 평가 접근방식을 사용한다. 그런데도 비판자들은 구매력 평가 수치가 높은 오류율을 지니고 있으며, 이로 인해 이러한 데이터를 수집하는 방식이 끊임없이 변하게 된다고 주장한다. 예컨대 2005년 분석에서 세계은행은 중국과 인도의 예전의 1인당 추정 소득을 30퍼센트 이상까지 하향 조정했다(Korzeniewicz & Moran, 2009: 128). 또한 거의 200개국에 걸쳐 데이터를 수집할 때 극도의 어려움이 있고 데이터가 단지 산발적으로 5년에서 10년마다 나타나기 때문에 데이터에 거대한 격차가 있다. 1인당 국민 소득 추정치를 회고적으로 수정하면 시간의 흐름상에서 구매력 평가 데이터를 아주 확실하게 사용하기가 어려워진다.

대안적인 방식은 비교 가능한 국가 간 소득 수준에 도달하기 위해 외화 전환 비율FX을 사용하는 것이다. 더 단순한 이 방식은 흔히들 두 가지 이유에서 반대한다. 첫째, 이 방식은 아주 다른 물가 제도 내에서 작동하는 인구의 구매력에 직접 도달하지 못한다. 둘째, 끊임없이 변동하는 환율의 소란으로 더 심한 여러 어려움이 생긴다. 이 두 번째 어려움은 시간의 흐름상의 평균 환율을 사용해 극복할 수 있다. 하지만 첫 번째 이견은 더 심각하다.

그렇다면 만일 우리가 상이한 두 방식을 사용해 세계적인 소득 경향의 해명을 비교할 경우에는 무슨 일이 일어나는가? 두 방식은 모두 19세기 이후 국가 간 불평등의 심화를 보여준다. 주요한 차이는 구매력 평가 접근방식이 외화 전환 비율 접근방식에 비해 최근 몇 년의 개발도상국에 대해 더 높은 소득 수준을 산출한다는 것이다(Korzeniewicz & Moran, 2009: 63-65; Oritz & Cummins, 2011: 15-16). 따라서 구매력 평가를 사용해 소득 불평등의 세 가지 성분의 데이터를 합산하면, 우리는 불평등 감소의 측면에서 긍정적인 결과를 얻는다. 이것은 지난 20년 동안 지구적인 소득 불평등이 감소했다는 낙관론적인 주장을 더 직접적으로 뒷받침한다. 그렇지만 방법의 선택과 경향에 대한 주장의 이 연결은 단순하지 않다. 왜냐하면 최근에 지구적 불평등이 정체 상태에 있다고 주장하는 학자들 — 예컨대 밀라노비치 — 역시 구매력 평가 데이터를 사용하기 때문이다. 유니세프 내부의 논의는 이 두 척도에서 모두 지구적 불평등이 아주 높아서 정책 시각의 어떤 수정도 필요하지 않다는 점에 주목했다.

지구적 불평등의 분석을 소득 너머로 옮겨라

소득 불평등은 경제학자들과 대부분의 정책입안자들 사이에서 지구적 불평등의 지배적인 척도를 나타낸다. 학자들 사이의 폭넓은 결론은 지난 200년 동안 지구적인 소득 불평등이 엄청나게 심화되었다는 것이다. 최근 많은 논의의 초점은 현대적 상황에 있지만, 낙관론적인 접근과 비관론적인 접근 모두 일반적인 타당성을 확보하지 못한 것으로 보인다. 최근의 상황은 어떤 측면에서는 개선의 증거가 있고 다른 어떤 측면에서는 악화의 증거가 있어서 아주 복잡하다.

국가 간 불평등의 경향과 국가 내 불평등의 경향을 구별해야 이러한 복잡성을 이해할 수 있다. 지구적 불평등에 대한 구별되는 두 차원은 서로 다른 방향으로 이동할 수 있다. 실제로 지금까지 그렇게 해왔다. 거의 지난 2세기 동안에 국가 간 불평등은 더 늘어난 반면 국가 내 불평등은 일반적으로 줄어들었다. 이것은 다시 국가 간 불평등으로 구성된 지구적인 소득 불평등의 비율 증가를 초래했다. 그렇지만 최근의 경향은 중국이나 인도와 같은 인구가 많은 국가의 발달로 인해 국가 간 불평등의 장기적인 증가를 살펴보았을지 모른다.

소득은 여러 다른 나라와 지역의 경제성장이나 국민 소득 윤곽과 마찬가지로 분명히 중요하다. 이러한 지표는 외면할 수 없고 외면해서도 안 되는 지구적 불평등의 윤곽을 양화할 수 있는 강력한 접근방식의 일부다. 하지만 이러한 지표는 불평등의 사회적 경험에 도달하는 데 여전히 아주 제한적이다. 소득의 측정은 삶의 질이라는 문제와 다양한 삶의 조건에 있는 사람들이 전형적으로 무엇을 할 수 있고 무엇을 할 수 없는지의 문제에 오직 간접적으로만 도달한다. 이는 이전 장에서 접한 사회철학의 '역량' 학파capabilities school•가 제기한 경제학자식 사고에 대한 비판의 토대

•── 철학의 한 분파로, 평등과 인간복지의 달성을 단지 돈과 소득만으로 평가해서는 안 되고 자유롭고 역량 있는 사람들이 자신의 삶에서 목적을 선택하고 그러한 목

다. 따라서 다음 장에서는 주로 소득에 초점을 맞춘 담론 너머로 주의의 초점을 확대해 소득의 더 방대한 지표를 검토한다.

적에 따라 사는 방식으로도 평가해야 한다고 주장한다. 이 입장은 경제개발과 구분되며, 때때로 '인간개발'이라고 불린다.

5

"

지구적인 사회 불평등

"

불평등은 단순히 소득과 부에서 발생하는 차이 — 권력의 차이와 경제적·정치적 제도의 작용에까지 거슬러 올라가는 — 의 문제가 아니다. 불평등은 훨씬 더 방대한 범위를 지닌다. 불평등의 훨씬 더 방대한 의미를 파악하는 한 방법은 많은 사람이 경제적 자원에 더해 바람직하다고 간주하는 사회 불평등의 긍정적 특성에 대해 질문하는 것이다. 아마르티아 센(Sen, 1979)은 "무엇의 평등인가?"라는 유명한 질문을 했다. 어떤 형태의 평등이 향유할 만한 가장 많은 가치를 지니고 있으며, 어떤 장애물이 그렇게 가치 있는 유형의 평등을 방해하는가? 1장에서 슬쩍 암시한 바와 같이, 센이 이 질문에 대해 지난 30년 동안 제시한 답은 인간의 역량을 충분히 계발할 자유와 관련이 있다. 누스바움(Nussbaum, 2011: 18)은 "각 개인이 무엇을 할 수 있고 무엇이 될 수 있는가"라는 확대된 개념의 측면에서 불평등에 대해 비슷한 이야기를 한다.

이것은 사람들이 소중히 여기는 삶을 직접 살아갈 역량에 영향을 미치는 불평등의 사회적 차원의 더 방대한 집합을 고찰하기 위한 출발점 역할을 한다. 경제적 사고는 전형적으로 삶의 개인적 가치와 문화적 측면에 대해 거의 말하지 않는다. 이 가치와 측면은 시장이 작동하고 욕망이 충족되는 방식과 무관하다 — 전문 용어로는 그러한 방식에 대해 외인성外因性이다 ─ 고 간주되어 도외시된다. 경제학자들은 경제성장의 확대가 거의 모든 종류의 인간 욕구를 충족하는 데 가장 중요하다고 믿지만 욕망이 어디에서 오는지의 문제는 회피한다. 많은 사람이 공정하거나 정의롭다고 여기는 방식으로 재화를 분배하지 못하는 시장 실패는 흥미롭지만, 이 관심의 많은 부분은 효율성과 공평성 사이의 균형에 있다. 부족한 것은 바로 인간 역량의 제한으로부터 발생하는 불평등에 대한 더 넓고 더 사회학적인 해명이다. 이 제한은 시장 기반 경제가 다루지 않고 다룰 수도 없다.

그렇다면 더욱 폭넓은 접근은 어디에서 시작해야 하는가? 그리고 불평등의 어떤 다른 차원을 포함해야 하는가? 아주 통찰력 있는 출발점은 인도 작가 로빈튼 미스트리Robinton Mistry가 쓴 소설 『적절한 균형Fine Balance』이 제공한다. 이 소설의 배경은 1970년대와 1980년대의 인도다. 이 소설은 등장인물 네 명의 복잡한 삶에 초점을 맞춘다. 그들은 극적인 일련의 우연의 결과로 서로 만나게 된다. 이러한 우연에는 경제적 착취와 카스트 제도의 불평등, 성, 가족의 사망, 도덕성, 물리적 무기력이 있다. 일과 주택에 대한 접근 권리는 물론 가정이나 공동체 문제에서 다른 사람들과 함께 사회적으로 참여할 권리는 불안정을 야기하는 사회적 변화와 정치적 혼란의 배경에서 발생한다. 이 배경에는 남성의 강제적인 정관수술과 정부의 빈민가 철거 정책에 따른 강제 이주, 고품격의 거처를 선호하는 가난한 주택가의 재개발에 대한 이야기가 들어 있다. 또한 이 배경은 계속적인 인도 거주의 대안으로서 지구적 이주의 열매에 대한 실망과도 관련이 있다. 이 소설의 제목에 언급된 '적절한 균형'은 희망과 절망 사이의 균형이다.

소설에서 이 균형은 끊임없이 변하고, 더 폭넓게 우리의 삶 자체에서도 그러하다고 말할 수 있다. 이 균형은 사회적 존재의 연약함을 깨우쳐주는 신호다. 또한 삶이 서로 다른 경제적 영역이나 정치적 영역, 문화적 영역으로 깔끔하게 나뉘는 어떤 것이라기보다 통합된 전체로서의 경험이라는 측면에 대해 알려주는 신호이기도 하다. 그리고 미스트리의 작품의 핵심에는 개인적 삶에 대한 서사적인 해명이 있다. 이 해명은 누스바움이 인간복지와 불평등에 대한 폭넓은 '역량' 접근방식의 본질로 간주하는 초점이다.

경제학자들은 이 소설을 현대적인 세계경제로 넘어가는 전이의 성장통으로 해석할 수도 있다. 이 전이는 당연히 경제성장이 지속되면 시간의 흐름상에서 생활수준을 끌어올리고 복지를 증진한다. 하지만 빈곤 감소나 문해율 증가와 같은 낙관론적인 주장을 뒷받침하는 증거와 비관론적인 해석을 뒷받침하는 증거 사이에 섬세한 분석적 균형 또한 필요하다. 이 균형에는 성적 배제와 인종적 배제, 문화에 근거한 사회적 배제가 지속되는 문제는 물론이고 불평등의 정치적 근원과 정책 실패, 프로그램 실패가 지속되는 문제가 포함된다.

불평등의 여러 다른 측면을 범주화하는 아주 통찰력 있는 한 방식은 테르보른의 연구(Therborn, 2006: chapter 1)에서 제시된다. 테르보른은 **자원** 불평등과 **생명 유지** 불평등, **실존** 불평등을 구별한다(〈표 5.1〉).

앞 장에서 제시한 소득 불평등의 논의는 자원 불평등 – 특히 물질자원과 관련이 있는 불평등 – 을 다루었다. 이것은 결코 자원 불평등의 범위를 총망라하지 않는다. 예컨대 교육은 폭넓은 사회적 종류의 자원으로 간주

표 5.1 ── 불평등의 세 가지 유형

자원	소득, 자산, 기술
생명 유지	신체 건강, 평안감
실존	자유, 존중, 사회적·정치적 참여 권리

자료: Therborn(2006).

할 수 있다. 교육의 내용은 단지 취업기술 습득이나 인적 자본 기술 습득만이 아니다. 교육은 사회적·정치적 참여나 건강, 평안과도 아주 높은 관련이 있고 인간의 자유와 존엄의 한 측면으로서도 존재한다.

생명 유지 불평등은 인간의 몸과 이 몸의 평안을 다루며 사망률과 장애, 질병 부담의 쟁점을 포괄한다. 여기에서는 생명 유지 불평등이 생물학적 유기체로서의 인간에게만 적용되는 것이 아니라, 사회적 존재가 자신의 평안과 건강에 대해 이해하고 의미를 부여하고 가치를 매기는 방식에도 적용된다는 것을 강조해야 한다.

다른 두 유형의 불평등과 마찬가지로 중요한 세 번째 유형의 불평등은 실존 불평등이다. 이 유형의 불평등은 개인의 자유나 사회적 존중과 관련이 있다. 카스트의 배제나 인종적 배제, 성 관계 내의 가부장제, 대인 관계의 낙인찍기와 관련이 있는 쟁점이 여기에 들어간다.

인간개발과 지구적 불평등

테르보른의 연구에서 발견되는 지구적 불평등에 대한 더욱 폭넓은 접근은 두 종류의 앞선 연구에 근거한다. 하나는 센과 누스바움이 수행한 인간 역량에 관한 사회철학적 연구다. 다른 하나는 인간개발을 경제성장과 구별된다는 개념을 중심으로 유엔과 여타 세계 단체에서 수행한 보다 정책 지향적인 연구다. 앞서 제시한 바와 같이 유엔개발계획은 단지 소득 불평등에만 머무르지 않고, 불평등의 이해를 확대하고 인간복지의 확대 전망을 향해 얼마나 많은 진전을 이룩했는지를 밝혀내기 위해 인간개발 지수를 개발했다. 인간개발지수는 세 가지 차원 — 건강과 생활수준, 교육 — 으로 구성된다. 이들 차원에 대한 데이터는 건강 기대수명, 교육의 평균 학습 연한, 생활수준을 위한 국민총소득 등 수많은 지수를 사용해 수집한다. 이러한 데이터는 주로 각국을 대상으로 구성되며, 따라서 이 지수를 고안한 의도는 주로 국가 간 사회적 불평등을 고찰하는 것이다.

더 폭넓은 이 접근이 소득 불평등에만 국한되지 않는 불평등의 이해에 얼마나 많은 영향을 미치는지를 보여주는 것은 표면적으로는 단순해 보인다. 따라서 국가들의 1인당 국민소득 개요는 유사할 수 있으며, 이러한 측면에서 뉴질랜드와 바하마의 수준은 비슷하다. 하지만 기대수명과 교육 기록은 국가별로 분명히 차이가 난다. 소득은 그 자체만으로는 불평등의 더 폭넓은 쟁점에 대해 잘못 안내할 소지가 있는 지침일 수 있다(UNDP, 2012a). 그럼에도 소득 불평등이 낮은 기대수명과 교육적 불이익에서 어느 정도까지 가장 결정적인 요인인지, 여타의 기여 요인을 어느 정도까지 고려해야 하는지에 대해 광범위한 논란이 여전히 남아 있다. (이에 대해서는 190~221쪽까지의 논의를 또한 참조하라.)

인간개발과 역량 증진에 관한 담론은 인권에 대한 이전의 담론에 근거한다. 이러한 담론 가운데 가장 두드러지는 것은 1948년 유엔의 세계인권선언이다. 이 선언은 사람의 존엄과 생명, 자유, 안전의 권리에 대해 말했다. 이러한 권리가 실존 불평등을 극복하는 개념의 핵심에 있다. 이 선언은 정치적 권리와 경제적 권리, 문화적 권리의 범위를 분명히 밝혔으며, 이러한 권리는 1948년 이후 지금까지 더욱더 확대되어 사형제 폐지와 여성에 대한 폭력이 여성 인권유린이라는 개념을 포함한다(Walby, 2009: 345). 인간개발에 대한 더 최근의 접근은 경제적 문제에 더 분명한 관심을 보여주며, 가장 두드러지는 사회적 불평등을 완화하기 위한 더 구체적인 책략을 장려해왔다.

인간개발에 대한 더 방대한 이 접근은 새천년개발목표에 영향을 미친다. 유엔을 대표해 유엔개발계획이 1990년부터 계속 개발한 이 목표는 인간의 평안을 개선하려는 구체적인 목표를 포함한다. 이 목표에서는 다양한 차원의 불평등 완화가 매우 중요한 요소다. 이러한 목적을 설정하는 데 바탕이 되는 핵심 영역 여덟 가지가 있다. 즉, 빈곤과 기아의 종식, 보편적 교육, 젠더 불평등의 완화, 더 나은 아동 건강, 모성보건 향상, 후천성면역결핍 바이러스/증후군HIV/AIDS 퇴치, 환경 지속 가능성, 치리라는 문제에서 개발도상국과 세계의 나머지 국가 사이의 지구적인 개발 협력 관계 증진이다. 유엔개발계획은 불평등 자체보다 빈곤을 더 중요한 목표라고 언급해왔다. 그렇지만 성惟과 건강에 관한 목적 같은 일부 목적은 부분적으로 불평등 지수를 통해 측정된다. 또한 인간개발지수보다 새천년 개발목표가 환경 지속 가능성의 쟁점에 더 높은 비중을 둔다.

우선 인간개발지수를 살펴보면, 이 3차원의 증거 기반은 사용된 다른 척도에 대한 동향 수치는 물론 서로 다른 이 지수들을 끌어 모은 총계 지수를 포함한다. 이 증거 기반은 개별 국가에 대해 이용 가능하며, 시간의 흐름상에서 합성 빈곤 지수와 젠더 불평등 지수에 대해 정보를 보충한다. 유엔개발계획의 인간개발지수는 이러한 데이터를 검토해, 이러한 지수에서 반드시 다루지는 않는 더 방대한 주제들에 대한 더 폭넓은 조사 결과를 내어놓고, 국가 서열의 변화를 제시한다. 예컨대 2011년 보고서에서 선택한 주제는 '지속 가능성과 공평성'이었고, 2013년 보고서에서 선택한 주제는 '남반구의 부상: 다양한 세상 속의 인류 진전'이었다.

2011년 보고서에 따르면, 인간개발지수에서 앞선 나라는 노르웨이와 오스트레일리아, 네덜란드였고 콩고민주공화국과 니제르, 부룬디와 같은 사하라사막 이남 아프리카 국가들은 이 지수의 밑바닥에 있었다(UNDP, 2012). 사실상 이 지수의 밑바닥에 있는 10개국은 모두 사하라사막 이남 아프리카에 있는 국가들이었다. 흥미롭게도 이 지수에서 더 부유한 일부 국가의 위치는 내부 불평등의 증가로부터 악영향을 받았다. 예컨대 이는 미국의 경우에도 사실이었다.

최근 보고서의 폭넓은 동향 조사 결과는 기대수명과 교육의 향상이 반드시 소득 동향과 조화를 이루지는 않는다는 점을 암시한다. 비록 부유한 국가들과 많은 가난한 국가들 사이의 격차가 교육과 건강의 측면에서 다소 줄어들어왔지만, 많은 가난한 국가 내에서는 소득 격차가 줄어들지 않았다. 이것은 앞 장에서 논의한 수많은 소득 불평등 분석과 일치한다. 앞 장의 논의에서는 긍정적인 '중국/인도' 효과가 엄청나게 수많은 사람에게 서는 국가 간 불평등을 완화하지만, 사하라사막 이남 아프리카의 많은 지역과 아시아의 여러 지역의 훨씬 더 작은 국가들에서는 소득 불평등이 점점 증가하고 있다. 더 방대한 수준에서는 교육과 건강, (일부 국가의 경우에) 소득의 향상을 일부 환경 지수의 악화와 비교해보아야 한다. 이러한 환경 지수에는 토질과 수질, 숲 초목의 범위, 이산화탄소 배출의 규모와 비율이 포함된다(UNDP, 2012c).

이 지수에서 개선과 낙관론의 요소는 젠더 평등을 고려하면 다소 희미해진다. 젠더 평등 지수에서는 생식 건강과 학교교육 연한, 의원 대의제에서 스칸디나비아와 여타 서유럽 국가들이 최상위에 있는 반면 예멘이나 아프가니스탄 같은 중동/서아시아 국가들과 차드, 니제르, 말리 같은 아프리카 국가들이 최하위를 차지한다. 예멘에서는 남성의 24퍼센트에 비해 여성의 단 7퍼센트만이 중등 교육을 받는다. 한편 남아시아의 많은 지역에서는 교육과 노동력 참여에서 방대한 젠더 격차가 여전히 그대로 남아 있다(UNDP, 2012b).

이 장의 뒷부분에서는 건강이나 성, 사회참여와 같은 사회적 불평등 지수의 방대한 집합에 관심을 돌려본다. 우선은 인간개발지수와 이와 관련된 불평등 척도에 대해 일반적인 논평을 해야 한다.

인간개발지수는 단지 소득 하나보다는 인간개발(과 확대하자면 불평등)에 대한 더 폭넓은 측정으로 환영받지만 일련의 이유로 비판을 받아왔다. [이에 대해서는 HDR 통계학자의 Kovacevic(2011)를 보라.] 어떤 학자들은 선택된 지수와 폭넓은 인간개발 개념 사이의 적합성을 다룬다. 하나의 문제는 이 지수가 (학교 등록 같은) 투입 측정과 (문해력 같은) 산출 측정을 섞는다는 것이다. 여기에서 비판을 받는 것은 산출 측정이 인간개발의 전제조건보다는 오히려 수행을 지칭하기 때문에 발달의 더 나은 지수라는 것이다. 따라서 이 지수는 투입이 산출로 전환되는 효율성을 평가할 때, 더 인간적인 용어로 말하자면 최초의 입학생들이 어느 정도까지 교육체계에 그대로 남아 교육적 목적을 달성하는지를 평가할 때 약하다(Ryten, 2000). 다른 학자들은 발달의 양적 측면을 경시한다는 이유로 이 지수를 비판한다. 이 측면은 문해성 같은 쟁점에 적용된다. 이러한 쟁점은 산수 능력이나 정보 해독성을 비롯한 방대한 범위의 인지적 성과와 관련이 있을 수 있다. 유사한 양적 쟁점은 역량을 발휘할 수 있는 범위를 비롯한 건강 평가에 적용된다. 이 쟁점은 뒤에서 다시 살펴본다.

　인간개발지수의 또 다른 문제점은 흔히 국가 내 불평등을 무시해왔다는 것이다. 최근에 이러한 무시는 인구의 20퍼센트 무리 ― 예컨대 상위 20퍼센트나 하위 20퍼센트 ― 에 근거해 국가 내 소득 불평등의 정보를 포함하는 방식으로 다루어졌다. 이러한 추가적인 데이터 덕분에 여러 국가 내에서 다양한 소득 집단과 인간개발지수를 비교할 수 있다. 따라서 예컨대 국가적 측면에서 소득 서열이 중간에 위치한 국가에서 상위 20퍼센트의 소득자들은 가장 부유한 국가에서 도달하는 인간개발지수 수준의 더 높은 극을 차지한다. 다시 한 번 이 서열은 기대수명과 교육 참여의 불평등이 소득 불평등보다 더 적다는 것과 일치한다. 마이클 그림 등(Grimm et al., 2009)은 이 강화된 인간개발지수 정보를 보충하며, 자신들의 데이터로 국가들의 더 방대한 범위에서 소득 집단에 대한 인간개발지수 수준을 계산하고 '불평등에 따라 조정된 인간개발지수' ─ 더 정확히 말하면 국가 내 불평등에 따라 조정된 인간개발지수 ─ 를 산출한다. 이 연구는 다시 후천성면역결핍 바이러스/증후군 지역 밖에 있는 대부분의 개발도상국에서는 기대수명 불평등이 다른 형태의 불평등보다 더 낮다는 점을 발견한다(Grimm et al., 2009: 14).

그렇지만 인간개발지수에는 추가적인 여러 기술적 문제가 있다. 하나의 문제는 세 가지 다른 발달 차원 사이에 있는 높은 정도의 상관관계다. 어떤 지수의 성분들이 서로 아주 높은 상관관계를 지니고 있을 때, 그 어떤 지수가 우리의 이해를 높여주는지는 명확하지 않다. 그러한 환경에서는 한 핵심 지수가 나머지 지수들의 대체물 역할을 할 것이다. 예컨대 또다른 비판자들은 단지 기대수명만을 보아도 전체 지수와 아주 유사한 결과가 나온다고 주장한다(Vanova, Arcelus and Srinivasan, 1999). 이와는 대조적으로 밀로라드 코바세비치Milorad Kovacevic는 상이한 측정 사이에 있는 높은 정도의 상관관계가 국가별 위계 서열의 모든 수준에 적용되지는 않으며 중하위 수준에서는 약화된다고 주장한다.

월비(Walby, 2009: 354-355)는 인간개발지수와 새천년개발목표 사이의 초점 확대에 주목한다. 그렇지만 그녀는 성적 권리나 생식 권리를 비롯한 인권 지수 내에 거의 아무런 정보가 없다고 주장한다. 또한 폭력에 대한 지수도 전혀 없는데, 월비는 폭력을 권력과 불평등의 네 차원 가운데 하나로 간주한다. 폭력에 대한 이러한 무시는 사회적으로 젠더 불평등을 제한적인 정도로만 측정해왔다는 사실을 반영하지만, 젠더 불평등은 사회 이론과 사회정책 형성에서 더 방대한 의의를 지닌다. 여기에서 폭력은 사회 진보와 평등 확대의 전망과 관련이 있지만 경시되거나 무시된다. 예컨대 인권에 대해 생각할 때 널리 인정받는 것은 개인과 주민에 대한 국가의 과도한 폭력뿐이다. 여성에 대한 폭력도 점점 더 많은 관심을 받아왔지 만, 폭력 전반이 불평등 지표나 인간개발 지표에 어떻게 포함될 수도 있 는지에 대해서는 거의 생각하지 않았다. 월비는 폭력 및 인간개발 관련 데이터에 살인율과 어떤 인구 집단 내의 투옥 규모, 부부간 강간을 금지 하는 법과 같은 조치로 여성 대상 폭력을 법적으로 규제하는 시점이 들어 간다고 제안한다.

인간개발을 더 폭넓게 측정하는 문제는 사회적 불평등에 영향을 미치 는 방대한 범위의 쟁점을 이해하는 것과 많은 관련이 있다. 이러한 문제 는 인간개발의 측정을 개선하는 방식은 물론이고 현재 통용되는 지수들 이 여러 심각한 불평등 ─『적절한 균형』에서 분석한 불평등 같은 ─ 의 경험 을 포괄할 수 있는 역량의 제한을 가리킨다. 이제는 관심을 돌려 기대수 명과 건강, 성, 인종을 비롯한 사회적 불평등의 수많은 차원을 추가적인 통계적 데이터를 통해 살펴본다. 여기에서 기저에 깔린 분석적인 문제 ─ 이 책의 앞부분에서 제기했던 ─ 는 두 가지다. 더 폭넓은 이러한 영역 내의 불평등은 어느 정도까지 주로 소득의 결과인가? 다른 요인은 얼마나 작 용하고 있는가?

기대수명과 건강

기대수명은 인간개발지수에 사회적 불평등의 주요한 지표로 포함된다. 풍족한 삶을 누릴 수 있다는 것에는 장수長壽의 개념이 들어간다. 유엔 통계에 따르면, 전 세계인의 출생 시 기대수명은 1960년의 약 60년에서 2010년의 약 70년으로 전체적으로 늘어났다. 하지만 나라별로 거대한 격차는 여전히 남아 있어서, 서유럽과 북아메리카의 가장 부유한 나라는 2010년 출생 시 기대수명이 약 80년에 달한 반면 사하라사막 이남 아프리카의 많은 지역이나 아프가니스탄과 같은 아시아 국가는 약 48~49년의 수치에 머물렀다(〈표 5.2〉). 그렇지만 여기에는 상당한 정도의 복잡성이 있다. 중국이나 인도, 러시아, 브라질과 같은 경제적으로 더 역동적인 개발도상국이 각각 73년, 65년, 69년, 73년의 기대수명을 지니고 있기 때문이다. 이 수치는 양극단의 사이에 놓여 있다(World Bank, 2013a). 이러한 개선은 심지어 내부의 소득 불평등이 엄청난 국가들에서도 나타났다. 따라서 지금까지 소득보다는 기대수명에서 국가들 사이에 더 많은 수렴이 있

표 5.2 —— 2010년의 출생 시 기대수명(선별 사례)(년)

세계 전체	70
사하라사막 이남 아프리카	48~49
인도	65
중국	73
서유럽·북아메리카	80

자료: World Bank(2013a).

었다. 그럼에도 빈곤과 저소득은 사망을 초래하는 주요한 요인으로 남아 있으며, 고소득은 그 자체만으로는 건강 위험과 조기 사망을 차단하는 어떤 보호 장치도 아니다.

부유한 국가와 가난한 국가 사이의 기대수명 증진에 작용하는 상이한 연령 관련 패턴이 있다는 점도 강조해야 한다. 최근에 부유한 국가에서 기대수명이 계속 늘어나는 이유는 거의 대부분 50대 이상의 기대수명 연장인 반면, 가난한 국가에서는 젊은이들의 기대수명 연장이 훨씬 더 많다. 일반적인 수렴 비율은 이러한 연령별 추세를 다루지 않으며, 따라서 인구의 모든 부문에서 부자와 빈자의 기대수명 격차가 줄어들고 있다는 잘못된 그림이 나올 수도 있다(Deaton, 2006: 12).

그렇지만 기대수명은 건강이나 평안과 관련이 있는 수많은 중요한 척도의 하나일 뿐이다. 사망률 통계는 사람들이 삶의 상당한 기간에 신체적·정신적 건강 상태의 악화로 어느 정도 고통을 겪는지를 결정하는 질병 수준이나 장애 수준과 결합해야 한다. 이 건강 상태는 조기 사망과도 관련이 있고, 또한 가치 있는 활동에 참여할 수 있는 인간 역량의 손상과도 관련이 있을 수 있다. 따라서 장애는 불평등의 아주 중요한 요소다.

2009년 세계보건기구의 보고서는 세계의 건강 위험에 대해 건강 위험의 복잡하고 다양한 근원뿐만 아니라 건강 불평등의 지속을 강조했다. 사망률 측면에서는 가장 중요한 인자 여섯 가지에 고혈압과 흡연, 고혈당, 운동 부족, 과체중, 비만이 들어간다. 이로 인해 심장질환과 당뇨병, 암 발병의 위험이 증가했으며, 이것은 모든 소득 집단에 적용된다. 질병 부담의 측면에서는 (장애의 영향을 받는 삶의 연한으로 측정한) 가장 두드러진

이 종류의 손상을 측정하는 한 방식은 1990년 무렵 세계은행을 위해 개발한 척도로, 장애의 영향을 받는 삶의 연한을 계산하는 것이다. 이 개념은 조기 사망으로 상실된 삶의 연한과 질병이나 장애로 상실된 건강한 삶의 연한을 결합한다(World Health Organization, 2009: v). 장애의 영향을 받는 삶의 연한을 계산할 때는 질병의 심각성 정도도 고려한다. 이 방식의 의의는 이 방식이 전 세계의 질병 부담에 대한 측정을 개선한다는 것이다.

네 가지 위험 요인은 저체중, 안전하지 않은 성생활, 음주, 안전하지 않은 물과 건강관리와 건강관념이었다. 이 위험요인들은 불균형적으로 동남 아시아와 사하라사막 이남 아프리카에 집중되어 있다. 음주를 건강 위험 요인으로 인식하는 것은 더 복잡하다. 바로 아프리카의 남성 등과 남북아메리카의 중간 소득 집단, 일부 고소득 국가에서 음주율이 가장 높기 때문이다.

여러 구체적인 건강 위험 요인을 분석적 목적으로 구별할 수 있지만, 이러한 요인은 분명히 상호 작용하고 복합적인 방식으로 결합해 불평등에 영향을 미친다. 이것은 환경적 위험 요인으로, 특히 기후변화의 영향을 통해 예증할 수 있다. 이 영향에는 가뭄이나 홍수와 같은 극한 사건과 감염성 질병의 변화 패턴, 식량 수확량과 담수에 미치는 영향, 주거지에서 밀려나는 취약한 주민들(예컨대 저지대 주민들)의 이주, 생계 손실이 들어간다(McMichael et al., 2008). 이러한 영향은 여러 나라와 여러 지역에서 불평등하다고 느낀다. 예컨대 사하라사막 이남 아프리카에서는 1억 1천만 명의 사람들이 말라리아 취약 지대에서 사는 것으로 추정되며, 이 수치는

『가난한 사람들의 포트폴리오』에서 조사한 방글라데시의 한 인력거꾼 사례가 바로 위험과 위기의 상호작용에 대한 개인적 서사다. 이 서사는 건강 문제가 얼마나 쉽게 재정적 문제가 되는지 보여준다. 인력거 세 대를 보유한 이 인력거꾼은 목에 통증이 생기자 의학적인 치료 방법을 모색했다. 그는 치료를 받기 위해 인력거를 차례로 팔다가 빈털터리가 되었고, 계속 되는 치료비를 감당하지 못해 빚까지 지게 되었다. 결국 인후암으로 죽음에 이른 인력거꾼 은 가족에게 어떤 소득이나 처분 가능한 비축 자산을 남기지 않았으며 오히려 상당한 빚만 남겨 놓았다. 가난한 사람들에게는 건강 위험과 재정 위험이 때때로 이렇게 아주 파괴적인 방식으로 상호 작용한다(Collins et al., 2009: 86~87).

기후변화가 빈곤을 심화하면서 미생물 패턴과 식량 공급에 미치는 영향 과 함께 증가할 수 있다. 이러한 예측은 정확하다고 판명날 수도 있고 그 렇지 않을 수도 있다. 여기에서 중요한 핵심은 건강의 패턴이 사회적·자 연적 과정의 역동이지만 위기에 취약한 집합의 일부라는 점이다.

아동에게 발생하는 예방 가능한 사망률 역시 건강 불평등의 중요한 지 표다. 2004년에 세계보건기구는 전 세계에서 천만 명이 넘는 아동이 사 망했다고 추산했다. 이들의 약 80퍼센트는 사하라사막 이남 아프리카와 동남아시아에 있는 아동이었다. 말라리아로 인해 사망하는 세계 아동 가 운데 10명의 9명은 아프리카의 아동이며, 또한 후천성면역결핍 바이러스 /증후군으로 사망하는 세계 아동 가운데 10명의 9명 역시 아프리카의 아 동이다. 그리고 설사 관련 질병과 폐렴으로 인한 사망자의 약 절반이 아 프리카의 아동이다(WHO, 2009: 8). 이러한 모든 아동 사망의 약 40퍼센트가 영양결핍이나 저체중, 최적 상태에 미치지 못하는 모유 수유와 같은 예방 가능한 원인과 예방 가능한 환경적 위험 요인에서 비롯된다는 보고가 있다. 그리고 사망을 초래하는 근인 목록 이면에는 적절한 공공보건 자원에의 접근 결여와 식량 불안, 빈곤, 정치적 방치와 같은 추가적인 영향이 놓여 있다.

그럼에도 5세 이하 아동의 사망을 방지하려는 활동은 약간의 성과가 있어서, 사망 아동의 수가 1970년의 1억 6600만 명에서 1990년의 1200만 명, 2010년의 760만 명으로 감소했다(UNICEF, 2012: 83). 이 시기는 바로 세계 인구가 급속히 증가한 때다. 그렇지만 5세 이하 아동의 사망률에는 엄청난 불평등이 그대로 남아 있다. 왜냐하면 사하라사막 이남 아프리카의 사망 아동 수는 여전히 높지만, 그 밖의 지역 ─ 특히 아시아와 아프리카 ─ 에서는 그 수가 엄청나게 떨어졌기 때문이다. 사망 비比로 포착되는 빈부 간 대조는 특히 효과적이다. 2010년에 5세 이하 아동 사망은 사하라사막 이남 아프리카의 대부분 지역과 아이티, 아프가니스탄에서 신생아 1천 명당 125명을 초과하는 수치를 기록했고, 유럽과 북아메리카, 일본에서는 신생아 1천 명당 3~5명으로 감소했다. 그렇지만 만약 생명을 구한 신생아의 절대 수를 살펴본다면, 이 중에서 훨씬 더 많은 신생아가 유럽보다 사하라사막 이남 아프리카에 있다. 이는 단지 건강 위해 요소의 규모가 사하라사막 이남 아프리카 지역이 훨씬 더 크기 때문이다.

산모 사망률은 비슷한 모습을 보여준다. 따라서 1990년과 2010년 사이에 산모 사망률이 전 세계에서 분만 10만 회당 400명에서 210명으로 47퍼센트 감소했다. 그럼에도 불구하고 높은 수준의 신생아 사망률은 여전히 분만 10만 회당 평균 240명으로, 가난한 나라에 집중되어 있고, 이는 선진국의 신생아 사망률보다 15배 높다(WHO, 2012: 2). 임신 관련 합병증이 연간 50만 명 이상의 여성의 목숨을 앗아가고, 이 사고의 99퍼센트는 개발도상국에서 일어난다(Lvein & the What Works Working Group, 2007: 41). 그렇지만 스리랑카 같은 예외도 있다. 스리랑카에서는 2000년까지 지난 40년에 걸쳐 산모 사망률이 신생아 출산 10만 회당 약 500명 이상에서 약 60명으로 감소했다(Lvein & the What Works Working Group, 2007: 41). 전반적으로 살펴볼 때, 전 세계적으로 더 가난한 여성이 더 높은 소득의 여성보다 훨씬 더 높은 수준의 출산을 계속하며, 이것은 여성의 건강상 위험을 높인다(Oritz & Cummins, 2011: 22).

지구적인 건강 불평등을 하나하나 일반적으로 살펴보면, 건강 불평등이 어느 정도까지 소득 불평등 때문인지와 어느 정도까지 다른 영향 때문인지에 대한 논란이 계속된다.

사무엘 프레스턴(Preston, 1975)은 많이 인용되는 한 분석에서 엄청난 정도의 나쁜 건강을 저소득으로 설명할 수 있다고 주장했다. 이 주장은 공공건강 척도와 대조적으로 소득 수준이 가난한 국가의 기대수명 향상에 거의 또는 전혀 기여를 하지 못했다고 생각하는 당시(1970년대 중반)의 학자들에게 도전하려는 의도였다. 그럼에도 프레스턴은 소득과 다양한 건강 수준 사이에 강한 상관관계가 있음을 발견했으며, 더 나중의 분석에서 이 입장을 강화하고 확대했다. "더 부유함이 더 건강함"이라는 생각이 이 연구의 많은 것을 요약한다(Pritchett & Summers, 1986). 대중적인 담론에서나 전문적인 담론에서 세계의 건강 문제가 빈곤의 문제라고 널리 믿는다는 것은 분명하다.

1990년대 후반에 세계보건기구는 1952~1992년 사이에 세계에서 이룩한 건강 증진의 절반 이하는 소득 신장을 통해 설명할 수 있다고 추정했다. 앵거스 디턴(Deaton, 2006)은 저소득과 건강 문제의 상관관계가 유지되어 왔다는 점에 주목하면서 건강 결과 ― 좋은 건강과 나쁜 건강의 패턴에 대한 증거 ― 를 결정할 때 더 커다란 복잡성을 인식할 필요성도 인정한다. 무엇보다도 저소득이지만 가난한 나라에 대한 전형적인 결과보다 더 나은 건강 결과를 보여주는 여러 국가나 지역이 있다. 디턴은 쿠바와 스리랑카, 코스타리카, 케랄라를 언급한다. 마이클 마멋(Marmot, 2005)은 이 목록에 중국을 더한다. 이러한 사례는 정책이나 전문적인 개입과 함께 더 방대한 건강 결정 요인 역시 중요하다는 것을 암시한다.

이에 더해 사회학자들은 가난한 나라의 건강 결정 요인에 더 심오한 정치적 차원을 더했다. 이것은 바로 재정 역량의 관점에서 측정하든 법치 기제의 측면에서 측정하든 국가 역량이다. 예컨대 앤드류 도슨(Dawson, 2010)은 국가가 약해 시장과 시민사회를 보호할 수 없는 경우에 효율적인 공공보건 프로그램에 대한 강력한 장애물이 있다고 주장한다. 이 주장은 더 높은 수준의 부패와 금융기관의 허약함이나 5세 미만 아동 사망률 악화의 상관관계를 통해 통계적으로 입증된다.

공중보건 문헌과 일부 사회학 문헌에서 이렇게 더 방대하게 초점을 맞추고 있지만, 경제학자들은 여전히 소득과 빈곤을 가장 강조한다. 이것은 더 살펴볼 필요가 있다. 2장에서 살펴본 바와 같이, 자유주의 경제학자들은 경제성장이 소득을 높이고 불평등을 줄일 것이며, 결국에는 애초에 가난했던 나라와 부유한 나라가 비슷해질 것이라고 가정한다. 이와 대조적으로 디턴은 경제성장과 건강 증진이 자동적으로 연결되지 않는다고 주장한다. 이 둘 사이의 연결은 강한 상관관계보다 오히려 복합적인 관계다. 첫째, 일부 국가에서는 경제성장의 경험이 거의 없거나 전혀 없지만 기대수명이 늘어났다. 예컨대 1950년대부터 1990년까지의 사하라사막 이남 아프리카를 보라. 디턴은 이것이 더 높은 수준의 면역 강화나 더 깨끗한 물 같은 처리 때문이라고 본다. 둘째, 부유한 국가는 최근에도 건강 증진이 지속되고 있지만 최근 몇 십 년 동안 경제성장률이 하락했다.

셋째, 세계보건기구는 국가가 가난한 이유는 병들어 있어서 성장이 방해받기 때문이라는 주장을 펼친다. 언뜻 보기에 이 입장은 그럴듯하게 들리지만, 질병이 성장을 저해한다는 의심스러운 가정 — 이에 대한 증거는 거의 없지만 — 에 의존한다. 만일 질병으로 인해 노동력 공급이 체계적으로 줄어들거나 교육개혁과 기술 습득의 영향이 저해받지 않는다면, 이 연결은 의심스러워 보인다. 질병 수준이 상당함에도 불구하고 최근 인도 같은 국가의 경제성장은 심지어 건강 불량이 초래하는 개인적인 비극의 한 가운데에서도 이 주장을 뒷받침한다. 드레제와 센(Drèze & Sen, 2002)은 인도와 중국에서 성장률과 아동 사망률 감소가 부적負的, negatively 상관관계를 지닌다는 사실을 발견했다. 이 증거를 바탕으로 가난한 국가의 질병률 감소가 경제성장에 기여한다고 생각할 어떤 이유도 없다.

마멋(Marmot, 2005) 역시 빈곤과 건강 불평등의 관계를 지나치게 단순화해 설명하지 말라고 경고한다. 따라서 "감염성 질환에 의한 아동의 사망과 비교해 성인의 만성질환에 의한 사망과 횡사를 고려할 때, 빈곤이 취하는 형태와 건강에 미치는 결과는 아주 다르다"(Marmot, 2005: 1101~1102). 여기에서는 비전염성 질환으로 인한 건강 불평등과 전염성 질환으로 인한 불평등에 비교되는 대인 간 폭력을 대조한다. 그러한 복잡성 때문에 건강의 사회적·정치적 결정 요인에 대해 어떤 단일한 일반 원인으로 제시하는 해명보다 훨씬 더 풍부한 해명이 필요하다. 이는 이 일반적인 접근이 소득과 빈곤에 초점을 맞추든 더 방대한 사회적 결정 요인에 대한 너무 편협한 관심으로부터 나오든 적용된다.

마멋(Marmot, 2005)이 보기에 빈곤과 불평등의 다양한 패턴의 도전적인 실례는 호주 원주민들과 토레스 해협 섬사람들의 건강 개요다. 감염성 질환으로 인한 허약한 건강 상태의 아프리카 패턴과 달리, 이곳의 압도적인 패턴은 유아 사망률은 낮은 수준이지만 성인 사망률은 높은 수준이다. 이곳의 높은 성인 사망률은 심장질환과 암, 내분비계 질환, 영양 관련 질환, 당뇨병 같은 신진대사 질환, 그리고 심각한 수준의 대인 간 폭력에 기인한다. 그들의 공동체에 들어가서 그들의 흡연과 비만, 과도한 음주가 그들을 죽이고 있다고 주장하는 일이 거의 도움이 되지 않을 것이라고 추정하기 때문에, 마멋은 더 유용한 논증방식이 해로운 행위의 이면에 있는 원인을 탐구할 수 있다고 본다. 이것은 경제적 과정에 못지않게 사회적·문화적 과정을 더 복합적으로 해명해야 하는 탐구다.

건강을 결정하는 사회적 요인에 대해 생각하는 더 나은 방법과 구체적인 건강 불평등에 대한 더 심층적인 분석은 진행 중이다. 분명히 생명 유지 불평등은 지구적 불평등의 중대한 부분이며, 개선 과정과 건강 지위 향상에 대한 두드러진 장애물 사이에서 유지되는 복잡한 균형이 있다. 소득 불평등만으로는 건강 불평등을 해명할 수 없다는 것도 분명하다. 성장에 초점을 맞춘 시장 기반 해결책은 충분하지 않으며, 부적절할 수도 있다. 중요한 것은 공적인 건강 프로그램이다. 이러한 프로그램은 구체적인 정책에 못지않게 국가의 근본적인 역량에 의존한다. 국가 역량과 구체적 정책의 중요성은 바로 다음 몇 장에서 더 깊이 탐구할 사항이다. 정치경제학과 사회학 모두 건강을 결정하는 더 폭넓은 사회적 요인을 인식하고 이러한 요인이 소득 패턴과 맺는 상호작용을 인식하는 데 기여한다.

이제는 관심을 돌려 자유와 존경이라는 주제를 중심으로 실존 불평등을 살펴보자.

실존 불평등: 성gender, 인종race, 민족성ethnicity

인간복지는 개인과 가정, 국가가 이용할 수 있는 소득의 구매력 ― 경제통계로 측정 가능한 ― 에 국한되지 않는다. 몸의 건강은 정말로 중요하다. 하지만 이 자체는 인간을 긍정적으로나 부정적으로 평가하는 방식과 관련이 있고, 또한 어떻게 그러한 평가들이 쌓여서 사람들에게 선택하거나 선호하는 삶을 살아가기 위해 자원과 기회에 접근할 권리가 되는지와 관련이 있는 더 폭넓은 쟁점과 분리할 수 없다. 많은 다른 종류의 제약이 삶의 경험과 삶의 기회를 구조화하지만, 자유와 존경의 조건 ― 이것이 쌓여서 사회적 관계와 제도가 되는 ― 역시 그렇게 한다. 사회적 불평등의 더 넓은 측면을 이해하는 이러한 방식은 20세기 후반에 테일러Taylor나 하버마스Habermas, 센, 누스바움과 같은 저술가들이 강조해왔다. 자유와 평안에 대한 모든 개념이 그랬던 것처럼 이러한 방식도 사회적 경험과 갈등, 사회 변화와 재건 운동으로부터 출현한다.

실존 불평등의 가장 중요한 차원 가운데 하나는 성의 차원이다. 이 차원은 남성과 여성의 관계를 지칭하며, 이 관계에서 남성(이나 여성)이 어떤 고귀한 자원이나 평안 측면, 귀중한 사회적 역할의 불균형한 몫을 차지한다. 지구적 불평등의 성 차원은 경제적·사회적 참여와 권력기관, 폭력 체제뿐만 아니라 소득과 부, 건강, 문해성에 걸쳐 분명하다. 총괄적으로 이 불평등 집합은 흔히 지구적인 젠더 격차라고 기술된다. 이러한 영역의 대부분에서 더 나은 위치에 있는 사람은 남성이고, 불평등을 경험하는 사람은 여성이다. 그렇지만 기대수명이나 교육적 성취의 일부 측면과 같은 몇몇 영역에서는 이점을 지닌 사람들은 여성이며, 따라서 더 큰 젠더 평등은 남성이 여성과의 격차를 좁히는 것을 의미한다.

그러면 젠더 불평등은 이 모든 영역에서 동일하지 않다. 심지어는 남성이 유리한 위치에 있는 다수의 영역에서조차도 그러하다. 또한 젠더 불평등은 정적인 것이 아니라, 시간의 흐름상에서 상당히 중요한 측면에서 변해왔다. 분명히 여성들을 획일적인 일련의 불평등한 사회적 관행의 희생자로 간주해서는 안 된다. 여성들의 현재 지위에는 개선된 요소들이 있으며, 여성 자신들이 이러한 요소를 이끌어내기 위해 지금까지 변화의 능동적인 주체로서 많은 것을 실천해왔기 때문이다.

여성의 불평등을 해명하는 데 사용되는 지표들의 종류는 〈표 5.3〉과 같이 항목으로 나열할 수 있다.

또한 지표들이 남성보다 여성의 유리함을 암시하는 두 영역이 있다.

표 5.3 ── 여성에게 영향을 미칠 수 있는 젠더 불평등의 지표들

- 유사한 일에 대한 남성 임금과 여성 임금의 격차
- 남성과 여성의 임금노동 참여율 격차
- 가장 높은 임금을 받고 가장 영향력 있는 직업에 대한 여성의 접근을 제한하는 유리 천장
- 남성과 여성의 정치단체 참여율 격차
- 남성과 여성의 문해력 비율 격차
- 학교에 등록하는 남성과 여성의 격차
- 출산을 조절하고 이혼을 결정할 여성 권리의 미인정
- 성인이든 아동이든 대인 간 폭력에서 여성이 피해를 입을 가능성이 더 높음
- 공공 정책 내 성 초점의 결여

하나는 기대수명이고, 다른 하나는 중등교육 수준과 대학교육 수준에서 거둔 교육적 성취다.

전부는 아니라 하더라도 이러한 지표의 대부분은 양화할 수 있다. 하지만 폭력 피해에 대한 취약성과 가정 내 예속을 측정하는 일은 지극히 어렵다. 심지어 여성 매매나 여성 태아 낙태 같은 특정한 폭력적 관행을 금지하는 공식적인 법률이 존재하는 경우에도 그러하다. 그럼에도 여성 태아를 낙태하는 나라에서 드러나는 남성 아동과 여성 아동의 편향적 분포에서처럼, 공식적인 법률이 존재하든 그렇지 않든 간접적인 측정이 유익할 수 있다(Guilmoto, 2012). 성 살인gendercide이라고 알려진 이 관행은 인도와 중국에서만 드러나는 것이 아니다. 유엔인구기금UNFPA에 따르면 발칸반도 국가에서도 이 관행은 분명히 존재한다(Guilmoto, 2012: 20). 지금부터는 이러한 한계에 있는 목록(〈표 5.3〉)의 개별 항목을 살펴보고, 이 항목들의

상호 연결 가능성을 살펴본다.

경제적 불평등으로 논의를 시작해보면, 젠더 불평등의 수많은 현저한 특성이 있다. 첫째, 경제활동을 하는 여성들은 소득 불평등을 겪는다. 이 불평등은 전반적인 남성과 여성의 소득 수준 격차에 반영되어 있으며, 습득 기술의 차이를 검토할 때도 드러난다. 우리는 전 세계 남성과 여성의 소득에 대한 체계적인 데이터를 가지고 있지 않다. 따라서 분석가들은 증거 자료를 확보할 수 있는 국가에 의존하는데, 이러한 국가의 대부분은 선진국이다. 2006년 유럽연합과 미국의 경우에 남성과 여성의 소득 수준 격차는 7~22퍼센트에 이르며, 덴마크와 핀란드가 가장 낮고 아일랜드와 미국이 가장 높다(European Commission, 2008). 세계은행도 전 세계 제조업 분야의 성별 소득 격차에 대한 데이터를 만들었다. 2009년 이 격차는 23퍼센트였다. 이 격차는 지역적으로 다양해 동아시아와 태평양은 9퍼센트였고 중동과 북아프리카는 47퍼센트였다(World Bank, 2011b). 이 격차와 관련해 국제노동기구(ILO, 2013)는 가장 최근의 데이터를 내놓았다. 1999년에서 2007년까지의 성별 임금 격차와 2008년에서 2011년까지의 성별 임금 격차를 비교한 이 데이터에는 세계금융위기의 결과가 들어 있다. 이 데이터는 심지어 세계금융위기를 통해서 성별 임금 격차가 계속 줄어들고 있다는 점을 드러낸다.

전 세계의 임금 격차 수치는 또한 추가적인 기술적 문제 - 쌓여서 수치가 되는 - 를 안고 있다. 이 수치는 보는 사람들에게 불평등을 과소평가하도록 오도할 수 있기 때문이다. 임금 격차의 더 낮은 수치가 반드시 여성의 절대적 지위가 향상되었다는 것을 의미하지 않는다는 데 어려움이 있다. 이 어려움이 나타날 수 있는 경우는 적어도 두 가지가 있다. 먼저, 여성의 소득은 동일한데 남성의 소득이 낮아져서 임금 격차가 줄어드는 경우다. 국제노동기구 데이터는 이러한 일이 세계금융위기 동안에 일어났다는 것을 보여준다. 세계금융위기는 에스토니아 같은 나라에서 남성의 취업에 더 심한 타격을 주었다(ILO, 2013: 4-5). 시간제 일은 성별 임금 격차가 아주 낮기 때문에, 남성의 고용 조건이 조금만 악화되어도 여성이 더 풍요로워지지도 않았는데 여성과 남성의 임금 격차가 줄어들 가능성이 높다. 임금 격차 수치로 인한 어려움이 발생하는 두 번째 경우는 월비(Walby, 2009)가 논의했는데, 역사적으로 여성이 임금노동에 참여하는 비율이 낮았던 국가 ─ 예컨대 남유럽의 일부 국가 ─ 에서 임금 격차가 줄어드는 경우다. 이러한 나라에서는 여성들이 더 낮은 임금을 받는 노동 부문에서 일하는 것으로 나타나지 않았고, 따라서 상당히 높은 임금을 받는 여성들만이 남성과의 소득 비교 대상이 되었다. 이는 다시 성별 소득 격차가 정당화될 수 있는 상태보다 더 낮다는 그릇된 인상을 줄 수 있다.

월비(Walby, 2009: 333-334)는 순전히 소득에 근거한 액면 그대로의 성별 격차가 여성의 경제적 참여의 다양성을 충분히 반영하지 못하며, 더 강력한 지표를 생성하기 위해 다른 측정 기준의 보충을 받아야 한다고 주장한다. 먼저 2009년의 여성의 경제적 참여율을 살펴보자. 전 세계의 성별 임금 격차는 26퍼센트포인트이며, 지역적으로는 다양해 중동과 북아프리카의 49포인트에서 남아시아의 47포인트, 유럽의 16포인트에 이른다(World Bank, 2011b). 다시 한 번 이 모든 수치는 지난 20년 동안에 개선되었다. 숀 도리어스와 글렌 파이어보우(Dorius & Firebaugh, 2010: 1952)는 노동력 참여 내 성별 소득 불평등에 대한 지니계수를 계산했다. 이 수치는 1960년의 27퍼센트에서 2000년 무렵의 18퍼센트로 감소했다. 이러한 성별 소득 불평등 수준은 지구적 불평등 수준 전체에 비해 훨씬 더 많이 개선되었음을 나타내지만, 측정 가능한 요인만을 다루며 예컨대 남성에 비해 여성의 더 열악한 노동조건이나 더 적은 승진 기회와 같은 문제에 도달하지 않는다.

유엔개발계획의 인간개발 지수를 따라서, 월비도 근로소득의 여성 몫을 임금수준과 여성의 경제적 참여율을 결합하는 척도로 사용한다(Esping-Anderson, 2007: 224 참조). '최선진국'과 '중간 선진국'으로 간주되는 경제협력개발기구 국가들에서 근로소득의 여성 몫은 1985년에서 2005년까지 지난 20년 동안에 전체적으로 47퍼센트에서 59퍼센트로 증가했다. 동유럽을 제외한 어느 곳에서나 증가 추세는 분명하다(Esping-Anderson, 2007: 335). 그럼에도 더 고도로 개발된 국가인 스칸디나비아와 영국, 오스트레일리아 사이에서도 이 비율은 여전히 상당한 차이가 나며 이 수치는 65퍼센트에서 72퍼센트에 이른다. 이에 비해서 멕시코와 터키에서 이 수치는 35퍼센트에서 39퍼센트에 이른다.

젠더 불평등의 또 다른 한 차원은 성별 직업 차별이다. 이 차원을 조사하는 한 방법은 최고의 직업에 고위간부나 공무원으로 있는 여성의 비율을 살펴보는 것이다. 이러한 직업에서는 여성 소득 대 남성 소득의 비가 더 낮아서 미국(42%)이나 프랑스(37%) 같은 나라는 보통 30~42퍼센트의 범위에 있다. 하지만 터키(7%)와 한국(8%), 일본(10%)은 이 비율이 훨씬 더 낮다. 2001년까지의 유럽 데이터를 사용하고 경험 차이와 기술 차이를 통제한 추가적인 분석에서 여성들에 대한 유리 천장이 있음이 분명히 드러난다. 비록 이 유리 천장이 나라별로나 경제 부문별로 다양하고 스칸디나비아나 공공 부문에서는 덜 분명하지만 말이다. 이것은 차별 같은 영역이나 보육에서 성 특정적인 정책이 효과적일 수 있다는 것을 암시한다 (Arulamparam, Booth and Bryan, 2006). 그렇지만 유리 천장이 위계의 더 높은 층위에서 가장 강하다는 것이나, 공적 고용이 사적 고용보다 필연적으로 더 평등주의적이라는 것에 보편적으로 동의하는 것은 아니다. [예를 들어, 스웨덴에 대해서는 Bihgen & Ohls(2006)를 참조하라.] 기업가 활동에 유연하게 적응하려는 여성들의 소망은 또한 유리 천장의 일부 측면을 깨는 데 기여할 수 있다. [예를 들어, 나이지리아에 대해서는 Madichie(2009)를 참조하라.]

임금을 받든 가정적 합의의 일부이든 간에 여성들은 전 세계적으로 농업에서 상당한 역할을 수행한다. 이 부문에 대한 2012년 세계은행(World Bank, 2012)의 세계개발 보고서에는 여성 – 특히 아프리카 여성들 – 이 더 작은 땅덩이를 갈고, 수익성이 더 적은 작물을 경작하고, 신용거래에 접근하는 데 남성보다 훨씬 더 커다란 어려움을 겪는다는 사실이 분명히 드러나 있다. 이는 세계시장보다 오히려 가정용 채소밭을 비롯해 지역 소비를 위한 농작물을 생산하는 활동에서 여성들이 맡는 더 커다란 역할을 부분적으로 반영한다. 하지만 이는 또한 토지 소유에 대한 문화적·법률적 제한과도 연결되어 있고, 이 제한은 다시 담보물을 요구하는 금융기관에서 신용대출을 받을 기회에 악영향을 미친다(FAO, 2011).

이제 정치적 대표성과 정부에의 참여와 관련한 젠더 불평등으로 관심을 돌려보자. 여기에서 여성이 국회에 참여하는 데는 아주 높은 수준의 불평등이 있고, 이 불평등 수준은 다른 형태의 불평등보다 훨씬 더 높다.

도리어스와 파이어보우(Dorius & Firebaugh, 2010: 1952)는 이 종류의 정치적 대표성에 대한 지니계수를 1980년에 80, 2005년에 69로 계산한다. 이러한 수준은 동일한 시간 틀을 가로지르는 지구적 소득 불평등에 대한 지니계수보다 더 높다. 2013년 2월 국제의원연맹IPU은 전 세계 하원 의회나 단원제 의회의 여성의원 수를 조사했다. 르완다Rwanda와 안도라Andorra에서만 여성이 다수파였다. 그 외에 전 세계에서 여성이 의원의 10퍼센트 이하를 차지하는 나라가 30개국이었고, 의회 내 여성 대표자가 20퍼센트 이하인 나라는 75개국이었다. 후자에는 미국이나 아일랜드, 일본과 같은 경제적으로 발달한 국가도 포함되지만 동유럽과 중동, 중앙아시아, 남아시아, 동남아시아, 중앙아메리카에 있는 경제적으로 덜 발달한 국가들로 구성된다. 이 영역에서의 젠더 불평등은 감소하고 있지만, 여기에서 개괄하는 여타의 양화 가능한 척도상의 불평등보다 훨씬 더 심하다.

다음으로 문해율과 학교등록률 내의 젠더 불평등을 살펴본다. 이 불평등은 인간개발지수의 주요 성분이며, 학문적으로나 정치적으로 상당한 관심을 받았다. 〈표 5.4〉에서 개괄한 2010년 유네스코의 통계에 따르면, 2008년에 거의 800만 명의 사람들이 자신을 문맹이라고 밝혔으며, 그중 3분의 2는 여성이었다. 전 세계 성인 가운데 83퍼센트가 문해력 소유자로 분류되고, 이는 남성의 88퍼센트와 여성의 79퍼센트로 구성되었다. 문해성 불평등은 몇몇 지역 - 특히 남아시아와 사하라사막 이남 아프리카 - 에 집중되었다. 남아시아에서는 성인 문해율이 62퍼센트였고 사하라사막 이남 아프리카에서는 그 비율이 63퍼센트였다. 사하라사막 이남 아프리카 10개국에서는 성인 문해율이 50퍼센트 이하였다. 젠더 불평등은 남

표 5.4 —— 2008년 성인 문해율(%)

세계 전체	83
남성	88
여성	79
남아시아	62(남성의 73, 여성의 51)
사하라사막 이남 아프리카	63

자료: UNESCO(2010).

아시아에서 가장 높았다. 이곳에서 문해력을 갖춘 사람은 남성에서는 73 퍼센트였지만 여성에서는 51퍼센트에 불과했다. 남아시아에서 남성과 여성의 지위는 거의 사하라사막 이남 아프리카에 필적할 정도로 불평등했다. 여기에서 검토하는 여타의 지표와 마찬가지로, 문해력의 젠더 불평등은 지난 20년에 걸쳐 줄어드는 경향이 있었다. 유네스코는 2008년까지 지난 20년 동안에 전반적인 문해율은 8퍼센트 향상된 가운데 여성의 문해력은 비록 더 낮은 바탕에서 출발했지만 10퍼센트 향상된 것으로 추산한다. 이러한 데이터는 모두 성인에게 해당된다. 아동의 문해력에 대한 논의는 보통 더 넓은 가정이나 사회의 맥락이 아니라 학교교육에 초점을 맞춘다.

다중적 불평등을 분석한 테르보른의 관점에서 판단하면 문해력은 인간의 평안을 증진하고 또한 실존 불평등을 개선하는 방법을 제안하는 데 이용할 수 있는 자산이나 자원이다. 그렇다고 해도 우리는 문해력이 구전 중심의 문화를 와해하는 효과를 과소평가해서는 안 되고, 문해력이 인쇄물과 전자매체를 통해 지식을 습득하고 전달한다는 합리적 설명과 연결되는 방식을 경시해서도 안 된다. 그럼에도 문해력이 실존에 미치는 영향은 가부장적인 성 지배 문화에서 이전에 여성을 하찮은 존재로 여겼던 어느 곳에서든 상당한 충격이다.

이러한 일반적인 논평은 또한 교육 참여 과정에도 적용된다. 이 경우에 전 세계의 초등교육 이수율과 특정 지역의 초등교육 이수율 사이에는 유사한 성별 격차가 있다. 2009년 전 세계 아동의 88퍼센트가 초등교육을 이수했지만, 사하라사막 이남 아프리카에서는 단지 67퍼센트만이 이수했다. 그리고 이러한 아동 가운데 소녀들은 사회적 혜택을 받지 못하는 심히 불리한 처지에 있었다. 초등교육을 이수한 소년 100명을 기준 단위로 삼을 때 중앙아프리카공화국이나 차드, 콩고민주공화국과 같은 나라에서 초등교육을 이수한 소녀는 70명 이하였다. 더 심한 성차별적 불이익은 전 세계적으로 중등교육 이수율에서 드러난다. 흥미롭게도 중등교육 과정 이후 교육을 위한 등록자 수의 성별 격차는 2000년 무렵에 사라졌는데, 이는 이 격차가 초등교육이나 중등교육 수준보다 더 높은 교육수준에서 더 빠르게 줄어들었다는 사실을 나타낸다(Dorius & Firebaugh, 2010: 1952). 그렇지만 이 불균형에 대한 가장 좋은 설명은 더 풍요롭고 더 발전한 선진국에 중등교육 과정 이후의 교육기관이 더 많이 밀집되어 있으며, 이제 선진국이 아닌 국가 출신의 교육받은 젊은이들이 점점 더 많이 선진국의 이러한 교육기관에 등록한다는 사실에 있다.

일반적으로 학교 등록에서의 젠더 불평등은 여기에서 논의하는 다른 지표보다 더 빠르게 완화되었다. 도리어스와 파이어보우는 20세기 마지막 20년 동안에 학교교육 이수 평균 연한의 젠더 불평등이 약 30퍼센트

쯤 줄어들었다고 주장한다. 두 학자는 또한 변화의 장애물이 문화적·종교적 연계의 탓으로 쉽게 전가되지 않는다는 점을 밝혀낸다. 이 발견은 아마도 놀라운 사실일 것이다. 따라서 성인 여성의 문해율이나 소녀의 학교교육 등록률은 힌두교 국가나 무슬림 국가에서도 다른 나라에 못지않게 상당히 향상되었다. 물론 탈레반 치하의 아프가니스탄 같은 뚜렷한 반례도 있지만 말이다(Dorius & Firebaugh, 2010: 1955).

이제는 관심을 돌려 두 쟁점을 살펴본다. 하나는 성성향sexuality과 생식의 통제에 영향을 미치는 여성의 권리다. 다른 하나는 여성에 대한 폭력이다. 이러한 문제는 인권뿐만 아니라 공중보건과 관련이 있다. 또한 원치 않는 임신이나 강간의 경우에 안전한 낙태에 접근할 권리 같은 문제나, 학대하는 배우자와 결별하기 위해 이혼에 접근할 권리 같은 문제와 관련이 있다. 마지막으로 여기에는 법치나 개인적 안전, 폭력의 공적 근원으로부터의 자유와 관련이 있는 추가적인 쟁점이 있다. 그렇지만 인간의 평안의 이러한 차원에 대한 불평등 ― 이러한 불평등의 많은 것이 여성에게 악영향을 미친다 ― 은 소득이나 기대수명, 문해력과 같은 지표보다 훨씬 더 측정하기 어렵다. 인간개발지수나 새천년개발목표도 이러한 문제에 대해서는 말할 것이 별로 없다. 그럼에도 이러한 불평등이 실존에 미치는 영향은 정말로 실재하며, 희생자와 그 가족에게 평생 동안 영향을 미치고 우울증이나 취업 중단은 물론 정신적 외상이나 낙인과도 관련이 있다(Walby & Allen, 2004).

강간은 대부분 ― 거의 99퍼센트 ― 여성에게 영향을 미친다. 하지만 강간의 수준은 알려진 바와 같이 밝혀내기 아주 어렵다. 신고를 별로 하지

> 과테말라 출신의 한 젊은 여성이 멕시코의 국경없는의사회 의료 종사자에게 이렇게 설명했
> 다. "강간을 넘어서는 일은 나에게 정말 힘들었다. 아주 어릴 때 임신을 하게 되어 학업을 중
> 단하고 많은 다른 일을 하지 못한 채 남겨두어야 했다. 나는 심리치료를 받을 때마다 안도감
> 과 위안을 얻는다. …… 사람들은 과테말라의 성폭력 규모가 얼마나 심각한지 인식하지도
> 이해하지도 못한다. 그리고 이를 인지할 때 사람들은 우리를 희생자로 판단한다."

자료: Médicins Sans Frontiéres(2013: 13).

않기 때문이다. 유엔 마약·범죄 사무국UN Office on Drugs and Crime은 수많은 국가의 (아동 학대를 비롯한) 일련의 성폭력과 강간에 대한 통계자료를 수집해 분석했다. 이 보고서는 연간 인구 10만 명당 성폭력 발생률을 나타냈다. 이 비율은 스웨덴의 180명에서 몇몇 카리브해 연안국의 약 140명, 알바니아나 우크라이나와 같은 국가의 약 2천~3천 명에 이른다(UNODC, 2011). 그렇지만 이 비교는 심각한 인권유린인 강간을 단호히 신고하는 효율성 수준이나, 문화적으로 계속 무시하는 효율성 수준에 대해 실제의 성폭력 수준보다 더 많은 것을 우리에게 알려줄 수 있다. 이 데이터를 다르게 제시하는 한 방법은 여성의 일생에서 성폭력이 발생하는 비율을 조사하는 것이다. 세계보건기구를 위해 준비한 보고서에서는 이 비율을 25퍼센트에서 50퍼센트 사이라고 추정한다(Krug et al., 2002). 따라서 결국 공표된 데이터가 '빙산의 일각'만을 대표하며, 문제의 방대함을 파악하기 위해 훨씬 더 좋은 경험적 자료가 필요하다는 점을 여전히 염두에 두어야 한다.

젠더 불평등의 마지막 측면 – 앞에서 살펴본 모든 차원에 적절한 – 은 공공 정책이 젠더 불평등의 문제를 인식하고 언급하는 정도와 관련이 있다. 현저한 정책 영역에는 '노동시장의 평등한 기회' 법률 제정과 '건강과 교육 접근 권리'가 들어간다. 또한 부부간 강간에 대한 법적 금지나 낙태와 이혼을 할 수 있는 권리를 비롯한 실존적 평안의 은밀한 측면도 들어간다. 지난 30년 동안 이혼할 수 있는 권리가 널리 확대되었지만, 안전하게 낙태할 수 있는 권리에는 더 많은 변이가 존재한다. 전 세계 여성의 40퍼센트만이 이유에 대한 어떤 제한도 없이 임신 후 특정 기간에 임신중절수술에 접근할 권리를 갖는 반면, 이 스펙트럼의 정반대 극에서는 25퍼센트의 여성이 이 권리를 전혀 갖지 못하거나 여성의 사망 징후가 있는 경우에만 이 권리를 갖는 것으로 추정된다(Center for Reproductive Rights, 2009). 이러한 경우에 공공 정책 결정은 안전하지 않은 낙태로 인해 발생하는 산모 사망률과 질병률에 중대한 영향을 미친다.

그러면 젠더 불평등의 다양한 차원을 아우르는 경향은 무엇인가? 도리어스와 파이어보우(Dorius & Firebaugh, 2010: 1951~1952)는 1960년과 2005년 사이에 지구적인 젠더 불평등이 상당히 정확하게 측정할 수 있는 아홉 가지 복지 기준에서 모두 줄어들었다는 사실을 밝혀낸다. 하지만 불평등 수준은 영역이 달라질 때 크게 달라진다. 실제로 여성은 장수와 관련해서는 약간 유리한 상황이지만, 정치적 대표성에서는 극도로 불리한 처지에 있다. 노동시장과 교육 참여, 임금률과 관련한 지구적인 젠더 불평등은 결코 모든 곳에서 그렇지는 않지만 상당히 줄어들었다. 문해력의 젠더 불평등도 동일한 방식으로 상당히 줄어들었다.

따라서 소득 불평등이나 교육적 성취 불평등과 같은 다양한 불평등을 측정할 때 남성과 여성 사이의 일반적인 수렴은 상당히 다른 비율로 나타났으며, 특정한 국가 내의 수렴도 마찬가지였다. 한편 성차별적 불이익은 여전히 여성에 대한 폭력 같은 영역에 상당히 남아 있다. 그런데 이러한 영역에서는 통계 수치가 폭력 수준의 정확한 의미를 밝혀내거나 지속적 학대와 자존감 훼손에 대한 양적인 경험에 도달할 가능성이 없다. 이러한 복잡성으로 인해 젠더 불평등에 대한 단 하나의 거대 이론이 적용될 가능성이나 더 정교한 이론이 필요할 가능성은 거의 없게 된다. 인과관계의 쟁점은 다음 장에서 추적한다.

성에 더해 인종과 민족성은 지구적인 사회 불평등의 추가적인 차원 — 흔히 상호 연결된 — 이라고 널리 인식해왔다. 이에 관해서는 3장에서 논의한 바 있다. 지구적 불평등의 역사사회학은 시간의 흐름상에서 불평등의 패턴에 영향을 행사해온 장기 과정을 밝혀냈다. 제국과 식민지화, 노예제가 매우 중대한 인종적·민족적 불평등과 연결을 맺어왔고, 이 세 요인은 생명 유지 불평등과 자원 불평등, 실존 불평등이라는 세 범주에 모두 영향을 미쳐왔다. 비록 불평등이 자존감을 떨어뜨리고, 충만하고 생산적인 삶을 살아갈 역량을 훼손할 수 있는 방식을 이해하는 데 가장 핵심적이지만 말이다.

어떤 종류의 사회적 과정이 관련되는지를 명확히 하기 위해서 이 시점에 인종과 민족성 개념에 대한 최초의 몇 가지 논평이 필수적이다. 특히 인종이 문제가 있는 범주다. 이 범주가 생물학과 신체 특성, 역량이 다른 인간 집단들에 대한 19세기 사이비 과학적 개념에 의존하는 한 말이다.

인종주의는 쌓여서 이 종류의 담론이 되었다. 인종적 특성이 역량과 지능, 사회적 가치의 위계와 관련이 있다고 가정했기 때문이다. 이에 따라 '더 고귀한' 인종은 '더 저급한' 인종을 지배할 권리를 지니는 한편 인종의 혼합은 생물학적 허약함이나 쇠퇴를 초래할 것이라고 믿었다. 최선의 경우에도 그러한 상관성이 적용될 확률은 다양하고, 최악의 경우에는 이러한 연결은 자의적이다. 따라서 생물학적 인종이 사회과학과 사회 분석의 그럴듯한 특성이라는 것은 허구다. 사회적으로 구성된 인종은 그렇지 않다. [이에 대해서는 Winant(2004: 39~41)를 보라.]

오늘날 인종에 대한 사이비 과학은 훨씬 덜 편재하지만, 인종주의는 여전히 지구적 불평등의 주요한 쟁점으로 남아 있다. 인종주의는 어떤 사회집단의 구성원들에게 특혜를 주고 다른 집단의 구성원들에게는 특혜를 주지 않는 신념과 행위라고 정의할 수 있다. 이때 특혜 부여나 박탈은 그러한 집단에 대해 관찰자가 지각하는 특성 — 본유적이고 객관적인 특성이 아니라 — 에 따른다. 중요한 것은 선천적인 인종생물학에 대한 어떤 의심스러운 가정이 아니라, 다른 피부색에서 연상되는 내포적 의미나 지각적인 문화적 특성이다. 지구적 불평등에서 인종이 가장 중요한 측면인 경우에, 그러한 감지되는 특성은 편향적으로 사용되어 자원에 대한 접근이든 존경할 만한 가치나 타인과의 동등한 대우이든 간에 '어떤 인종'보다 '다른 어떤 인종'에게 특혜를 부여한다. 이 특혜는 다시 자원 접근은 물론 사회적 차이의 문화적 의미나 가치와 관련이 있는 사회적 갈등을 초래한다.

한편 민족성 개념은 생물학을 버리고, 사회집단 사이에서 지각되는 문화적 특성에 초점을 둔다. 이러한 특성은 문화적 정체성과 긍지의 원천일

표 5.5 —— 인종적·민족적 소득 불평등의 가능한 지표

- 문화 집단 사이의 소득 불평등과 부의 불평등
- 인종별·민족별 더 높은 실업 수준
- 고용과 교육, 주택에의 접근 권리에 대한 차별
- 주거지와 공적 공간 내의 사회적 분리
- 건강 결과의 불평등
- 폭력과 대인 간 적대 행위에 대한 취약성
- 더 높은 수준의 형사적 기소와 억류로 이어지는 인종차별화된 범죄 추정
- 인종적 불이익과 민족적 불이익, 성차별적 불이익의 교차

수 있지만, 똑같이 편견에 치우친 방식으로 사용되어 불평등한 접근과 기회를 초래할 수도 있다. 그렇다면 이것을 분석하는 한 방식은 인종과 민족성을 분리해 국가 내의 사회적 불평등이나 국가 간의 사회적 불평등을 생성하는 데 별개의 과정으로 처리하는 방식일 것이다. 그렇지만 이 방식은 낱낱의 인종을 사회적 실재라고 객관화할 위험이 있다. 대안적인 접근은 지구적 불평등의 인종적 차원과 민족적 차원을 결합하는 것이다. 이 접근은 사회적 불평등을 구축하는 여러 다른 방법을 인정하면서도, 또한 사회문화적 지배의 공통 특성을 수용한다.

인종적·민족적 불평등의 가장 중요한 지표들 중에는 〈표 5.5〉에 나열된 항목이 있다.

뒤따르는 논의는 모든 단일 측면을 종합적으로 정교하게 서술하기보다 추가적인 관심을 받도록 이 목록 가운데 몇몇 더 현저한 특성을 선택

한다.

인종적·민족적 소득 불평등에 대한 연구는 대부분 개별 국가 — 특히 미국 — 에 근거한다. 그렇지만 국가 간 불평등을 직접 비교하는 일부 통계를 이용할 수 있으며, 이로 인해 그러한 형태의 불평등 — 인종적·민족적 불평등 — 이 여러 국가나 여러 지역에 걸쳐 어느 정도까지 일정한지를 측정할 수 있다. 윌리엄 대러티와 제시카 넴브하드(Darity & Nembhard, 2000)는 문헌 비평에서 20세기 마지막 30년 동안 12개국 노동시장에서 유색인을 대상으로 시종일관 진행된 차별을 밝혀냈다. 이 차별은 부유한 국가(예컨대 오스트레일리아, 미국)와 가난한 국가(예컨대 인도, 남아프리카공화국), 일반적인 불평등 패턴이 더 심한 국가(예컨대 브라질, 남아프리카공화국)와 덜 심한 국가(예컨대 캐나다, 이스라엘) 모두에서 해당되었다. 또한 시간의 흐름상에서 이러한 불평등이 완화되고 있다는 약간의 증거도 있다. 폴 애티웰과 필립 카시니츠, 캐슬린 던(Attewell, Kasinitz and Dunn, 2010)은 미국과 캐나다에서의 흑인 소득과 백인 소득을 비교했다. 이 비교 연구에서 그들은 교육에 대해 통제한다면, 즉 일단 백인/흑인의 차이에 영향을 미친다고 알려진 교육적 차이를 감안한다면, 두 나라에서 흑인과 백인의 소득 격차가 약 17퍼센트로 거의 유사하다는 것을 밝혀냈다. 비록 이 두 나라가 다소간 다른 문화적·정치적 특성을 지니고 있지만 말이다.

많은 분석은 미국 내의 인종별 임금 격차를 밝혀내기 위해 파고들었다. 일부는 지난 50년에 걸쳐 이 격차가 좁혀진 단계를 도표로 제시했다. [예컨대 Smith & Welch(1989), Couch & Daly(2002)를 보라.] 인종 불평등이 유의미하게 감소하고 있으며, 20세기 후반부에 소득 격차가 약 30퍼센트

젊은 아프리카계 미국인 남성들 사이에서는 무직률이 높다. 이에 대해서는 부분적으로는 낮은 기술력 때문이고 부분적으로는 차별 때문이라고 설명해왔다. 게다가 웨스턴과 페팃(Western & Pettit, 2005)은 무직에 대한 감금의 중요성을 강조한다. 1999년에 22~30세의 흑인들 가운데 무직자의 30퍼센트 이상은 감금된 사람들이다. 이 사실이 함축하는 바는 인종별 임금 격차가 그 자체만으로는 인종 불평등이 감소한다는 그릇된 인상을 준다는 것이다.

줄어들었다는 주장이 널리 수용된다. 이 낙관론적인 해석은 수많은 저자 때문에 무너진다. 브루스 웨스턴과 베키 페팃(Western & Pettit, 2005)은 인종별 임금 격차의 완화를 인종 불평등의 전반적인 완화의 표지로 보는 것이 우리를 오도한다고 암시한다. 이러한 오도는 대부분 임금 차이가 실업 상태의 상대적 차이를 측정하지 못하기 때문이다. 실업 상태를 고려하면 인종별 임금 격차의 개선은 30퍼센트에서 10퍼센트로 줄어든다(Western & Pettit, 2005: 573).

민족 집단 사이의 경제적 불평등 역시 지구적 불평등의 한 특징이며, 지난 2세기에 걸친 지구적 이주·정착과 연결되어 있다. 그렇지만 이 문제는 복잡하다. 바로 이주자 민족성이 현지인들에 비해 불리함(민족성 범칙금)과 연결될 수도 있고 유리함(민족성 권리금)과 연결될 수도 있기 때문이다. 1세대 이주자들 사이에서는 불리함이 실업 수준이 더 높다는 사실과, 대부분의 집단이 더 숙련된 일자리에 접근할 수 없다는 사실에 반영되어 있다. 그렇지만 자본과 사업 수완, 교육상의 자격증을 지닌 사람들은 더 잘 할 수 있다. 이러한 긍정적인 전개가 2세대와 그 이후 세대에서는 고등교육을 통한 자녀들의 숙련도 향상 덕택에 더 강화될 수 있다. 반면에 2세대의 불리함은 특히 대도시에서는 지속될 수 있다. 이것은 이미 미국의 소수민족과 유럽의 소수민족에 대한 연구에서 드러나 있다. [전자에 대한 연구는 Portes & Rumbaut(2001)를 보고, 후자에 대한 연구는 Heath & Cheung(2007)을 보라.]

인종과 민족성에 따른 노동시장 차별의 문제도 여전히 중요한 쟁점으로 남아 있다. 페이저와 웨스턴, 보니코프스키(Pager, Western and Bonikowski, 2009)는 최근에 뉴욕시 저임금 시장에 대한 연구에서 차별의 교묘한 증거를 밝혀냈다. 그들은 경험과 기술을 지닌 백인과 흑인, 라틴아메리카 출신 사람들의 구직 활동을 시간대별로 추적했다. 이 연구는 흑인 구직자가 구직에 관한 회신 전화와 일자리 제안을 받을 가능성이 백인 구직자의 절반이라는 것을 보여주었다. 그럼에도 문화적 계통에 따른 차별은 노동 수요가 다르기 때문에 경제 부문별로나 고용 형태별로 다를 수 있다. 델리에 근거한 한 인도 연구에서, 아비짓 바네르지 등(Banerjee et al., 2009)은 팽창하는 소프트웨어 부문에서는 구직에 관한 회신 전화 비율이 서로 다른 카스트 출신 지원자들 사이에 어떤 차이도 없었지만, 경기가 덜 좋은 콜센터 일자리에서는 낮은 카스트 출신 지원자들이 더 많은 차별을 받았다는 사실을 밝혀냈다. 분명히 인도의 노동시장에 대한 많은 연구에서 카스트와 종교에 따른 차별이 여전히 존재한다는 것이 드러난다. 하지만 이 차별은 흔히 미묘하고 은밀하며 입증하기 어려운 차별이다. 메이트레이 다스(Das, 2013)는 '유리 천장' 개념을 통해 이 차별의 특징을 규정한다.

교육에 의한 기회는 인종적·민족적 불이익의 문제와 이 불이익을 극복하려는 시도에서 가장 중요한 쟁점이다. 20세기 후반 미국에서 드러난 인종별 임금 격차 감소의 많은 부분은 공적인 정책 주도의 결과로서 교육에 의한 기회의 증가에서 비롯되었다. 그럼에도 내가 앞에서 주장한 바와 같이 이 격차 완화의 정도는 과장되었으며, 인종차별은 여전히 계속되고 있다. 학교 체제 내에 인종 집단이나 카스트 집단에 대한 차별적인 처리 — 낮은 참여를 초래하는 — 가 있다면, 단순히 교육에 의한 접근 자체만으로는 불이익을 완화하고 해소하는 데 충분하지 않다. 아티스와 두비, 라이언스(Artis, Doobay and Lyons, 2003)는 이 낮은 참여가 인도의 낮은 카스트 출신 자녀들에게는 여전히 아주 실재적인 문제로 남아 있다는 사실을 보여준다. 미스트리의 소설 『적절한 균형』에는 이러한 형태의 배제에 대한 문학적 설명이 나와 있다.

민족성과 교육의 경우에는 소수민족 출신의 이주자들 사이에서 벌어지는 교육적 성취의 불평등에 대한 상당한 증거가 있다. 이것은 1세대에서 특히 분명하다(Schnepf, 2007; Chiswick & DebBurman, 2004). 2세대는 교육적인 성공의 증거도 있지만 불이익이 지속되는 증거 또한 있어서 상황이 더 복잡하다. 히스와 브린바움(Heath & Brinbaum, 2007)은 터키 혈통이나 모로코 혈통, 북아프리카 혈통, 멕시코 혈통의 미국 내 2세대 이주자들은 일반 주민보다 적응을 더 못하는 반면, 인도 혈통의 영국 내 이주자들이나 그리스 혈통의 독일 내 이주자들은 대체적으로 현지인들과 거의 유사하게 잘 적응한다고 언급했다.

이 상황의 아주 많은 부분 — 하지만 전부는 아니다 — 에 대한 설명은 부모의 경제적·교육적 지위에서 나온다(Schnepf, 2007). 유럽에 거주하는 터키 혈통 사람들과 카리브 연안 계통 사람들이나 미국에 사는 멕시코 혈통 사람들과 같은 집단의 경우에는 불이익에 대한 다른 설명을 고려해야 한다. 이러한 설명에는 히스와 브린바움(Heath & Brinbaum, 2007: 297)의 이른바 "문화적 부조화"가 들어간다. 이 문화적 부조화 속에서 부모들은 새로운 상황에 어울리는 자본이나 언어 유창성이 부족할 수 있다. 역으로 일반 국민만큼 잘하거나 그보다 더 잘하는 민족 집단에게는 경제적·문화적 가치와 기대를 비롯한 이주자 집단의 특성이 문화적 유리함을 설명하는 데 도움이 될 수 있다.

겉으로 드러나든 숨어 있든 폭력과 적대감에 대한 취약성은 인종적·민족적 불평등에 내재되어 있다. 가장 극단적인 경우에 인종·민족 학살은 주민 도살이나 여성 성폭행, 아동 성폭행을 비롯해 이러한 종류의 총체적인 불평등이 노골적으로 계속되고 있다는 점을 입증한다. 모든 경우의 인종 불평등과 민족 불평등, 젠더 불평등은 서로 겹친다. 월비(Walby, 2009: 193)가 주장하는 바와 같이, 폭력 제도는 사회집단이나 개인뿐만 아니라 국가도 효율적으로 사용할 수 있다. 현대 민주주의국가에서 인종 학살이나 잔인한 폭력, 민족 청소와 같은 관행에 관여하는 집단 폭력의 일부는 감소했을지도 모른다. 하지만 국가는 안보에 대한 실재적인 위협이나 잠재적인 위협에 대처할 때 외적으로나 내적으로 여전히 폭력이나 폭력에 의한 협박을 효율적으로 사용할 수 있다. 한편 민족 폭행이나 인종 학살은 현대사회에 부재하지 않으며, 사회문제의 초점을 사회집단의 부여된 문화적 특성에 두는 어느 곳에서든 다시 분출할 수 있다.

분명히 인종 구분이나 민족 구분은 과거의 일이 아니며, 현대화 세력이나 은둔 세력, 박애주의 세력으로 인해 약화되지도 않았다.

데이비드 골드버그(Goldberg, 2002)는 영향력 있는 인종주의 국가이론을 개발해, 이 이론을 현대 국가에 대해 주변적이 아니라 오히려 가장 중요하다고 본다. 그의 주장은 하나의 담론으로서 인종이 국가가 자신의 정치적 체제와 공동체의 의미를 논의하는 토대라는 것이다. 로닛 렌틴(Lentin, 2006) 같은 저자는 이 개념을 현대 유럽 국가(예컨대 아일랜드)의 이민정책에 적용해, 선별적인 이민자 배제 규칙과 냉혹한 강제수용소, 불법 이주자들에 대한 담론 — 인종주의적 성격의 — 을 해석했다.

젠더 불평등과 관련해 이미 주목한 바와 같이, 현대의 공공 정책은 인종적·민족적 불평등과 이 불평등과 관련해 해야 할 일에 대해 상이한 관점을 취한다. 그러한 정책은 어떤 주어진 영토에 역사적으로 오랫동안 존재한 인종·민족 집단이나 이주와 정착의 현대적 과정에 모두 적용될 수 있다. 민주국가의 공공 정책은 그 범위가 지배 문화로의 동화에서 사회적 시민권의 이상을 중심으로 하는 사회적 통합을 거쳐 다양한 종류의 다문화정책에 이른다. 후자의 두 방안 — 사회적 통합과 다문화주의 정책 — 은 불평등의 문제를 더 명시적으로 겨냥한다.

적절한 정책은 학교교육에의 접근 같은 영역의 더 일반적인 평등한 기회 정책 내에서 인종적·민족적 불평등을 포괄할 수 있다. 또는 그러한 정책은 고용이나 건강, 공동체 관계와 같은 영역을 겨냥하는 반인종주의 정책의 형태를 취할 수 있다. 예컨대 유럽연합은 분명히 법과 정책으로 인종주의를 퇴치하는 일에 전념한다(Bell, 2009). 월비(Walby, 2009: 286)는 사회민주주의 정책이 신자유주의 정책을 지향하는 국가보다 인종 불평등에 더 큰 영향을 미친다고 주장한다. 이것은 사회민주주의가 단순히 노동시장 내포와 경제성장만으로는 자연스럽게 해결할 수 없는 사회적 내포의 문제에 더 잘 어울리기 때문이다. 그럼에도 인종과 민족에 근거한 사회적 분열과 불평등은 사회민주주의 배경에서조차 여전히 지속된다(Kraal, Roosblad and Wrench, 2009). 그리고 유럽연합 정책의 제한적인 성공은 젠더 불평등과 함께 인종적 불평등과 민족적 불평등이 교차하는 것에 충분히 대응하지 못했기 때문이다(Lombardo & Verloo, 2009).

결론

사회적 불평등에 대해 길게 논의한 이 장은 인간개발의 여러 영역을 가로지르는 거대한 무리의 쟁점을 다루었다. 이 장에서 논의한 불평등의 다중적 차원은 지구적 불평등이 단지 소득 불평등을 넘어서 얼마나 멀리까지 확대되는지를 아주 분명히 예시한다. 지금까지 이 장에서 논의한 많은 부분은 불평등의 특별한 차원을 다루는 문헌에서 전형적으로 이용할 수 있는 것보다 더 풍부한 엄청난 양의 최신 증거를 모을 목적에서 경험적이고 기술적이었다. 이러한 노력의 다차원적인 폭은 또한 단순히 공적인 경제활동보다 더 방대한 쟁점에 대한 더 많은 사회학적 관심을 반영한다.

사회적 불평등을 다룬 이 장과 소득 불평등을 다룬 이전 장을 가로지르는 경험적 복잡성에 대한 주의는 지구적 불평등을 설명해야 하는 방식을 다시 구성하는 데 도움이 된다. 아마도 이 재형성 과정의 가장 중요한 과제는 경험적 복잡성이 단 하나의 압도적인 원동력 — 지구적 불평등의 가장 포괄적인 패턴에 책임이 있는 — 에 초점을 맞추는 설명에 부과하는 도전이다. 이것으로부터 나오는 귀결은 세계화나 세계자본주의에 대한 반대가 지구적 불평등을 극복하는 열쇠라는 믿음이다.

이 명제에 반대하는 서로 연결된 두 주장이 있다. 첫 번째는 세계에 힘과 불평등, 인간 고통의 하나의 근원만이 있다는 명제에 대한 이론적인 도전이다. 이 대안적인 관점에 따르면, 힘과 불평등, 고통에 다수의 근원이 있다. 두 번째는 역사적으로나 현대 세계에서 관찰되는 불평등의 다양하고 복합적인 패턴으로 인해 어떤 단 하나의 원동력 개념도 타당하지 않게 되고 유지할 수 없게 된다는 것이다.

다음 장에서는 불평등에 대한 설명으로 주의를 돌려, 지구적 불평등을 설명할 때 가장 중요한 인과관계 처리의 범위를 더 폭넓게 이해하기 위해서로 충돌하는 이 해석들을 상세히 파고든다.

6

"
세계화는 지구적 불평등을 초래하는가?
"

세계화가 지구적 불평등의 원인이라는 믿음이 널리 퍼져 있다. 하지만 이것은 정말로 어느 정도까지 사실인가? 세계화 외에 불평등의 많은 다른 원인이 또한 밝혀졌으며, 세계화는 많은 원인 가운데 하나로 출현한 것이다. 또 세계화가 어떤 경우에는 불평등을 줄인다고 믿어야 할 타당한 이유도 있다. 이 모든 것으로 인해, 지구적 불평등에 하나의 아주 포괄적인 원인이 있으며, 공적인 정책이나 사회적 조치에서 이 원인을 다루면 다중적 불평등 — 앞의 몇 장에서 논의한 — 에 대한 간단한 해결책이 나올 것이라는 생각이 의심스러워진다.

이 상황에서는 불평등을 초래할 수 있는 것이 세계화의 어떤 측면인지는 물론 세계화의 어떤 과정이 어떤 종류의 불평등을 줄일 수 있는지를 명확히 밝혀내야 한다. 다시 한 번, 이 상황의 쟁점은 복잡한 것으로 판명된다. 인과관계의 규명은 결코 간명한 일이 아니며, 여러 원인이 서로 고립되어 별개로 작용하지 않는다. 따라서 서로 다르고 별개인 것으로 추정되는 원인 요소의 목록을 조사하기보다는 오히려 여러 다른 종류의 과정이 어떻게 상호 작용하는지를 검토해야 한다.

6장의 전반부에서는 경제적 세계화가 지구적 불평등에 영향을 미치는데 작용하는 다양한 기제를 검토한다. 후반부에서는 주의를 돌려 지구적 불평등의 인구학적·환경적·문화적·정치적 차원을 더 폭넓게 살펴본다.

경제적 세계화와 불평등

세계화와 불평등의 관계는 명확하게 정리된 것이 결코 아니다. 여기에서 가장 직접적인 쟁점은 세계화가 의미하는 바다. 세계화는 많은 정의를 지닌 과정이다(Holton, 2005, 2011). 전 세계적인 국가 간 연결과 상호 의존에 대한 대부분의 초점과 세계화를 둘러싼 많은 공적인 토론은 이 초점을 경제적 과정으로 좁힌다. 이 경제적 과정에는 자본과 상품, 노동, 기술의 국가 간 이동이 들어가고, 이러한 이동은 자유무역이나 경제 규제 철폐와 연결된다. 그래서 이러한 해명에서는 세계화가 경제적 불평등의 핵심적인 근원이다. 그렇지만 종교적·문화적 관행과 함께 치리의 형태, 과학과 교육, 사회운동, 정치운동, 소셜 미디어, 인권 원칙을 비롯한 많은 다른 정치적·문화적 과정 — 국가 간 경계를 가로지르는 — 이 있다. 로버트슨(Robertson, 1992)은 연결성과 함께 의식의 세계화를 세계화의 핵심 특성으로 본다.

세계화가 지구적 불평등의 원인이라는 말을 들을 때, 관찰자들 대부분은 경제적 세계화를 떠올린다. 그래서 경제적 과정으로부터 발생하는 불평등이 역시 건강(Navarro 2007; Labonté & Schreker, 2007a, 2007b)이나 성(Mills, 2003) 같은 영역의 다른 불평등도 구조화한다고 믿는다. 이 주장에서는 세계화가 탈규제 시장이나 다국적기업, 세계 치리 기관(예컨대 세계은행, 국제통화기금)과 연결되는 힘의 세계적 집중과 밀접한 관련이 있다. 이러한 조직은 자유무역과 국가 간 투자, 국가 자산의 민영화를 지지하는 정책을 개발하고 펼친다. 이러한 측면에서 경제적 세계화는 절대로 시장의 자연스러운 결과물이 아니다. 따라서 경제적 세계화는 세계화의 정치경제학 측면에서 이해하는 것이 더 낫다.

세계화를 비판하는 사람들에 따르면, 세계화에 대한 정치경제학의 전체적인 귀결은 세계화가 국가의 주권과 민주주의를 제약함으로써 세계시장에서 생성된 불평등을 확대한다는 것이다(Wallerstein, 1979, 1991; Sassen 1996, 1998a). 기업의 탈세와 절세는 또한 사회 보호와 소득 지원의 척도를 약화한다(Palan, Murphy and Chavagneux, 2004). 한편 경제적 세계화는 문화적 관행을 민영화된 소비지상주의와 사회적 보수주의 방향으로 바꾼다(Ritzer, 2004). 물론 이것은 아주 개괄적인 해명이며, 일반적인 주장 – 경제적 세계화에 의한 방향 전환 – 에 동조하는 여러 분석은 이 개괄적인 해명과 특별한 요소가 다를 수 있다. 예컨대 경제적 세계화를 비판하는 많은 사람은 세계화가 복지국가를 체계적으로 훼손해왔는지 – 이전에 추정했던 대로 – 를 두고 논란을 벌인다(Navarro, Schmitt and Ast, 2004).

이 주장의 많은 부분은 현시대의 상황을 겨냥한다. 그렇지만 세계화와 불평등의 연결에 대해 생각하는 또 하나의 방식이 있다. 이 방식은 세계화를 역사적으로 고찰한다. 우리는 세계화에 대한 역사적 접근 – 앞 장에서 살펴본 – 의 가장 두드러진 사례인 세계체제이론을 이미 살펴보았다. 경제적 세계화와 불평등의 역사적 연결을 밝혀내는 또 하나의 방식으로, 장기 동향의 경제사를 고찰할 수 있다. 따라서 서트클리프(Sutcliffe, 2004: 34)

가 지적하는 바와 같이 많은 분석가는 지난 200년에 걸쳐 세계화를 향한 장기 파동의 패턴과 세계화로부터 멀어지는 장기 파동의 패턴을 조사했다. 1914년까지 19세기 세계경제의 확장 다음에는 1914년과 1950년 사이 보호무역은 물론 자본과 노동의 지구적 이동의 쇠퇴와 관련이 있는 경제적 국수주의economic nationalism의 시기가 뒤따르는 것으로 보인다. 1950년 이후 경제적 세계화의 새로운 파동은 이전 동향의 많은 부분을 뒤엎어 왔다. 역사적 시각으로 보면 미래에도 경제적 세계화를 뒤엎는 반전이 일어날지도 모른다.

이렇게 역사적으로 고찰할 때 증거는 경제적 세계화와 불평등 증가라는 두 파동의 연결이나, 세계화의 후퇴와 더 낮은 수준의 불평등 사이의 연결을 지지하는가? 만일 우리가 탈세계화 기간을 비롯해 (19세기와 20세기의) 전체적인 기간 내내 계속 증가했던 지구적 불평등에 초점을 맞춘다면, 이 질문에 대답은 거의 확실히 '아니다'이다. 게다가 경제적 세계화가 강화된 더 최근 시기 ─ 1980년과 세계금융위기가 발생한 2008년 사이 ─ 에는 정반대를 향하는 소득 불평등의 동향이 보인다(3장 참조). 서트클리프는 만일 설명 전략이 세계화를 대표하는 단 하나의 변수와 불평등을 대표하는 또 다른 한 변수의 상관관계에 근거한다면, 이 질문에 대답할 수 없다고 결론짓는다. 이 결론은 당연하다(3장 참조).

그렇다면 경제적 세계화와 불평등의 관계를 해명할 수 있는 단일한 이론은 전혀 없다. 바로 이런 연유에서 나는 지구적 불평등을 단순히 세계 자본주의와 자본주의 세계체제의 측면에서 설명할 수 있다는 추정을 거부한다. 그러한 설명은 지나친 일반화다. 세계화를 "모든 국가에 유사한 방식으로 영향을 미치는 포괄적인 힘"으로 간주해서는 안 된다(Mills, 2009: 6). 이 일반적이고 포괄적인 힘을 더 정확하게 정의되는 구체적인 과정으로 전환하는 더 정밀한 접근이 필요하다. 다음의 논의에서 살펴보겠지만, 이 접근은 세계화의 정치경제학이 어떤 경우에는 불평등을 생성하거나 재생산하기보다 오히려 여러 형태의 불평등을 완화할 수 있다는 가능성을 포함한다. 그리고 이 가능성을 넘어 설명적 힘으로서의 세계화가 지닌 한계를 어느 정도 인식해야 한다. 그리고 이를 위해서는 먼저 불평등에 대한 추가적 또는 대안적 설명을 어느 정도 인식해야 한다.

이와 같이 세계화와 불평등을 연결하는 타당한 일반적인 이론이 없다는 점은 우리가 세계화에 대한 더 넓은 정의와 불평등의 더 넓은 사회적 차원을 채택할 때 더욱 확대된다. 따라서 대부분의 분석가들은 역사적 시기를 모두 가로지르는 포괄적인 일반적 동향과는 관련성이 더 적고 자유무역이나 외국인직접투자와 같은 상이한 세계화 요소와 일련의 불평등 지표 사이의 관계와는 관련성이 더 많은 다른 전략을 채택해왔다. 이러한 지표는 임금뿐만 아니라 실업 수준과 경제 변동성 수준, 건강 수준, 삶의 질 수준과 관련이 있다.

세계화의 정치경제학의 특별한 측면 - 불평등에 미치는 효과 때문에 선택되는 - 은 여러 다른 방식으로 개념화될 수 있다. 멀린다 밀스(Mills, 2009)는 특별한 네 가지 요소를 선별한다. 이들 요소는 〈표 6.1〉에 제시되어 있다.

표 6.1 —— 세계화와 불평등의 연관성 점검표

- 시장의 국제화와 경제적 거래를 위한 국경의 중요성 감소

- 국가 간의 더 강한 세금 경쟁

- 정보·통신 기술을 통한 상호 연관성 증가

- 시장 변동성 증가

자료: Mills(2009).

표 6.2 —— 세계화와 불평등의 연관성 점검표 확대

- 무역 자유화와 성장, 빈곤

- 노동시장과 세계적인 생산 재조정

- 부채 위기와 강압적인 시장화

- 금융 자유화와 금융위기

- 지구적 시장이 재구성하는 도시

- 세계화와 자연 자원, 환경 폭로

- 건강 제도의 세계화

자료: Labonte & Schrecker(2007b: 2~11)에서 발췌.

라본테와 슈레커(Labonte & Schrecker, 2007b: 2~11)는 상당히 폭넓은 관점에서 세계화를 특징짓는 일곱 가지 '묶음'을 분류한다(〈표 6.2〉).

이러한 점검표는 세계화와 불평등의 관계에 대한 지나치게 일반화된 접근을 타파하는 방법을 제공한다. 이러한 방법을 통해 세계화의 어떤 측면이 불평등의 심화나 평등의 증진에 기여하는지에 대해서 더 정확한 이해에 도달할 수 있다. 이러한 요소를 이용해 더 설득력 있는 일반적인 이론을 재구성할 수는 있지만, 관련되는 인과관계 기제가 너무나도 복잡해

서 앞의 두 장에서 논의한 불평등의 여러 형태와 경로를 해명할 수 없을 가능성이 훨씬 더 높다.

지금부터는 경제적 세계화와 불평등의 관계를 설명하기 위해 고안된 더 중요한 분석방식의 일부를 살펴본다. 이러한 방식은 밀스와 라본테, 슈레커가 작성한 점검표에서 선별적으로 발췌한 것이다.

경제적 개방과 불평등

일차적으로 경제학자들은 한편으로는 지구적인 경제 과정에 대한 개방 — 자유무역과 시장의 탈규제를 통해 이루어지는 — 과 다른 한편으로는 불평등의 관계에 주의를 기울였다. 자유무역과 외국인직접투자는 임금 인하를 압박하고 최빈국 정부에 사회복지 비용으로 시장과 무역을 자유화하도록 장려하는가? 일반적 이론에 관심을 두었던 2장에서 나는 시장이 반드시 평등주의 방식으로 소득과 복지를 분배하지는 않는다는 문제를 강조했다.

그러면 더 상세한 연구는 세계화된 시장의 무역이 불평등 패턴에 미치는 영향에 대해 어떤 말을 하는가? 이 질문의 대답은 무역 개방과 지구적 불평등 사이에 일반적인 관계가 있다는 어떤 합의도 없다는 것이다. 자유시장 이념의 주창자들은 이러한 연결이 일반적으로 분명히 긍정적이라고 추정하고, 자유시장 비판자들은 이러한 연결이 예외 없이 부정적이라고 본다. 하지만 더 신중한 사람들은 이 연결이 때로는 긍정적이고 때로는 부정적이며 때로는 중립적이라고 결론지을 것이다. 어떻게 앞의 질문에 대한 대답은 이렇게 복잡할 수 있는가?

무역 개방과 불평등 감소 사이의 긍정적인 관계는 일반적으로 적용된 다는 주장도 나왔고 특정한 국가에만 적용된다는 주장도 나왔다. 1985년 에 나온 173개국의 부문별 데이터를 이용해 차크라바르티(Chakrabarti, 2000) 는 무역 세계화와 소득 불평등 사이에 부정적인 관계가 있음을 발견했다. 한편 마이어(Meyer, 2003)는 무역 세계화가 성별 직업 차별과 젠더 불평등 ― 지구적 불평등의 핵심 측면인 ― 을 완화하기 때문에 소득 불평등을 완화 한다는 점을 발견했다. 이 문헌의 방대한 검토에서, 앤더슨(Anderson, 2005: 1051)은 무역 개방이 일반적으로 불평등을 심화한다는 주장을 '뒷받침하는 어떤 증거도 거의' 발견하지 '못한다'. 또한 경제협력개발기구(OECD, 2011) 의 최근 보고서에도 무역 개방이 회원국 내부의 불평등 심화를 초래한다 는 일반적인 증거는 전혀 없다.

1975~1995년까지의 시기를 다룬 연구에서 베이본스와 보나다(Babones & Vonada, 2009)는 무역 세계화와 불평등 사이에 어떤 일반적인 연결 ― 분석 대상국 집단에 모두 적용되는 ― 도 없다는 점을 밝혀낸다. 대상 국가에 대 한 분석은 부문별로 이루어진 종단 연구다. 하지만 이 두 사람은 또한 어 떤 연구에서 무역 세계화와 불평등 사이에 다른 연결 ― 다른 수십 년을 가 로지르는 ― 이 드러난다는 점에 주목한다. 그들이 이 연결을 다루기 어려 운 문제라고 보는 이유는, 자신들의 발견이 일관성 있게 작동하는 어떤 강력한 인과적 연결도 암시하지 못하기 때문이다. 프랑스와 독일, 멕시코 에서 국내총생산에 대한 대외무역의 비율은 1970년 이후 뚜렷하게 증가 했으며, 불평등 수준은 여전히 변함없거나 감소했다. 브라질과 중국은 물

론 소련이 해체되어 생겨난 여러 국가에서도 무역 증가의 중요성이 분명했으나 대조적으로 이들 국가에서는 불평등이 증가했다. 물론 그러한 주장은 국가 내 불평등 척도에 의존하고, 이 국가 내 불평등은 지구적 불평등 전체의 작은 부분에 불과하다(4장 참조).

그 전에 라발리온(Ravallion, 2001)은 무역 개방과 소득 수준 사이에 일반적인 연결이 없어서 고소득 국가와 저소득 국가 사이의 여러 차이가 은폐될 수 있다고 주장했다. 그래서 가난한 국가는 수입품 관세 인하에서 시작되어 결국 지역 생산자들을 혼란에 빠뜨리는 무역 개방과 연결된 소득 불평등의 증가를 경험할 수 있다. 라본테와 슈레커는 무역 자유화로 인한 패자들 ― 특히 값싼 수입품으로 인한 패자들 ― 을 확인하는 일련의 증거를 모은다(Labonté & Schrecker, 2007b: passim). 이러한 패자에는 잠비아의 제조업과 가나의 가축 생산업, 멕시코의 옥수수 농가가 들어간다.

하지만 이 결과는 개발도상국에 대한 모든 사례 연구를 아우르는 표준이 아니다. 분명히 라틴아메리카에서는 1980년대와 1990년대에 무역 개방의 증가가 소득 불평등의 증가와 연결되었지만, 스제켈리와 사모노(Szekely & Sámono, 2012)나 코르니아(Cornia, 2014)가 암시하는 바와 같이 이 추세는 21세기 첫 10년에 역전되었다. 마찬가지로 인도에서도 1990년대의 무역 개방 증가는 처음에는 1994~2000년까지 소득 불평등의 증가를 수반했지만, 이 추세는 2005년까지 다시 떨어졌다(Krishna & Sethupathy, 2011). 일부 분석가들은 세계적 개방의 단기·중기 효과는 불평등 증가를 초래할 수 있지만, 경제 조정이 이루어지고 교육 개선 같은 국내 정책 주도가 효과를 발휘한 뒤에는 불평등이 서서히 완화된다고 주장한다. 스제켈리와 사모노(Szekely & Sámono, 2012)는 라틴아메리카에 대해 이 주장을 펼치며, 무역 자유화가 소득 평등의 증진에 대한 중장기적 장애물이 아니라는 것을 암시한다.

이와 대조적으로 캐플린스키(Kaplinsky, 2005)는 개방적 세계경제의 어떤 구조적 특징이 많은 저소득 국가의 성장 전망에 악영향을 미친다고 본다. 이는 많은 생산품 시장 내의 세계적 경쟁이 제조품의 가격과 생산자의 소득을 억제하는 저비용 생산자를 찾아내기 때문이다. 중국이 앞선 세대의 동아시아 호랑이들 ― 일본과 한국, 대만 ― 을 모방하면서 세계시장에서 성공적으로 적응해왔지만, 이 성취는 낮은 노동임금과 뛰어난 생산품 품질의 조합 덕택이었다. 따라서 중국의 대량 수출 붐은 덜 효율적인 곳에서 생산되는 상품에 대한 가격 인하 압력과 연결된다. 이 경쟁 환경에서 살아남기 위해 많은 다른 저소득 국가들은 시장의 자발적인 힘에 의존할 수 없으며, 기반 시설 발달과 직업훈련을 지원하는 이용 가능한 기금을 필요로 한다. 하지만 발달 원조 기금은 줄어들고 있고 흔히 단기적이다(7장 참조). 한편 개방적인 세계경제의 추가적인 구조적 특성 ― 지구적인 복지와 불평등 완화에 나쁜 징조인 ― 은 바로 캐플린스키가 취업 기회에 비해 지나치게 늘어나고 있는 생산 역량의 과잉으로 보는 것이다.

만일 캐플린스키의 주장이 정확하다면, 여기에는 낙관론적인 함축과 비관론적인 함축이 모두 있다. 낙관론적인 함축은 중국 같은 일부 개발도상국이 개방적인 세계경제 내에서 성공적인 틈새시장을 찾는 데 성공할 수 있다는 것이다. 이는 중국에서 국가 내 불평등을 줄이지는 못했지만, 중국의 거대한 인구 규모 덕택에 국가 간 불평등을 낮추었다. 비관론적 함축은 많은 국가가 성공적으로 그러한 틈새시장을 찾을 능력이 없고 찾지도 않으며, 이로 인해 성공적인 발달과 억제된 발달의 불균등한 패턴이 남는다는 것이다. 그래서 자유무역과 탈규제 형식의 경제적 세계화가 불평등을 완화하는 데 도움이 될 수 있지만, 또한 그 자체만으로는 불평등 해소를 위해 많은 것을 행할 수 없다. 이 결론은 자유방임주의 이념의 지지자들뿐만 아니라 반대자들에게도 편안한 결론이 아니다.

캐플린스키(Kaplinsky, 2005: 48)는 또한 빈곤과 저소득, 세계화 사이의 연결을 **관계적**relational 측면과 **잉여적**residual 측면으로 유용하게 구별한다. 경제적 개방과 가난한 국가의 생산자에 대한 임금 인하 압력과 관련해 캐플린스키가 펼치는 주장은 관계적 연관성을 단언하며, 따라서 빈곤과 불평등의 재생산은 세계화 기제에 내재적이다. 이 잉여적 주장은 특정 국가들이 세계경제에 편입되지 않아서 이로부터 나오는 이득을 얻지 못했기 때문에 빈곤과 저소득이 발생한다는 것이다.

물론 두 종류의 효과가 작용한다는 주장은 그럴듯하다. 우리가 무역 개방의 공간적 범위를 크고 작은 수준의 불평등에 대한 잠재적인 기여자로 간주한다면, 이 주장은 예증할 수 있다. 톰슨(Thompson, 2007: 185)이 지적하는 바와 같이, 개발도상국을 포함한 지구적인 경제 통합의 정도는 아주 불균등하다. 무역 세계화와 자본수출을 통해 더 많이 통합되었던 국가는 일반적으로 개발도상국 약 25개국이다. 사하라사막 이남 아프리카의 많은 지역을 비롯한 많은 다른 국가는 오직 약하게만 통합되었다. 이는 무역 자유화가 그러한 배경에 이미 존재하는 불평등에 대한 설명이 될 가능성이 더 적다는 것과, 여타의 인과적 기제 — 성질상 세계적이거나 지역적인

- 가 작동한다는 것을 의미한다. 이러한 기제에는 빈약하게 고안되어 실행되는 원조 프로그램이나 정부의 내적인 실패가 들어간다.

이러한 고려 사항에 비추어 볼 때, 물론 나의 주장은 무역 세계화가 결코 소득 불평등을 확대하지 않는다는 것이 아니다. 또한 외국인직접투자나 금융 자유화와 같은 경제적 세계화의 다른 국면이 불평등을 확대하지 않는다는 것도 아니다. 나의 주장이 실제로 의미하는 바는 자유무역과 지구적 불평등 사이에 어떤 일반적인 인과적 연결도 없다는 것과, 많은 환경의 자유무역이 임금수준을 올린다는 것이다. 그럼에도 불구하고 그러한 긍정적인 환경에서 개발도상국의 더 부유한 집단이나 더 숙련된 집단이 비숙련 집단보다 더 잘 적응한다는 증거가 있다(Beyer, Rojas and Vergara, 1999; Harrison, 2007). 그렇지만 이것은 단지 세계시장 침투 하나에 의존하기보다 오히려 민주적 절차의 범위를 비롯한 현지의 정치적 과정에 아주 많이 의존한다.

만일 무역 자유화가 강화되는 시기에 시간적으로나 공간적으로 그러한 다양한 추세가 동반한다면, 분명히 다른 가능한 인과적 영향을 고려할 필요성이 있다. 관심을 받아온 경제적 세계화의 일부 추가적인 차원이 〈표 6.3〉에 나열되어 있다.

이러한 차원을 완전히 별개의 인과적 영향으로 간주해서는 안 된다. 바로 서로 상호 작용하기 때문이다.

표 6.3 —— 경제적 세계화와 관련이 있는 추가적 차원

- 외국인직접투자
- 경제구조 내의 부문 간 변화(예컨대 탈산업화)
- 일반적인 탈규제 정책
- 금융 세계화
- 노동 이주

외국인직접투자

외국인직접투자는 경제적 세계화의 주요한 요소이며, 세계무역보다 더 빠르게 증가하고 있다. 이러한 분석에서는 선진국의 비교적 고비용의 제조업을 저비용 개발도상국으로 이전하는 자본 유동성을 아주 많이 강조해왔다. (자본 유동성으로 발생하는 투자처의) 이러한 이동은 선진국의 탈산업화와 연결되었고(Gereffi, 2009), 저임금 서비스 고용과도 연결되었다(Mills, 2009). 즉, 탈산업화와 저임금 서비스 노동 증가는 선진국 내의 불평등을 늘리는 두 과정이었다. 그렇지만 경제적 세계화와 탈산업화의 연결은 논란의 여지가 많다. 로손과 라마스와미(Rowthorn & Ramaswamy, 1998)는 세계화보다 경제 발전과 생산성 향상이 탈산업화에 대한 더 중요한 설명이라고 주장한다. 브래디와 데니스톤(Brady & Denniston, 2006)은 더 신중하고 더 역사적인 관점을 취한다. 세계화는 대략 1975년까지 선진국의 제조업 확대를 가져왔고, 탈산업화는 오직 그 이후에 발생했다. 이 탈산업화는 '자본 밖으로의 이동'의 필연적인 귀결로서 발생한 것이 아니라, 오히려 세

계적 경쟁이 심화되고 저비용 생산이 경쟁상의 우위를 확보했을 때 일어났다. 또한 세계의 많은 생산이 기업 내에서 이루어지며, 따라서 (연구나 디자인, 복합 조립 같은) 고수준의 기능은 흔히 선진국에 그대로 남아 있는 반면 부품 제조는 다른 곳으로 이전할 수 있다는 점을 명심해야 한다.

탈산업화가 선진국에 미치는 영향은 정말로 미숙련 제조업 내 일의 감소로 인해 발생하는 실업의 증가일 수 있다. 비록 서비스 노동의 팽창이 이 느슨한 부문 - 제조업 - 의 많은 부분을 보충했는데도 말이다. 이 경우에 서비스 노동이 박봉의 임금을 받는 한 불평등은 심화된다(Alderson & Nielsen, 2002). 또한 미숙련노동자들이 경제적 구조 조정에 더 취약하기 때문에 불평등의 심화가 일어난다. 세계화와 삶의 과정에 대한 북홀츠 등(Buchholz et al., 2009)의 연구는 숙련도가 더 높은 중년 남성이 구조 조정에서 가장 많은 보호를 받는 반면, 젊은 노동자들이 구조 조정에 가장 많이 노출되어 있다는 점을 밝혀낸다. 그러면 탈산업화는 모든 노동 인구에 획일적으로 적용되기보다 오히려 세대에 따라 또는 삶의 과정에 따라 다른 영향을 미칠 수 있다.

한편 개발도상국의 산업화 성장은 미숙련노동의 임금을 높이는 경향이 있다(Moran, 2003; Thompson, 2007: 189). 이 산업화의 성장 덕택에 여성들은 중국이나 인도, 남아프리카공화국과 같은 나라의 수출 지향적 부문의 팽창을 비롯한 더 많은 임금노동 기회를 갖는다(Razavi, Pearson and Danloy, 2004). 이와는 정반대로 노동조건의 약화 요소가 자리 잡고 있다. 이러한 사례에는 멕시코 같은 나라의 마킬라도라maquiladora● 제조업 부문과(Labonté & Schrecker, 2007b), 나이키 운동화 생산 반대 운동에서 부각되는 동남아시아에 있는 저임금노동의 불안정한 하도급 공장이 들어간다(Sage, 1999; Global Exchange nd).

전반적으로 볼 때, 외국인직접투자는 세계적인 소득 불평등의 주요한 원인이 아니다. 왜냐하면 그 효과가 일관되게 부정적이라기보다 흔히 긍정적이기 때문이다. 그럼에도 외국인직접투자는 취업 기회가 시간적으로나 공간적으로 복잡한 방식으로 확대되고 축소되는 기제다. 어떤 맥락에서는 외국인직접투자가 실제로 불평등 심화를 초래하지만, 외국인직접투자와 연결되는 임금 표준과 노동 표준에 '밑바닥으로의 경주'가 있다는 어떤 일반적인 증거도 없다.

부문 간 변화

경제의 부문 간 변화는 물론 이 변화와 불평등 수준의 관계라는 쟁점은 우리를 쿠즈네츠의 역 U-자 곡선 — 불평등이 농경 사회에서는 낮은 비율로 시작해 산업화 초기 단계에서는 증가하고 그 이후에는 감소하는 현상을 나타내는 — 으로 다시 데려간다(2장 참조). 이 접근방식은 국가의 경제 발전에 초점을 두던 시기에 개발되었으며, 세계화가 강화되던 1950년 이후에는 성공적이지 않았다. 이 시기에는 국가 간 불평등과 약간의 국가 내 불평

●── 미국과의 접경 20킬로미터 이내의 멕시코 지역에서 값싼 노동력을 이용해 제품을 조립해 수출하는 형태의 외국인 투자 기업. 멕시코는 1965년에 이 제도를 도입했으며, 투자 기업의 원자재와 시설에 대해 무관세 혜택을 부여한다.

등이 증가했다. 쿠즈네츠의 모형이 급속한 산업화가 국가 내 불평등의 증가를 초래한 현시대의 중국에 적용되는 것은 당연하다. 하지만 이 모형은 세계화와 불평등의 더 폭넓은 동적 효과를 탐구하는 데 아주 유용하지는 않다.

갤브레이스(Galbraith, 2011)는 세계적인 부문 간 무역조건의 중요성을 지구적 불평등에 미치는 몇 가지 영향의 하나로 강조함으로써 부문 간 변화를 강조한 쿠즈네츠의 모형을 현시대에 맞게 개조한다. 달리 말하면, 농업이나 에너지, 제조, 서비스(예컨대 금융 서비스)와 같은 부문의 상품에 대한 상대적 가격을 불평등 분석에 넣는다. 핵심 가격에는 식량 가격이나 에너지(예컨대 석유) 가격, 이자율로 표현되는 신용의 가격이 들어간다. 불평등은 부문 간 가격을 급속히 끌어올리거나 끌어내리는 충격과 위기에 특히 민감하다. 2005년 이래로 소득에 상대적인 급속한 식량 가격 인상이 계속 일어나고 있으며, 이러한 인상은 특히 전 세계의 가난한 사람들에게 해를 입히고 있다(Ivanic & Martin, 2008). '농작물에서 추출하는 연료 agro-fuel'의 대두와 연결되는 빈곤이나 불평등과 함께 식량 안정성의 결여는 농업에 영향을 미치는 부문 간 변화에서 주요한 까다로운 흐름이다 [Bello(2009)의 비판 참조]. 이러한 변화는 지구적 불평등의 관점에서 세계경제의 구조적 변화의 부정적 국면이다.

일반적인 탈규제 정책

임금과 물가의 변동과 연결되는 세계경제 내의 구조적 변화는 세계적인 경기 규칙 ─ 세계화된 노동시장에 적용되는 기저의 ─ 을 통해 작동하는 세계화된 시장을 통해 조직화된다. 지난 몇 십 년 동안 이러한 규칙에 상품 시장과 신용 시장의 탈규제는 물론 자본 통제의 포기가 들어갔다. 그러한 규칙은 경쟁적인 시장 과정의 자연스러운 결과일 뿐만 아니라, 글로벌 기업이나 세계적인 규제 단체(예컨대 국제통화기금), 거대 국가를 비롯한 강자들의 이익과 엄청나게 연결되어 있다. 분명히 그러한 탈규제·자유화 과정 ─ 총괄적으로 워싱턴 컨센서스라고 알려진 ─ 은 정책 기반 세계화의 국면이다. 하지만 세계화가 국민국가의 종말이나 세계적 제도와 시장 규칙을 구성할 때 국민국가 역할의 종말을 의미하지 않는다는 점도 똑같이 인식해야 한다(Braithwaite & Drahos, 2000; Holton, 2011). 그러나 세계경제 질서에서 세계적 요소와 국가적 요소의 정확한 균형이 무엇이든 간에 게임의 규칙을 창조하고 강화하는 체계 전체의 과정이 불평등 패턴에서 분명히 아주 중요하다.

탈규제 무역의 실제적인 작동보다 개발도상국 내의 시장 탈규제를 이끌어내기 위해 고안된 일반적인 정책이 지구적 불평등의 패턴에 더 중요할 수 있다. 이러한 일은 탈규제와 경제성장을 이루기 위해 고안된 정책이 반생산적인 방식으로 실제로 경제활동을 옥죌 때 발생한다. 탈규제 정책에 대한 이전 비판의 많은 부분은 국제통화기금이나 세계은행과 같은 세계 기구가 세계의 최빈국들에서 (통화와 물가) 안정화와 구조 조정, 시장 중심 발전 프로젝트를 운용해온 방식과 관련이 있다(Stiglitz, 2002: chapter 2~3).

그럼에도 이 노선의 비판은 그러한 기구가 지난 20년 동안 어떻게 진화했는지를 무시하는 방식으로 이들의 활동을 희화화한다는 비난을 면하기 어렵다. 그러한 기구의 진화 과정에서 변화의 핵심 집합은 발전 과정의 결정적으로 중요한 자질로서 좋은 치리와 건전한 정치·법률 제도, 교육과 훈련의 개선에 더 많은 초점을 두는 인식이었다(Woods, 2005). 특히 세계은행은 이제 환경 지속 가능성(Goldman, 2005)과 사회적 불평등을 인간복지의 더 효율적인 향상을 이루는 데 언급해야 할 주요한 문제로 본다.

2장에서 제시한 바와 같이, 시장 탈규제 정책의 문제는 시장이 원칙적으로 성장과 빈곤 완화, 불평등 완화를 견인할 수 없다는 것이 아니라, 시장이 이 목표를 성공적으로 달성하는 데 그 자체만으로는 충분하지 않다는 것과, 빈약하게 실행되는 하향식 세계 정책 − 경제생활의 더 폭넓은 정치적·문화적 차원의 중요성을 인식하지 못하는 − 이 보통 결국 실패하게 된다는 것이다. 국제통화기금과 세계은행은 모두 탈규제 정책의 문제 측면으로부터 많은 것을 배웠다(〈표 6.4〉).

특히 그러한 정책 변화가 자원 이전을 통해 효율적인 시장 기반 성장을 이루는 데 도움이 되고 이러한 성장이 다시 더 높은 평등으로 이어질

표 6.4 ── 탈규제 정책의 효과에 대한 비판

- 고용과 소득에 대한 심각한 결과에 충분한 주의를 기울이지 않은 채 가난한 국가에서 아주 빠른 관세 인하를 단행했다. 일반적으로 국영기업의 민영화가 효율적 시장이 아니라 거대 기업과 정부의 담합에 의한 독점을 낳았다.
- 저임금 소득자를 위한 대안을 마련하지 않은 채 기본적인 식량 보조금과 연료 보조금을 급속히 폐지했다.
- 건강과 교육, 상수도, 위생에 대한 공적인 사회적 비용의 축소로 불평등이 심화되었다.

표 6.5 —— 발달에서의 정치적·법률적·문화적 쟁점

- 효율적이고 안정적인 일련의 법률·정치제도가 존재하는지의 여부
- 충분한 수준의 물리적 기반 시설과 인적 자본이 존재하는지의 여부
- 일과 신용, 물리적 이동성을 향한 지배적인 문화적 태도
- 구조적 변화가 공동체의 건전성과 식량 안보에 미치는 영향에 대한 관심

것이라는 가정은 문제가 많다. 이것은 주로 〈표 6.5〉에 나열된 정치적·법률적·문화적 과정의 개입 때문이다.

밥(Babb, 2005)은 문헌을 세심하게 검토하면서, 시장의 탈규제와 자유화를 겨냥하는 구조 조정 정책의 부정적인 특징뿐만 아니라 긍정적인 특징에도 주목한다. 이러한 긍정적인 특징에는 기업에 우호적인 더 강력한 재산권과 함께 정부의 더 높은 재정 책임성과 과세 제도의 개선이 들어갈 수 있다. 비록 이러한 특징 가운데 어떤 것도 그 자체만으로는 반드시 불평등을 허물지는 못한다. 반면에 부정적인 특징에는 신제도와 구제도 사이의 불일치가 들어간다. 적절한 파산 입법을 제대로 마련하지 않은 채 민영화와 금융 자유화를 강행한 멕시코의 결정이 바로 이 불일치의 한 실례다(Babb, 2005: 204). 스타인(Stein, 2011)은 사하라사막 이남 아프리카에서 충분한 교통 기반 시설 없이 신용과 금융, 시장을 자유화한 많은 불일치 사례를 제시한다.

밥(Babb, 2005)은 또한 개발도상국을 압박하는 과도한 빚 부담과 엘리트 내부의 부패를 비롯한 추가적인 부정적 특징을 분류한다. 개발도상국의 과도한 빚 부담은 사회적 정책과 사회적 시민권의 약화로 이어지고, 엘리

트 내부의 부패는 국민들 사이에서 사회적 응집력과 사회적 정의감을 훼손한다. 구조 조정의 추가적인 사회적 함축에는 건강에 대한 부정적인 귀결이 들어간다(Breman & Shelton, 2001). 그러한 정책은 또한 구조 조정이나 예측 불가능한 경제적 변동의 인적 비용 ― 즉, 실업의 정서적·심리적 비용이나 그러한 변동의 부정적 영향을 받은 사람들의 일자리 비용 ― 을 처리함으로써 시장 발달을 효과적으로 보조하는 가정 내 양육자이자 조직자 역할을 하는 여성의 무임금노동에 의존한다(Mills, 2003).

이 책에서 처음부터 끝까지 강조하는 정책 측면의 아주 강력한 추가적인 한 핵심은 빈곤과 경제 의존 탈출의 관점에서 볼 때 가장 성공적인 개발도상국들이 일반적으로 워싱턴 컨센서스의 처방을 따르지 않았다는 점이다. 예컨대 중국과 인도는 지난 2세기에 걸친 눈부신 성장의 전제조건으로 경제생활에 대한 공적 통제를 완화하고 있다고 볼 수 있다. 이것은 다시 세계무대의 국가 간 불평등을 완화하는 데 도움이 되었다. 하지만 중국과 인도의 발전은 결코 워싱턴 컨센서스 모형에 근거한 탈규제 자유시장과 민영화의 진전이 아니다. 중국에서 발전은 오히려 국가 주도 자본주의와 더 유사하게 보인다(Wade, 2007: 114). 국가 주도 자본주의는 "부분적인 민영화와 이중 가격 책정, 제한적 탈규제, 금융 제약, 비전통적 법률제도, 명확한 사유재산권의 부재"에 근거한다(Mukand & Rodrik, 2002: 2). 인도의 입장은 덜 분명하지만, 단지 부분적인 신중한 탈규제와 관련이 있다는 것은 명확하다. 이 두 사례는 워싱턴 컨센서스가 훨씬 더 많은 영향력을 행사했지만 지역 성장률은 정말로 고르지 못했던 라틴아메리카와 명확히 대조된다. 그리고 팽창하는 BRIC 국가 가운데 하나인 브라질의 경우에는 자본 통제와 활발한 사회복지 정책이 다시 워싱턴 컨센서스 처방에 기꺼이 자신 있게 맞섰다(Pradilla, 2009).

마지막으로는 세계적인 탈규제 정책의 지배력 차원을 강조해야 한다. 무엇을 규제할지와 그것을 어떻게 규제할지, 그리고 무엇을 규제하지 않을지를 결정하는 경향이 있는 것은 바로 강력한 기업집단과 부유한 국민국가다(Braithwaite & Drahos, 2000). 세계자본주의가 모든 측면에서 탈규제를 철저히 신봉한다는 발상은 하나의 이념적 신비화다.

금융 세계화

세계화를 비판하는 사람들은 흔히 금융 세계화가 특히 개발도상국을 뒤흔드는 결과와 이로 인해 불평등에 미치는 부정적인 결과를 지적한다 (Labonté & Schrecker, 2007b). 그리고 불평등이 개발도상국을 세계 자본시장으로 끌어들인 더 큰 통합의 귀결이라고 흔히들 말한다. 이러한 시장은 그 특징이 외국인직접투자 ― 앞에서 논의한 ― 와 연계된 장기적 흐름뿐만 아니라 거대한 양의 단기적 자본 흐름으로 규정된다. 금융 자유화로 인해 개발도상국들은 단기적 자본 흐름의 변덕스러운 패턴에 노출된다. 이 패턴은 위험의 정도가 나라별로나 부문별로 상대적이라는 인식에 근거한다. 금융 자유화로 인한 문제는 1994년과 1995년의 멕시코, 1997년과 1998년의 동남아시아, 2001년과 2002년의 아르헨티나 등 더 가난한 국가의 평가절하나 구매력 하락을 비롯한 통화위기와 연계되는 자본 도피에서 분명히 드러났다.

파사드 등(Pasad et al., 2003)은 국제통화기금에 제출한 논문에서 금융 자유화가 경제성장과 어떤 경험적인 관계도 보여주지 않는다고 주장한다. 금융 통합은 변동성을 줄이는 것이 아니라 늘릴 수 있다. 분명히 금융 세계화는 불안정화의 위험을 높인다. 따라서 파사드 등(Pasad et al., 2003)은 정책 도구로서 금융 세계화에 아주 조심스럽게 접근해야 한다고 권고한다. 금융 세계화는 단지 더 효율적인 금융 제도를 지닌 나라에서나 구조 조정의 이행기 이후에 작동할 수 있기 때문이다. 한편 2008~2013년에 걸친 세계금융위기는 세계 자본시장에 변동성의 국지화된 근원이 아니라 체계적인 근원이 있으며, 또한 소득과 경제적 안정을 위협하는 체계적인 근원이 있다는 것을 암시한다(Holton, 2012). 이러한 결과는 규제가 가장 약한 곳에서 확대된다. 이것은 2007년에 세계의 개인적 부의 약 12조 달러가 등록되었다고 추정되는 세금 도피처의 영업에서 분명히 드러난다(Palan, Murphy and Chavagneux, 2010).

금융 자유화의 추가적인 핵심 문제는 더 가난한 국가와 특히 그 정부가 지는 빚 − 세계 기구(예컨대 국제통화기금)나 상업적 근원(예컨대 투자은행) 모두에서 나오는 − 의 문제다. 1990년대 중반까지 이러한 빚의 부담은 (대부분 아프리카에 있는) 최빈국이 이 빚을 청산할 자원이 부족했다는 의미에서 지속 불가능하게 되었다. 개발원조가 경제성장의 역동적인 진전으로 이어지지 못했으며, 이로 인해 최빈국들은 빚 자체의 상환은 물론이고 이자조차 지불할 수 없게 되었다. 또한 개발원조로 인해 그러한 국가들은 교육이나 건강과 같은 영역의 불평등을 상쇄할 수도 있는 프로그램에 자원을 활용하는 역량도 개발하지 못했다.

1996년 무렵 세계은행은 빚의 부담을 덜어주기 위한 프로그램을 시작했다. 이 과정은 주빌리 2000Jubilee 2000● 운동을 통해 더 큰 동력을 얻었다. 이 운동은 부유한 국가들에게 최빈국들이 안고 있는 국가부채의 일부를 탕감하거나 줄여주도록 영향을 미쳤다. 세계은행(World Bank, 2013b)은 과다채무빈국HIPC 프로그램 같은 주도를 통해, 거의 1천억 달러의 빚이 탕감되었다고 추산한다. 이러한 방식으로 금융 세계화와 지구적 불평등 사이의 인과적 연결 – 금융 세계화는 불평등 증진을 초래했지만 세계은행의 채무 탕감은 이 불평등 증진을 완화했다는 – 이 부분적으로 언급되었다. 세계은행의 평가는 채무 상환액의 감소 덕택에 다른 사회 발달 영역에 들어가는 자금이 증가했다는 점에 주목한다. 하지만 이러한 자금은 단지 불균등한 성공에 이르렀을 뿐이며, 많은 국가가 문해성이나 공중위생을 개선하기 위한 예상 목표에 훨씬 미치지 못하고 있다. 다시 한 번 이것은 금융의 흐름이 현장의 불평등에 영향을 미치는 방식에 관한 복잡성을 강조한다. 그리고 이것은 지금부터 이 장의 끝에 이르기까지 추적하는 문제다.

이주

세계화는 자본의 흐름뿐만 아니라 사람의 이동과도 관련이 있다. 지구

●—— 가난한 나라를 빚으로부터 해방시키자는 취지로 1996년에 시작되어 약 4년간 진행된 국제적인 운동. 교황 요한 바오로 2세와 코피 아난 국제연합 사무총장, 넬슨 만델라를 비롯해 2천만 명 이상이 동참해 역사적인 평가를 받는 이 운동의 이름은 구약성서 레위기에 나오는 희년(禧年), 즉 희망 연도(jubilee year)에서 따왔다.

적 불평등의 더 큰 부분이 국가 간 불평등과 관련이 있기 때문에, 세계적 이주의 방향과 영향이 불평등 패턴에 상당히 중요하다. 이것은 특정한 집단으로서의 이주자들 자신에게도 적용되고, 출신 국가와 정착 국가에 모두 적용된다. 불평등을 완화하도록 세계적 이주를 고안하지는 않았지만(Castles, 2007), 이로 인해 상황이 얼마나 개선될 수 있는지 아니면 악화될 수 있는지는 불분명하다.

부유한 국가는 이주가 원주민들에게 미치는 역효과에 많은 관심을 보여주지만(Borjas, 2003), 상당히 많은 연구는 이주의 증가가 원주민의 전체적 위치에 결코 상당한 정도로 악영향을 미치지 않는다는 점을 보여준다. [이에 대해서는 Dustmann, Frattini and Glitz(2007)를 참조하라]. 이것이 사실일 수 있는 일련의 이유들이 있다. 첫째, 일반적으로 이주자들은 일반 주민보다 일자리를 찾는 데 더 심한 어려움을 겪으며, 고용될 때까지 더 많은 비용을 부담한다. 둘째, 원주민들은 이주자들과 경쟁하는 부문에서 나와 다른 일자리로 이동할 수 있다. 이것은 또한 이주자들이 (상품이나 서비스의) 총수요를 소비해서 늘리기 때문이다. 그리고 이 총수요의 증가는 수혜 국가 내의 1인당 소득 증가에 이주가 미치는 긍정적 효과와 연결된다(Sanderson, 2013). 덜 분명한 것은 국가 간 불평등과 국가 내 불평등에 미치는 효과다.

새로운 환경에서 일하는 사람들이 일반적으로 더 부유해질 것이라는 점을 고려하면, 가난한 국가에서 부유한 국가로의 이주는 분명히 국가 간 불평등에 대해 의미를 지니고 있다. 덜 분명한 것은 이주자들이 떠나온 더 가난한 개발도상국에 그들의 이주가 미치는 영향이다. 세계적인 이주자들이 가난한 미숙련자로 정형화되지 않는다는 점이 중요하다. 일반적으로, 이주하는 사람들은 가난한 사람들 가운데 가장 가난한 사람들 ― 극빈자들 ― 이 아니라(Bastia, 2013: 8), 오히려 어느 정도의 자원과 인적 망을 지닌 사람들이다. 많은 이주자가 낮은 수준의 기술을 지니고 있지만, 특정한 행동양식을 공유하는 이주자 집단은 미숙련자뿐만 아니라 상당히 많은 교육을 받은 숙련된 노동력으로 구성된다. 더 높은 소득에의 접근이라는 측면에서 교육받은 사람들과 더 고도로 숙련된 사람들이 이주를 통해 얻을 수 있는 개인적인 혜택은 상당하지만, 이주가 그들의 출신 국가에 미치는 효과는 덜 긍정적일 수 있다. 부정적 효과의 하나는 가난한 국가가 교육받은 숙련된 노동력의 상당 부분을 부유한 국가에 빼앗기는 '두뇌 유출'이다. 이와 대조적인 것은 정착 국가에서 고국으로 보내는 돈이다. 만일 부정적 효과가 긍정적 효과보다 더 크다면 국가 간 불평등과 가난한 국가의 국가 내 불평등은 악화될 것이다.

이 송금액의 사회경제적 귀결에 대한 상당한 논란이 있다. 송금액의 규모는 논란의 여지가 없다. 세계은행은 개발도상국으로의 송금이 2011년까지 3720억 달러로 증가했고 이 금액의 주요한 수혜국은 인도와 중국, 멕시코였다(Ratha & Siwal, 2012). 타지키스탄, 네팔, 레바논 등 일부 더 작은 국가들에서는 송금액의 중요성이 상당하다. 이 송금액이 국내총생산의 20퍼센트 이상을 차지하기 때문이다. 전반적으로 매년 송금액의 가치는 해외 개발원조를 훨씬 능가하며 외국인직접투자의 약 60~65퍼센트에 해당한다. 그럼에도 이러한 흐름이 무엇을 의미하는지에 대해서는 여전히 상당한 논란이 있다. 예컨대 송금액은 결국 어디로 들어가는가? 흔히 있는 일이지만 송금액을 기업 금융이 아니라 소비에 사용한다면, 이 송금액은 발달과 불평등 완화에 직접적으로 중요하지 않을 수 있다. 반면에 송금액을 건강과 교육의 사회적 비용을 지원하는 데 사용한다면, 이 송금액은 당연히 건강 불평등을 완화하고 인적 자본 형성과 더 많은 교육을 받는 노동력 양성에 기여한다. 불평등에 미치는 효과 측면에서 우수 인력의 해외 이주와 그들의 송금이 어느 정도 균형을 맞춰야 하는지를 정확하게 결정하기 위한 연구는 현재로서는 충분하지 않다. 하지만 빠져나가는 숙련된 이주자들이 고국으로 다시 보내는 송금액은 이들의 두뇌 유출이 초래했을 부정적인 효과를 완화하는 데 분명히 영향을 미친다.

세계적 이주가 불평등에 미치는 전체적인 효과는 아주 낙관적인 해석이나 아주 비관적인 해석을 뒷받침하기보다 오히려 아주 다양하게 뒤섞여 있다. 그럼에도 국가 간 불평등이 지구적 불평등의 핵심임을 고려할 때, 가난한 국가에서 부유한 국가로의 더 급속한 이주 — 현재는 제약으로 인해 차단당하고 있지만 — 로 인해 지구적 불평등이 상당히 감소하리라는 것은 여전히 사실로 남는다.

세계화의 정치경제학을 넘어: 불평등의 원인에 대한 더 폭넓은 고찰을 향해

지구적 불평등이 세계자본주의의 정치경제학에 뿌리박은 단일한 포괄적인 설명으로 환원될 수 있기보다는 오히려 다수의 흥미로운 원인을 지

표 6.6 —— 불평등에 대한 더 폭넓은 영향의 점검표

- 부존자원과 기후변화, 환경정책 개입을 비롯한 환경적 요인
- 인구학적 발달과 압력
- 인종주의나 가부장제, 민족성과 연결되는 문화적 관계와 정책
- 부패나 역량, 민주적 책무성 문제를 비롯한 정치제도와 공공 정책

니고 있다는 인식이 많은 분석가들 사이에 널리 퍼져 있다(Suter, 2009; Walby, 2009; Dorius, 2009; Dorius & Firebaugh, 2010). 따라서 분석적인 도전은 정치경제학적 과정의 중요성을 놓치지 않으면서 추가적인 수준의 설명을 식별하는 일이다. 그래서 만일 경제적 세계화가 지구적 불평등에 대한 모든 책임이 아니라면, 그 밖의 무엇에 책임이 있는가?

이러한 노력의 간단한 한 출발점은 지구적 불평등을 설명할 때 중요한 요소로 제시되었던 여러 가능한 인과적 영향을 밝혀내는 것이다. 이 인과적 영향의 잠정 목록은 〈표 6.6〉에 제시한다.

각각의 표제어 아래에는 여러 공간적 척도의 복합적인 혼합이 있으며, 이러한 척도는 전 세계적인 것과 지역적인 것에서 국가적인 것과 국지적인 것에 이른다.● 다른 방식으로 말하면, 지구적 불평등의 원인의 기원이 반드시 세계적이지는 않다.

●—— '전 세계적(global)', '지역적(regional)', '국가적(national)', '국지적(local)'은 가장 큰 규모의 공간과 가장 작은 규모의 공간을 차례대로 지칭하기 위해 이 책의 저자 홀튼이 사용하는 용어다. '전 세계'가 국가들의 집합인 '지역(예컨대 유럽)'보다 더 크고, '지역'이 '국가'보다 크며 '국가'는 '국지'보다 더 크다.

환경적 쟁점은 범위가 내재적으로 지구적이다. 비록 기근 같은 인구학적 위기의 발생률이 일반적으로 특정 지역에서 특히 더 높지만 말이다. 문화적 관행과 문화의 정치는 또한 세계적인 문화 갈등(Barber, 1995)이나 문명 전쟁(Huntington, 1996)에서부터 불평등을 심화하거나 완화하는 국가적이면서도 국지화된 문화적 관행까지 일련의 척도상에서 작동한다. 한편 정치제도와 공공 정책도 이런 식으로 작동하고, 환경과 인구학부터 재정 건전성과 부패는 물론 인종주의와 가부장제, 인권, 평등한 기회까지 여기에서 분류되는 모든 분석 주제에 적용된다. 여기에서 논의해야 할 쟁점의 목록은 아주 거대해서 어떤 단일한 주제도 너무 깊숙이 파고들 수는 없을 것이다.

지구적 불평등에 대한 환경적 영향

환경적 위험과 불평등, 불의의 세계화에 초점을 맞춘 폭넓은 많은 학문적 연구가 있다(Beck, 2007, 2010; Carmin & Agyeman, 2011; Holifield, Porter and Walker, 2011). 이러한 연구에서는 세계자본주의와 세계적인 정치경제학이, 국가의 경계를 넘나들며 이동하는 환경적 위험의 부정적인 결과에 대처하는 결정적인 사회운동이나 지역공동체와 대결한다.

환경 조건이 불평등에 미치는 가장 직접적이고 분명한 영향은 건강 영역에서 확인할 수 있다. 5장에서 나는 부유한 나라와 가난한 나라 사이의 많은 건강 불평등이 지난 60년에 걸쳐 줄어들었다고 주장했다. 그럼에도 기후변화의 영향과 폐기의 세계화, 물 같은 자원에 대한 인구 압력은 가

줄리안 애즈맨과 조안 카마인(Agyeman & Carmin, 2011: 2-3)은 유럽이 자신들의 폐기 컴퓨터를 가나에서 처리한 사례를 기술한다. 폐기 컴퓨터는 도착하는 즉시 십 대를 비롯한 젊은 노동자들의 맨손에 의해 해체된다. 일반적으로 건강 보호와 안전 보호는 아예 존재하지 않으며, 따라서 어떤 보호복도 없다. 관련 물질의 유독성 측면 역시 보통 맨손이나 기본적인 도구로 처리한다. 이로 인해 노동자들과 주변 공동체가 건강 위험에 노출되고, 독성이 토양과 지하수에 스며드는 문제가 발생한다.

난한 나라의 불평등을 완화하기 위한 어떤 시도에도 여전히 지속되는 주요한 도전이다.

맥마이클 등(McMichael et al., 2008)은 지난 10년에 걸쳐 일어난 환경 건강에 대한 세계적인 사고의 중요한 변화를 강조한다. 가까운 과거에는 국지화된 물리적인 위험과 화학적인 위험, 미생물에 의한 위험에 주의의 초점이 있었고, 그러한 위험의 대부분은 치료할 수 있었다. 이 연구자들은 세계보건기구가 세계의 질병 부담 가운데 4분의 1이 공기와 토양, 음식 속의 가변성 인자 때문이라고 추정한다는 점에 주목한다(Prüss-Üstün & Corvalan, 2006). 한편 환경적 부담은 부유한 국가보다 중금속과 화학물질 잔류물에 의한 음식물 오염의 위험성과 수인성 장내 병원균의 위험성이 더 높은 저소득 국가에게 불균형적으로 많이 돌아간다. 질병 부담은 열대 지역에서 특히 높으며, 말라리아가 거대한 살인자 ― 특히 아동의 살인자 ― 다. 기후적·생물학적 요인 때문에 말라리아는 다른 곳보다 열대 지역에서 박멸하기 어렵다(Sachs et al., 2004). 비록 공공 건강에 더 많은 투자를 하면 상당한 차이가 날 것이지만 말이다.

이러한 국지적·지역적 쟁점이 여전히 아주 중요하게 남아 있지만, 건강에 대한 환경적 사고는 퇴치하기 매우 어려울 수 있는 기후변화나 물 부족, 생물 다양성 상실과 연결되는 더 큰 규모의 세계적인 쟁점으로 점진적으로 옮겨갔다. 울리히 벡(Beck, 2010)에게 이러한 흐름은 세계 위험 사회의 도래에 해당하며, 이곳에서는 가장 가난한 사람들이 잠재적 재앙일 수 있는 환경적 흐름에 사회적으로 취약하다. 그렇지만 벡은 환경 위기의 원인을 자연에서 기인하는 것으로 간단히 간주하지 말라고 경고한다. 이 종류의 담론 ─ 환경에 대한 자연주의적 담론 ─ 은 위험의 생산자를 위험의 귀결과 분리함으로써 사회적으로 생성된 위험을 모호하게 만든다. 자연주의 담론을 비판하는 사람 입장의 기저에는 지구적 불평등의 외견상 환경적 원인을 오히려 글로벌 기업 자본주의나 부유한 나라의 국가적 사익을 비롯한 다른 사회적 요인으로 돌릴 수 있어야 한다는 가정이 깔려 있다. 이러한 비판이 결정적인 핵심이지만, 기후변화의 자연환경 원인을 완전히 제거하지는 않는다.

압도적인 다수의 기후과학자들은 기후변화가 실재하는지를 두고 기후변화 부정론자들과 계속 맞선다. 그러나 기후변화의 부정적인 효과가 건강 불평등과 지구적 불평등에 영향을 미치는 기제보다 이 가열된 토론이 더 많은 분석적 관심을 받는다는 위험이 있다. 그러한 효과에는 (장기적인 혹서뿐만 아니라 홍수나 폭풍, 화재를 비롯한) 이상기후가 들어간다. 이 이상기후로 인해 지구온난화가 식량 생산에 미치는 역효과로부터 발생하는 감염과 영양실조의 패턴이 바뀐다. 이러한 이상기후는 모두 가장 가난한 나라들에게 엄청나게 많은 영향을 미친다. 홍수와 해수면 상승으로 살던 곳에서 쫓겨날 가능성이 가장 높은 사람들은 바로 저지대에 사는 가장 가난한 집단이다. 그러한 결과는 경제 발전과 생계에 부정적인 영향을 미치고, 이에 따라 건강 불평등에 못지않게 소득 불평등에도 부정적인 영향을 미친다. 기후변화의 인위적 원인과 자연적 원인 사이에서 아무리 균형을 유지한다 하더라도, 어떤 인위적인 원인이 가장 현저한지의 문제는 그대로 남는다. 경제적 세계화가 주요한 원인 제공자라고 볼 수 있다. 경제적 세계화의 기제에는 세계적인 기업권력을 지닌 화석연료 회사가 국가의 에너지 정책에 행사하는 힘과, 가난한 국가에서 유독성 물질이나 오염 물질을 배출할 가능성이 있는 활동에 대한 규제의 결여, 자유무역이 삼림 벌채와 생물 다양성 감소에 미치는 영향이 들어간다. 하지만 이러한 기제가 필연적으로 세계자본주의와 연결된다는 것은 결코 분명하지 않다. 사회주의국가들이 방대한 규모의 화석연료 생산에 매진해왔지만, 서방세계에 분명히 있는 근대성의 신자유주의 변종과 사회민주주의 변종 모두 자연을 사회적 자산으로 보고 이용하는 데 여전히 전념하고 있다. 그렇다면 인간의 활동에 의한 기후변화의 주요한 기저 원인이 되는 것은 세계화 자체라기보다 오히려 산업화나 근대성일 수 있다.

여기에는 역설적인 문제도 있다. 한편으로는 화석연료 개발을 비롯한 경제성장의 증진으로 인도와 중국에서 성장률과 국민총소득이 올라갈 수 있다. 다른 조건이 같다면, 이 경제성장 증진은 지구적 불평등의 완화 ─ 특히 국가 간 불평등에 연결되는 측면의 완화 ─ 로 이어질 것이다. 다른 한편으로는 화석연료 개발이 기후변화에 미치는 계속적인 영향으로 지구적 불평등이 심화될 수 있다. 이는 건강 위험의 증가로부터 부정적인 영향을 받는 가장 가난한 나라에 환경이 미치는 부정적인 효과 때문이다.

따라서 전체적으로 볼 때 불평등의 심화를 초래하는 환경 과정에는 자연적인 원인도 있고 인위적인 원인도 있다.

불평등의 인구학적 측면

인구학적 과정은 많은 다른 방식으로 불평등과 연결된다. 경제학자들은 어떤 조건 아래의 인구 성장이 경제성장의 원동력이며, 경제성장이 이루어지면 소득 불평등이 좁혀질 수 있다고 본다. 인구 증가가 식량 공급을 능가하지 않는다 ─ 맬더스 학파의 문제 ─ 는 조건에서, 인구 변동은 총수요를 확대한다. 물론 이 인구 증가가 그 자체로 유일하거나 가장 중요한 기여 요인일 가능성은 낮지만 말이다. 안정적이고 예측 가능한 일련의 정치·법률 제도와 마찬가지로 생산성 증가 ─ 기술혁신과 조직혁신에 연결되는 ─ 역시 결정적이다. 그때조차도 이 모든 것이 국가 내 불평등에 미치는 순수 효과는 1인당 소득 증가가 전 인구에 어느 정도 분배되는지에 의존한다. 이러한 분배 자체는 그 자체가 민주적 참여의 수준과 노동조합 조직률, 권력과 영향력 분배의 다른 측면에 좌우된다.

열대 아프리카의 많은 지역 같은 경우에는 시골의 인구 증가가 식량 공급보다 엄청나게 높아서 가정 농장의 평균 크기가 줄어들고 있지만 농업 강화가 이를 뒷받침하지 못하고 있다(Sachs et al., 2004: 139). 농장의 규모가 줄어들면서 토양 영양소가 고갈되어 환경의 질이 저하되고, 생계형 농업이 영속화되며, 불평등의 영속화도 더욱 가속화된다. 물론 이 관점이 그 자체로 사하라사막 이남 아프리카의 불평등을 완벽하게 설명하는 것은 아니지만 말이다. (이 쟁점의 추가적인 논의는 2장과 4장을 참조하라.)

국가 간 소득 불평등에 아주 많은 영향을 미치는 요인은 두 가지다. 하나는 일련의 국가들에서 도달하는 1인당 소득 성장 수준의 차이이고, 다른 하나는 가장 가난한 국가의 성장이 부유한 국가의 성장을 능가하는지의 여부다. 일반적으로 1820~2000년에 걸쳐 1인당 소득은 아프리카나 아시아의 가난한 국가들보다 부유한 국가들에서 더 많이 증가했으며, 따라서 이 척도의 지구적인 소득 불평등이 확대되었다. 이렇게 더 형편없는 성과로 인해 일련의 설명이 나왔으며, 이 설명은 앞에서 논의한 바와 같이 크게 내적 원인과 외적 원인으로 나눌 수 있다. 가난한 국가의 인구 증가와 유동성은 경제 발전에 결정적인 영향을 미치지 못했다. 이는 발달상의 문제점을 외부 이익집단이 경제 자원을 지배하는 힘의 측면에서 설명하든, 외부로부터 부과된 규제 정책의 실패라는 측면에서 설명하든, 안정적인 제도의 부족과 이로 인한 더 큰 정치적 위험 같은 내적 요인의 측면에서 설명하든 모두 적용된다.

그렇지만 가난한 국가의 인구 증가로 인해 사회 불평등이 심화될 수 있는 여러 방식이 있다. 도리어스와 파이어보우(Dorius & Firebaugh, 2010)는 젠더 불평등을 파고든 연구에서 불평등이 더 증가한 최근 동향이 여러 다른 지역에 불균형적으로 퍼져 있다는 점에 주목한다. 도리어스와 파이어보우는 1970~2000년의 인구 증가율이 젠더 불평등이 더 높은 나라에서 상당히 더 높다는 사실을 밝혀낸다. 일부 연구자들은 빈곤에 처한 사람들에 비해 아이들이 더 유리하다는 식으로 이 사실을 설명하면서, 젠더 불평등과 가임능력의 관계도 살펴본다. 여성이 가족 크기 결정에 의견을 덜 내는 곳에서 가임능력이 높은 경향이 있으며, 이는 소득과 무관한 것으로 보인다. 만일 부유한 나라보다 그러한 환경에서 인구가 더 많이 증가한다면, 젠더 불평등은 지구적 불평등의 한 요소로서 그 비중이 확대된다. 만일 젠더 불평등에 대한 다른 동향에 의해 상쇄되지 않는다면 말이다 (Dorius & Firebaugh, 2010: 1949).

마지막으로 앞에서 이미 논의한 세계적인 인구 이동의 문제가 있다. 여기에서 가난한 나라에서 부유한 나라로의 이민에 대한 제약은 불평등 완화를 위한 개인적인 수단이나 가족적인 수단으로서의 지구적 이주를 제한한다. 이 경우에 인구 이동을 제약하는 것은 경제적 세계화가 아니라 자신의 생계를 보호하려는 열망을 가진 부유한 나라 국민들의 이익이다. 자본과 상품은 국경을 가로질러 아주 자유롭게 이동하지만 노동은 그렇지 못하다. 그렇다면 이민 제한은 국가 간 불평등에 기여하는 노동시장 탈세계화의 한 형태다.

인종주의와 가부장제의 문화정치

때때로 문화적 관계는 불평등의 중대한 근원으로 간주되어왔다. 예컨대 틸리(Tilly, 2001: 360)는 많은 인류학자가 "유리함의 차별적인 분배를 장려하는 널리 신봉되는 믿음과 가치와 관행"이 여러 사회집단 사이에서 인종적이고 가부장적이며 고전에 근거한 불평등에 대한 주요한 설명이 된다고 주장하는 데 주목했다. 정치경제학적 설명은 그러한 문화적 설명을 지배적인 경제적 이익집단의 힘으로 돌리는 경향이 있지만, 이것은 인종 불평등, 젠더 불평등, 민족 불평등이 자립적인 문화적 근원을 가질 가능성을 미리 차단한다. 이 가능성은 이미 3장의 불평등에 대한 더 방대한 역사사회학에서 철저히 논의했다. 인종과 민족, 성이 소득 불평등에 미치는 영향도 5장에서 경험적으로 탐구했다. 지금부터는 여러 문화적 설명의 일관성을 더 상세하게 살펴보고, 이러한 설명을 다시 국가적 과정과 제도뿐만 아니라 세계적 과정과 제도에 연결한다.

문화는 정말로 포착하기 힘든 용어다. 가치와 태도에서부터 구조와 제도에 걸쳐 있고, 어떤 때는 정치와는 거의 무관한 것으로 여겨지지만 다른 어떤 때는 권력과 불평등의 중심에 있다. 그래서 불평등 생성에 책임이 있는 인종주의와 자민족중심주의ethnocentrism, 가부장제는 개인적 태도와 대인 관계 속에서 표현될 수 있지만, 그에 못지않게 구조와 제도 속에 내포될 수도 있다. 그렇지만 문화의 지형은 내재적으로 정치적이며, 권력 구조와 정체성 형태, 사회적 불평등에 대한 사회적 갈등의 처리에서 핵심 요소가 된다. 인종주의와 가부장제는 작동방식이 명시적이고 의도적이며 고의적일 수 있지만, 그에 못지않게 은밀하고 잠재적일 수도 있다.

지구적 불평등을 정치경제학에만 초점을 맞춰 설명하는 방식을 넘어서는 한 경로는 근대성과 근대화 과정에 대한 더 폭넓은 논의를 살펴보는 것이다. 근대성에는 수많은 정의가 있으며, 지금까지 단 하나의 근대적 패턴보다 오히려 다수의 근대성을 떠올리는 경향이 있었다(Eisenstadt, 2000). 근대성을 다루는 접근에는 대부분 경제제도 외에도 문화적·정치적·법률적 제도가 들어가지만, 이러한 제도가 취하는 정확한 형식은 근대 민족국가의 차이만큼이나 다양하다.

고전적인 전후 근대화이론(Parsons, 1971)에서 이전의 전통적인 형식의 사회생활에 대한 근대사회의 역동적 진화와 연결되는 것은 민주주의나 법치, 과학적 합리주의, 개인적 성취의 문화, 소유욕 개인주의의 문화와 같은 과정들의 결합이었다. 이 과정에서는 빈곤과 불평등, 무지, 권위주의가 극복되고, 더불어 귀속적인 문화적 편견과 제도를 배양하는 문화적 집단에 대한 불평등한 처리도 극복될 것이라고 생각했다. 하지만 근대의 세속적인 이성과 시장경제, 자유민주주의, 개인적 성취와 자기실현의 문화에도 불구하고 인종과 민족, 가부장제는 대부분 말라 죽기보다 오히려 분명히 부유한 나라와 가난한 나라 어디에서나 일련의 무대에 온전하게 남아 있다. 보통은 세계화를 떠올리게 하는, 아주 과찬을 받는 세계시민주의는 현시대의 중요한 흐름이다(Holton, 2009). 그러나 이 세계시민주의는 자신의 앞에 있던 모든 것을 쓸어버리는 지배적인 사회 경향이 되지는 못했다. 사회적 배제의 인종주의 정치는 정말로 결코 죽지 않은 반면, 종족적 민족주의는 전 유럽에서 되살아났으며 종족 중심의 부족 갈등은 중앙아프리카의 고질병이다.

이 모든 것에 대한 하나의 설명은 노예제를 철폐하고 시민적 평등권과 시민권을 제정하고 모두에게 평등한 기회를 제공하기 위해 최선을 다한 근대성의 노력이 여전히 불완전하다는 것이다. 타인에 대해 백인이 우월하고 특권을 누리며, 유대인과 흑인을 비롯한 다른 인종에 대해 여러 형태의 편견을 지니고 있는 오래된 관습은 계속 살아남아 있다. 따라서 이러한 관습을 타파하기 위한 새로운 주도가 필요하다. 하나의 대안으로 더 급진적인 논법에서는 인종 불평등과 종족 불평등, 젠더 불평등의 지속이 근대성(의 적어도 어떤 특성)의 산물이라고 설명했다. 따라서 지난 40년 동안 탈구조주의나 여성주의, 탈식민주의 사상을 떠오르게 하는 일련의 사회 이론가들은 근대화이론의 토대에 도전했다(Foucault, 1973; Said, 1978; Pateman, 1988; Goldberg, 2002; Winant, 2001, 2004). 이러한 사조는 통합적이라기보다 오히려 다양하다. 그러나 이런저런 방식으로 이러한 사조는 근대성의 핵심 요소 내에서 약점을 확인한다. 이러한 약점으로는 아마도 보편주의적인 자유·민주주의 제도가 인종주의와 가부장제를 다루면서 인종 문제와 젠더 문제에는 눈을 감은 것과, 또한 지배를 받는 사회집단을 훈육하기 위해 고안한 합리화의 강압적인 특성이 있다.

그렇다면 이 모든 것은
지구적 불평등에 대한 설명에 무엇을 더하는가?

첫째, 이 사조는 제국과 노예제, 가부장제, 인종의 역사적 유물을 자본 축적과 자본주의의 단순 논리로 환원하지 않고 오히려 이러한 영향을 진지하게 수용하는 사고방식 ─ 지구적 불평등에 대한 ─ 을 제안한다. 지금까지 살펴본 바와 같이, 지구적 불평등에 대한 설명은 시장에 근거한 경제적 과정과 권력 구조의 부정적 귀결을 진지하게 수용하지 않고서는 생각조차 할 수 없다. 근대성을 신랄하게 비판하는 사람들이 지금까지 수행해 온 일은 환원주의 논리 ─ 자본주의 주장● ─ 에 대한 의존을 넘어서 설명

방안의 목록을 확대한 것이다.

인종과 불평등에 대한 논의는 이것이 어떻게 작동하는지에 대한 중요한 실례를 제공한다. 미셸 푸코나 에드워드 사이드Edward Said의 연구에서 주요한 일반적인 특성의 하나는 이항적인 문화적 구분이 훈육과 감시, 문화적 지배의 개념이나 형식 속에 구현되는 여러 형식의 담화권력으로 어떻게 작용하는지를 보여주는 것이다. 이것은 용어 '타자화othering'의 중요한 실례가 된다. 인종과 인종주의는 기독교도와 이슬람교도의 종교적 구분이나, 문명화된 사회집단과 후진적 또는 야만적인 사회집단의 문화적 구분과 마찬가지로 타자화의 중요한 실례가 된다. 이러한 종류의 인종적·종교적·문명적 구분은 유럽이 라틴아메리카와 아프리카, 아시아를 식민지로 삼은 역사 속에 널리 퍼져 있다. 또한 이러한 구분은 유럽 백인의 우월성을 창조하고 재생산하는 역할을 하며, 따라서 지구적 불평등과 내재적으로 연결되는 문화적 형태의 세계화로 간주할 수 있다.

위넌트(Winant, 2001)는 전 지구의 근본적 불평등이 자본주의 세계체제의 일반적 성질로 설명되지 않는다고 주장한다. 오히려 위넌트(Winant, 2001: xiv, 21)는 전 지구의 국가 간 불평등과 국가 내 불평등의 패턴을 창조하는 데 그 자체의 자립적인 효과를 냈으며 18세기와 19세기에 공고화된 '세계 인종 체제', 즉 '인종차별 장기 지속longu duree'이라는 말을 강조한다. 이 체제는 자본과 노동 사이의 변하는 세계적 관계와 밀접한 관련이 있지만,

●── 자본주의는 모든 사회적 흐름이 자본주의의 귀결이라고 설명하기 때문에, 자본주의의 주장은 환원주의 논리의 사례라고 할 수 있다.

훨씬 더 많은 그 이상의 것이다. 또한 이 체제는 제국의 형성과 국민국가의 구성에서 핵심적인 요소다. 이 밖에도 이 체제는 인종 위계를 강화하는 새로운 문화적 정체성을 생성한다. 위넌트의 이 주장으로부터 이른바 자본주의의 필요로 인종적 지배를 근원적으로 설명할 수 없다는 더 심오한 논평이 나온다. 달리 말하면, 자본주의는 특별한 형태의 강제 노동이나 자유노동, 권위주의적인 특별 정치조직이나 민주주의적인 특별 정치조직, 또는 인종주의적인 특별한 문화 형성이나 세계시민주의적인 특별한 문화 형성과 어떤 필연적인 연결도 없다. 자본주의는 이들 가운데 어느 맥락에서나 작동할 수 있다.

이 분석에서 위넌트는 인종 불평등의 개념을 세계화해 '하나의 게토 ghetto●로서의 세계'라는 말을 한다. 이것은 국가에 초점을 둔 인종 불평등에 대한 해명 — 이 학문 분야를 지배하는 경향이 있는 — 을 넘어서 세계/국가 상호작용을 지향하는 방식을 나타낸다. 왜냐하면 인종적 체제가 지구적 불평등에 대한 완전히 포괄적이며 정적인 해명이라기보다 오히려 역동적이며 저항하고 변하기 때문이다. 인종차별 장기 지속 내의 분기점은 제2차 세계대전 시기에 위치한다. 이때부터 여러 식민지 독립 운동의 연합 효과와 시민권 운동의 증가, 민주주의의 확산이 그때까지는 국가 간 불평등의 증가에 많은 기여를 했던 세계적인 인종 위계를 심각하게 잠식

●—— 원래 제2차 세계대전 기간의 유대인 강제 거주 구역을 가리키는 말이지만, 의미가 확대되어 특정 사회집단의 거주지를 가리킨다. 특히 미국에서는 (흑인 같은 소수 민족) 빈민굴이나 고립 지구를 가리킨다.

하기 시작했다. 이 맥락에서 세계/국가 상호작용의 고전적인 사례는 외부 압력과 내부 저항의 연합으로 인해 남아프리카공화국의 인종 분리 정책인 아파르트헤이트apartheid가 소멸한 사건이다.

전 세계적인 인종 위계는 식민지의 혁명과 독립, 민주주의로 인해 잠식당해왔다. 하지만 백인 우월이라는 인종주의 유산은 지금까지도 지속되고 있으며, 특히 미국에 강하게 남아 있다. 이 측면은 인종차별과 불평등에 대한 사회학적 연구에서 탐구해왔다(5장 참조). 인종 불평등은 비판적 인종이론Critical Race Theory 같은 새로운 학파의 학문에서도 분석해왔다. 비판적 인종이론은 1970년대부터 미국의 일부 법학자들 사이에서 주창되었으며(Delagdo & Stefancic, 2001), 인종과 불평등에 대한 연구에서 수많은 유사한 지적 흐름 가운데 하나다(Pitcher, 2011). 이러한 지적 흐름은 정치경제학뿐만 아니라 인종과 계층, 성, 성적 지향의 상호작용에 초점을 두고, 또한 현대사회에 깊숙이 자리 잡은 인종차별적 사고와 배제의 본성에 초점을 맞춘다. 비판적 인종이론이 언급하는 주제는 상당히 절충주의적인 혼합이다. 이러한 주제로는 아프리카계 미국인들이 백인 배심원들로부터 정당한 재판을 받을 수 있는지의 문제와, 법적 서사의 인종차별적 함축, 인종차별적 행동 – 모욕과 모멸, 욕설을 비롯한 – 의 피해를 당할 수 있는 사람들이 직면하는 실재에 대한 명명命名을 둘러싼 법체계 내의 불평등이 있다. 이것은 측정하기 어렵지만 그럼에도 분명히 실재하는 존재론적 불평등의 질적 국면에 도달하는 데 도움이 된다.

비판적 인종이론과 인종을 둘러싼 여타의 비판적인 학문 흐름에서 다루는 하나의 주제는 많은 제도나 담론이 유색인에 대해 보여주는 몰이해다. 유색인에 대한 몰이해는 자유민주주의 미국이나 공화주의 프랑스에 모두 반영되어 있다(Salmi, 2011). 여기에서 순백whiteness의 문제나 백인 우월주의의 문제는 표면화되지 않는다. 왜냐하면 이러한 문제가 아메리칸 드림과 양립 불가능한 특권의 형태를 공격하거나, 공화주의 덕德의 자랑스러운 프랑스식 이상을 훼손할 것이기 때문이다. 둘 중 어느 경우에서든 인종적 우월주의는 국가의 신화 덕택에 보이지 않는다. 하지만 이 우월주의의 실재는 노동시장에서 불리하고 배제된다는 증거에서 분명히 드러난다. [이 우월주의의 미국 내 실재성에 대해서는 5장을 보고, 프랑스 내 실재성에 대해서는 Silberman, Alba and Fournier(2007)을 보라.]

매시(Massey, 2009)는 지구적 불평등과 인종 사이의 연결을 이해하는 강력한 방법을 제공한다. 그의 초점은 이른바 미국 예외주의에 있다. 세계화가 전 세계적으로 불평등의 격차가 더 벌어지도록 작용하는 압력을 생성하고 있다고 간주될 때, 국민국가가 이러한 압력에 대응하는 방식은 뒤따라오는 불평등의 규모와 유형에 아주 많은 영향을 미친다. 미국이 예외적인 경우로 분명히 드러나는 이유는 불평등의 심화를 지향하는 세계적 압력이 다른 어떤 곳보다 미국에서 훨씬 더 강렬하게 표출되기 때문이다. 부분적으로 이는 세금 제도가 소득이 덜 부유한 사람에게 다시 분배되는 규모를 심하게 제한함으로써 부유한 사람들이 유리하기 때문이다. 세금 이전의 불평등과 이후의 불평등을 고찰한 스미딩(Smeeding, 2005)은 서유럽 국가들에 비해 미국의 세전 불평등은 약간 더 높지만 세후 불평등은 훨씬 더 높다는 사실을 발견했다. 또한 미국의 공화당은 노동조합을 약화하고 최저임금을 낮추는 정책을 채택했다. 달리 말하면 이 격차를 설명하는 데 중요한 것은 세계화라기보다 오히려 국가정책이었다.

인종 불평등이 충분히 드러나는 것은 1990년대에 미국의 공화당이 복지를 축소했기 때문일 수도 있지만, 더 구체적으로는 아프리카계 미국인 여성이 복지 급여를 최대화하기 위해 자녀 수를 최대한 늘린다는 이른바 '복지 여왕'이라는 인종적 낙인의 결과다. 시민적 권리를 신봉하는 민주당이 복지의 인종차별적 요소를 이전에 철폐했지만, 이러한 요소는 이제 공화당의 복지 담론 속에서 다시 인종차별적이 되었다. 매시가 보기에 인종의 유산 — 미국의 최근 역사에서 아주 중요한 — 은 미국 내 불평등의 정도를 설명하는 데 도움이 된다. 왜냐하면 인종의 유산 덕택에 인종차별의 대중 영합주의 정치가 세계화와 연결되는 경제적 압력에 대항하는 사회 보호를 금지할 수 있기 때문이다.

미국 내 세계화와 불평등에 대한 분석으로서 이 주장은 실재적인 측면에서 흥미롭다. 하지만 이 주장은 더 넓은 방법론적 측면에서도 똑같이 흥미롭다. 이 주장이 불평등에 대한 세계적인 설명과 국가적인 설명을 역사적인 틀 내에서 한데 묶기 때문이다. 비록 매시는 자신이 세계화라는 새 시대에 빈곤에 대한 새로운 정치경제학을 제시하고 있다고 보지만, 이 분석은 다수의 근대성에 대해 진지하게 논의하기 위한 더 넓은 사회학적 함축을 지니고 있다. 바로 이 분석이 두 유형의 근대성이 작용하고 있음을 보여주기 때문이다. 한 유형의 근대성은 경제적 자유주의뿐만 아니라 계층과 인종의 문화정치에 근거하고, 다른 한 유형의 근대성은 시민적 권리와 민주주의, 사회 보호를 중심에 두고 있다.

가부장제와 젠더의 문화정치는 젠더 구분이 세계적인 자본주의경제로 환원될 수 없다는 의미에서 인종의 문화정치와 분석적으로 유사한 지위를 지니고 있다. 이것은 비록 경제적 과정이 여성이 직면한 소득 불평등에 거대한 영향을 미치고 있지만 그대로 적용된다. 인종적인 장기 지속이라는 말과 함께, 우리는 가부장적인 장기 지속이라는 말도 할 수 있다. 이 가부장적인 장기 지속은 성에 근거한 소득 불평등과 유력한 지위에의 접근 불평등이 장기적으로 지속되는 구조를 창조한다. 그러나 이 장기 지속도 여성주의의 대두로 도전을 받아왔다. 이 가부장적인 장기 지속의 기저에 있는 이론적 핵심은 가부장제가 ─ 자본주의에 부수적으로 연결되기는 하지만 ─ 노동인구의 뒷바라지와 자녀들의 사회화를 떠맡는 저임금 여성노동, 즉 무임금 가사 노동을 자본이 내재적으로 필요로 한다는 식으로 간단하게 설명되지 않는다는 것이다. 자본주의는 가부장제와 함께 작동할 수도 있고 가부장제 없이 작동할 수도 있다. 그리고 가부장제는 정치와 시민사회, 공동체 생활을 비롯한 어떤 맥락에서나 여성을 배제하기 위한 강력한 문화적 힘으로 작용할 수 있다. 시장에 근거한 자본주의의 힘이 작용하든 그렇지 않든 말이다.

정치제도, 공공 정책, 불평등

지구적 불평등을 다룬 많은 문헌의 주요한 분석 주제는 정치제도의 불충분이 사회적 불평등에 악영향을 미치는 범위다[Dawson(2010)의 서평 참조]. 이것은 국가가 붕괴할 때 출현한다. 가령 현시대의 소말리아나 중앙아프리카의 최근 역사를 보라. 이 정반대의 영향은 국가에 사회적·정치적 질서를 확고히 다지고, 재산권을 공고히 하며, 경제적·사회적 발달에 걸맞은 위험도 낮은 사회 환경을 제공할 역량이 없을 때도 나타난다. 그러한 문제는 지금까지 아프리카의 여러 지역뿐만 아니라 아시아의 여러 지역에서도 분명히 드러났다.

사하라사막 이남 아프리카 지역을 다룬 많은 연구에는 세계의 나머지 지역과 비교할 때 이 지역의 소득과 건강이 왜 열악한지를 밝혀내는 설명의 한 요소로서 정치제도의 문제점이 들어간다. 이러한 문제점에는 대부분 국가에 재산권을 보호할 역량이 없다는 것과 고질적인 부패, 국민에 대한 권위주의적 통제 — 빈곤 해소와 불평등 완화를 향한 민주적 경로를 억압하는 — 가 들어간다. 이보다 덜 확실한 것은 이러한 제도적 문제가 얼마나 정확하게 출현했는지, 그리고 정치적 제도의 문제가 세계화로 인해, 높은 질병 부담으로 인해, 높은 수송비로 인해 발생하는 사하라사막 이남 아프리카의 불평등에 대한 여타의 설명과 어떻게 상호 작용하는지에 관한 것이다(Sachs et al., 2004: 131~132; van de Walle, 2009). 이러한 문제를 탐구하기 전에, 사하라사막 이남 아프리카가 획일적인 지역이 아니라는 점도 강조해야 한다. 이것의 주요한 이유는 이곳 아프리카 남부로 들어온 백인 정착의 역사적인 영향과 지속적인 영향 때문이며, 이 정착은 광물과 토지 부존자원과도 연결되고 경제 발전에 전념하는 국가의 헌신과도 연결된다. 남아프리카는 사하라사막 이남 아프리카의 대부분 지역보다 국가 내 불평등 수준이 더 높지만, 1인당 소득이 향상되어 부유한 국가와의 국가 간 격차가 상당히 줄어들었다.

그러면 문제가 많은 정치제도와 불평등 사이에 일어나는 정반대의 연결은 무엇인가? 일반적으로 개발도상국들을 비교하는 연구는 한편으로 사회적 질서를 유지하고 사유재산과 시장 거래를 보호하며 세금을 올릴 수 있는 국가와, 다른 한편으로 소득 수준 향상이나 경제 발전(Leblang, 1995; Evans & Rauch, 1999), 정도는 다소 덜 하지만 유아 사망률 감소(Lazarova, 2006; Holmberg, Rothstein and Nasirtoussi, 2009) 사이에 긍정적인 연결이 있음을 보여 준다. 이러한 테스트에서 실패한 국가는 경제 침체와 더 지속적인 불평등을 겪는다. 그렇지만 관련되는 기제는 정확히 무엇인가? 국가의 역량이나 무능력은 세입에 근거한 이용 가능한 자원의 여러 수준의 함수로서, 이른바 국고회계 기제를 반영하는가? 아니면 국가의 역량이나 무능력은 국가가 영토에 대해 효과적이고 합법적인 권위를 행사해 그 결과로 행정이 부패하지 않고 오히려 효율적이며 재산권이 파워 엘리트의 부당한 간섭에 굴복하기보다 오히려 보호를 받는 것과 더 많은 관련이 있는가? (Holmberg et al., 2009) 후자의 기제가 법치 개념에 가깝지만, 도슨(Dawson, 2010)은 이것을 강력한 법치 제도 − 민주주의와 연결되는 정치권력에 대한 법적 제약을 포함하는 − 와 연결하지 말라고 경고한다. 도슨은 더 약한 법치 개념을 선호한다. 이 법치 개념은 중국 같은 성공적인 국가나 아랍에미리트에서 분명히 드러난다. 이러한 나라에서는 권력의 행사를 제한하는 민주적 과정 없이 합법적 권위를 행사한다.

그렇다면 국고회계 제도와 법치 제도가 불평등 패턴에 어떻게 영향을 미치는가? 소득 재분배나 공중보건 제공, 교육 제공과 같은 영역의 공공정책과 연결되는 경우에, 국고회계 기제는 불평등에 영향을 미치는 반면, 법치 기제는 시장과 시민사회에 미치는 영향을 통해서 작동하는 경향이 있다. 더 효율적인 시장은 불평등을 최소화하기 위해 소득을 필연적으로 재분배하지는 않는 방식으로 소득을 늘릴 수 있는 반면, 시민사회에 대한 지원은 사회적 자본의 신뢰와 호혜, 네트워크가 출현할 수 있도록 해준다. 더 강력한 법치 제도를 지닌 개발도상국에서는 생계와 자존감을 지원하고 확대하기 위해 시민사회 내의 사회적 협력을 더 많이 이용한다(Esman & Uphoff, 1984; Rothstein & Stolle, 2008; Collins et al., 2009). 이 증거는 불평등이 반드시 사회적 네트워크의 개발이나 사회적 자본의 작동을 방해하지는 않는다는 것을 암시한다.

도슨(Dawson, 2010)은 법치가 국가에서 이용할 수 있는 자원의 규모와 관계없이 불평등을 줄이는 데 유용한 효과를 낼 수 있다고 주장한다. 이 연구에서는 대중의 법 준수나 법률 기관의 공정성, 금융기관 내 신뢰의 규모에 관한 데이터로 구성되는 지표를 통해 법치를 측정했다. 이런 방식으로 정의되는 법치 제도의 긍정적 효과는 1990~2005년까지 아동 사망률 ― 지구적 불평등의 핵심 요소인 ― 에 대한 국가 간 비교 연구에서 확인된다. 아동 사망률 감소는 법치나 무역 개방 모두와 연결되어 있었지만 외국인직접투자와는 연결되지 않았다. 이것은 지구적 불평등을 설명할 때 관여하는 복잡성을 다시 한 번 보여준다. 여기에서 더 일반적인 결론은 자신의 선택에 따라 임의대로 처분할 수 있는 자원을 통해 측정되는 국가의 역량이 불평등을 줄일 수 있는 제도의 가장 좋은 지표가 아닐 수 있다는 것이다. 이것이 참인 경우는 잠재적 세입이 실제로 징수되지 않는 경우나, 부패를 통해서든 정치 엘리트의 소비를 위해 소득을 빼돌리든 불평등에 대처하지 않는 방식으로 세입을 사용하는 경우다.

개발도상국의 불평등에 대한 제도적 영향을 더 넓게 역사사회학적으로 접근한 연구는 반 더 발레(van de Walle, 2009)가 수행한다. 그는 오늘날 아프리카의 높은 불평등 수준을 강조한다. 반 더 발레는 이 불평등 수준을 현시대의 세계화로 인한 부정적 영향으로 제대로 설명할 수 없다고 본다. 왜냐하면 아프리카는 대부분 외국인 투자에서 배제되었기 때문이다. 그의 설명은 오히려 역사적인 식민지화 경험과 이 경험이 식민지 이후의 정치제도에 남겨놓은 부정적 유산을 겨냥한다. 스탠리 앤저먼과 캐네스 소콜로프(Engerman & Sokoloff, 2000)의 연구와 다른 학자들의 연구에 의존해, 이 계열의 주장은 많은 아프리카 지역(특히 열대 지역)의 빈약하거나 불확실한 자연 부존자원과 노동력 부족, 거대한 질병 부담에서 시작한다. 이 지역은 라틴아메리카에 비해 식민지화가 늦게 시작했다. 라틴아메리카에서는 식민지 시대가 300년 이상 지속되었으나 사하라사막 이남 아프리카에서 지속된 식민지 기간은 100년 이하였다. 라틴아메리카보다 아프리카에 정착한 백인의 규모가 훨씬 더 적었으며, 식민지 정치제도가 아프리카에서는 훨씬 더 제한적이고 이질적이어서 아메리카의 여러 나라에서 발견되는 국내의 제도적·국가적 전통을 개발하지 못했다. (단 하나의 예외는 가장 남쪽의 아프리카 지역이다.) 일반 대중의 정치참여 배제는 20세기까지 이어졌다. 그 결과, 아프리카의 식민지 국가는 비교적 경제적·사회적 발달 — 주요한 목적이 법질서인 — 을 거의 이룩하지 못했다.

식민지 이후에 아프리카의 정치제도가 넘겨받은 것은 바로 이 유산이었다. 발달에의 열망도 없고 발전도 되지 않은 국가를 넘겨받았을 때(van de Walle, 2009: 319), 새로운 엘리트들은 숙련 인력의 부족에 직면했고 지배

계층은 식민지 국가가 대부분의 거래를 해왔던 종족 집단에서 나오기 쉬웠다. 다이아몬드(Diamond, 1987)가 지적한 바와 같이 정치적 힘은 부유해지는 지름길로 인식되었고, 정치적 패거리주의clientalism*와 부패는 입신출세 기제의 일부가 되었다. 사회주의의 수사에 따르면, 많은 외국인 자산이 독립 직후에 정치 계급으로 이전되었다. 아프리카인을 대상으로 한 땅의 재분배조차도 흔히 가장 좋은 땅이 가장 부유한 정치인 가족에게로 돌아가는 것과 관련이 있었다. 반 더 발레(van de Walle, 2009)는 뒤따르는 정책 성과에 대해 전반적으로 통렬히 비판하며, 사회적 지출이 낮고 세금 정책이 시골에 불리하게 편향적이라는 점에 주목한다. 이 계열의 주장은 불평등의 역사적 유산에 상당한 장기적인 시각을 제공한다. 이러한 유산은 불균형적으로 많은 관심을 받는 워싱턴 컨센서스와 구조 조정의 새 시대보다 훨씬 더 이전의 시대에서 유래되었다.

*—— 후견인과 의뢰인(client) 사이에서 상대에게서 이익을 얻고자 행하는 재화와 서비스의 용인 가능한 교환을 가리킨다. 선거 지지를 위한 보상으로 개인이나 집단에게 약속한 공공의 이익을 분배하는 정치적 패거리주의는 사적 뇌물과 공적인 이익 분배를 명확하게 구분하기 어려워 정치적 부패로 이어지기 쉽다. 예를 들어, 회사의 노조가 정책 입안에 대한 약속을 받고 특정 후보를 지지하는 투표 행위를 생각해보라.

결론

지금까지 지구적 불평등에 대한 폭넓은 일련의 설명을 다루었다. 이 지형의 엄청난 복잡성에도 불구하고 이 장에서 펼친 폭넓은 주장을 다음의 여섯 가지 명제로 요약하고 다시 서술할 수 있다.

첫째, 세계화는 지구적 불평등의 다른 무엇보다 중요한 일반적인 원인이 아니다. 이는 세계의 상황에 대한 많은 논평과는 완전히 배치된다. 그러나 여기에서 펼쳐지는 분석이 훨씬 더 복잡한 양상을 보여준다.

둘째, 지구적 불평등에는 무엇보다 중요한 단 하나의 일반적인 원인이 결코 없으며, 따라서 불평등을 완화하는 단 하나의 명확한 정치적 전략도 결코 없다. 세계화에 반대한다고 해서 지구적 불평등이 완화되지는 않을 것이며, 아마도 국가 간 불평등은 늘어날 것이다.

셋째, 세계화의 양상과 불평등 패턴은 여러 방식으로 연결되지만, 다양한 국가 간 처리가 불평등에 미치는 효과를 더 정확하게 이해하기 위해서는 보통 세계화라는 방대한 주제 아래에 한데 묶이는 구체적인 요소들을 해체해야 한다. 이 증거는 무역 개방과 외국인직접투자의 효과가 뒤섞이면서 때로는 부정적이고 때로는 긍정적이라는 것을 암시한다. 경제적 세계화는 또한 탈규제와 구조 조정, 민영화 정책을 통해 불평등의 패턴에 영향을 미친다. 이러한 정책은 장기적으로는 긍정적 효과를 낼 수 있지만 단기적 효과와 중기적 효과는 흔히 부정적이다. 특히, 관련자들이 판단을 잘못해 시장을 지원하는 개혁의 성공적인 작동 이전에 수정해야 할 사회적·정치적 제도상의 문제 ─ 부패나 법 조항의 미비와 같은 ─ 를 무시했을 경우에 부정적인 효과가 난다. 바로 이런 이유로 시간상의 흐름과 함께 세계은행 같은 기구가 많은 비판을 받는 편협한 형태의 구조 조정으로부터 사회적 발달이나 사회적 불평등에 대한 더 명시적인 관심으로 초점을 옮겼다.

넷째, 지구적 자본주의와 힘의 불평등 사이의 연결은 아주 실재적이다. 세계적인 권력 분포와 정책 입안 접근의 세계적인 불평등뿐만 아니라 세계적인 생산·거래 조직에 대한 정치경제학적 접근이 아주 중요하다. 가난한 국가와 그 국민은 자국의 이익을 위해 이민을 제한하는 더 부유한 국가에게서 원료를 구입한다. 그렇지만 정치경제학은 인종과 성을 특별히 참조해 불평등의 문화적 정치를 설명하는 데 약하다. 또한 정치경제학은 불평등을 안고 살아가는 방식과 불평등을 극복하는 방식에 영향을 미치는 그대로의 시민사회의 역학을 탐구하는 데도 불충분하다.

다섯째, 지구적 불평등에 대한 설명은 인구학적 영향과 환경적 영향을 그 자체로 포함해야 한다. 환경적 위험은 불균형적으로 가난한 사람들에게 돌아가는 한편 팽창하는 세계 인구라는 인구학적 도전에 맞서는 사회적 정책 개입 없이 불평등은 완화하기 힘들다.

여섯째, 지구적 불평등의 모든 다양한 설명에 대한 하나의 장엄한 이론적 종합을 계속해서 추구하기보다는 오히려 이 거룩한 성배를 옆으로 제쳐두고 중간 범위의 이론을 중심으로 조직화된 다수 원인의 무제한 접근을 추구하는 것이 더 그럴듯하다. 이는 다시 불평등을 완화할 수 있는 정책 권고사항에 대한 더 섬세한 접근이 필요하다는 것을 암시한다.

7

"
무엇을 해야 하는가?
지구적 불평등에 대한 정책방안
"

지구적 불평등에 대해 무엇을 할 수 있는가? 이 핵심적인 질문을 하면 곧장 많은 다른 질문이 나온다. 질문과 도전, 해답의 목록은 방대하다.

지구적 불평등은 어느 정도까지 완화할 수 있는가? 시장의 작동방식은 어떻게 바뀌어야 하는가? 조직이나 국민국가가 채택하는 정책은 어떻게 바뀌어야 하는가? 개발원조는 이 과정에서 긍정적인 역할을 할 수 있는가? 정책과 개발원조의 성공이나 실패 여부를 파악하는 데는 기저의 어떤 정치적 과정이 적절한가? 지구적 불평등에 대처하는 사회정책에서 주연배우는 누구인가? 그리고 어떤 연유로 지금까지 하향식 주도는 그렇게 많이 강조하면서, 불평등의 인간비용human costs of inequality*에 삶이 지배당하는 사람들 사이에서 상향식으로 일어나는 정치 운동 과정에는 거의 관심을 두지 않았는가? 그리고 이 모든 것은 어떻게 정책으로 바뀌는가? 행여 있다면 어떤 정책과 이행 전략이 작동하고 있으며, 정책 대응의 어떤 변화와 전환이 이 책에서 논의한 다양한 차원의 불평등을 빠른 속도로 완화할 수 있는가?

• —— 물질적 박탈 – 빈곤 – 이나 차별, 정치적 권리의 불인정과 같은 불평등의 부정적 결과를 포함한다.

현대 세계 질서 내 인류 평등주의의 불확실한 위치

우리가 이러한 질문을 한다는 사실은 어쨌든 근대성의 특징적인 속성을 반영한다. 첫째, 평등과 인권은 핵심적인 정치적·사회적 가치로서 출현했다. 이러한 가치는 완전한 민주주의 시민권과 사회참여에 내재하며, 따라서 정치제도와 공공 정책으로 육성해야 할 무언가에 내재한다. 둘째, 인류 평등주의 덕택에 불평등은 자연스럽고 변경 불가능하다고 간주되는 어떤 것으로부터 사회적 개입을 통해 개선할 수 있는 사회문제로 바뀐다. 이제 더 평등한 인간 세상의 이상은 오늘날에도 존재하는 극심한 지구적 불평등을 분명하게 바꾸어줄 적절한 제도적 장치나 정책의 지원을 받아야 한다.

부분적으로 이는 세계의 가장 가난한 사람들을 향한 평등주의적 의무를 지지하는 주장을 모든 사회집단과 이익집단이 공유하지는 않기 때문이다. 절대적 수준의 불평등 완화에는 상당히 널리 동의하지만 국가 내 불평등과 국가 간 불평등의 완화는 논의에서 전혀 두드러지지 않으며, 현재의 세계 상태와 충돌한다. 또한 인류의 더 많은 평등주의에 대한 저항이 오직 현대화하고 있는 세계 전역의 힘 있는 부유한 세력이나 집단과 관련이 있는 것도 결코 아니다. 이 저항은 부유한 나라의 덜 부유한 주민들 사이에 퍼져 있기 때문이다. 그들은 자신의 소득과 부를 지키고자 점점 늘어나고 있는 전 세계 가난한 사람들의 이민에 저항한다. 또한 어떤 목적을 위한 과세의 증가에 대한 저항이 부유한 사람들과 가난한 사람들에게 모두 널리 퍼져 있다. 이것은 사익과 소유 개인주의가 주요한 경제적·문화적 가치인 지구적 현대성의 더 넓은 자질을 반영한다. 이로 인해 인류 평등주의에 대한 정치적 신뢰의 많은 것이 약화된다.

1950년대와 1960년대의 앞선 현대화이론가들과 달리, 더 최근의 이론가들은 현대성이 단일한 형태로 나타나지 않는다고 주장한다(Eisenstadt, 1999, 2000; Walby, 2009: 26~27). 다양한 현대사회는 법치의 보호 아래에서 시장에 근거한 민주주의적·개인주의적 제도와 문화적 관행의 동일한 묶음으로 수렴하지 않는다. 오히려 현대성은 여러 다른 유형으로 나타난다. 이러한 유형은 뚜렷한 대조를 이루는 여러 지역 역사와 국가 역사, 경로 의존성을 반영하고 시장 자유와 민주적 권리, 개인주의, 공동체 의무를 연결하며 이들의 균형을 이루는 여러 대조적인 방식을 반영한다. 이러한 차이는 불평등 패턴이 현대의 모든 국민국가에서 다양할 뿐만 아니라 국가들 사이에 지구적 불평등에 대처하는 개별 국가와 시민들의 의무에 대한 접근의 차이가 있을 것이라는 점을 의미한다. 신자유주의 접근과 사회민주주의 접근 사이의 정책 갈등은 국가적 무대는 물론 국제적 무대에 존재하는 이러한 기저의 대조와 변이를 반영한다.

그렇지만 지구적 불평등과 관련해 무엇을 해야 하는지를 분석하기 위해서는 국가적 수준에서 국가 간 경계와 자본주의나 근대성의 변이를 넘어서는 접근이 필요하다. 가치의 갈등은 국내에서는 물론 국가 간에도 일어난다. 자유무역과 자본 유동성으로 구현되는 경제적 사익의 측면에 따른 경제적 세계화는 국가 간 무역의 강화를 분명하게 의미했지만, 인간의 복지와 위엄의 형태에 대한 세계시민주의의 관심 ─ 국가 간 경계를 넘어 작동하는 ─ 은 실행하고 유지하기가 더 어렵다고 판명났다(Nussbaum, 2011).

이것은 세계시민주의가 너무 추상적이고 지구적 불평등에 대한 일상적 삶의 관심사에서 너무 동떨어져 있기 때문이 아니다. 또한 삶의 한 방식으로서의 세계시민주의가 생존의 벼랑 끝에 있는 가난한 계층보다 더 넉넉할 수 있는 부유한 사회계층에게 더 적합하게 보일 수 있기 때문도 아니다. 세계시민주의에 대한 덜 철학적이면서도 더 사회학적인 해명은 이 세계시민주의가 어떻게 사회구조 내 완전히 미시적 수준의 맥락에서 출현할 수 있는지와 어떻게 국가 간 경계를 넘어서는 협력을 장려하고 국지적·국가적 연계를 더 넓은 세계에 대한 의무와 조합할 수 있는지를 보여준다(Hoton, 2009). 그러한 연결은 국수주의적 단언의 요구보다 덜 노골적이고 덜 지독할 수 있지만, 국제조직에서나 인권과 빈곤 해소, 문화적 억압 해소, 세계적인 건강·복지의 증진을 겨냥하는 사회운동에서 많은 사람의 세계관을 실제로 반영한다. 세계적 수준에서 존재하는 신자유주의 가치와 세계시민주의 가치 사이의 충돌은 워싱턴 컨센서스에 대한 정책 토론과 개발원조에 대한 논란의 많은 부분의 기저에 있다.

지구적 불평등의 완화를 단 하나의 초점에서 다루는 접근은 왜 작동하지 않는가

앞 장에서는 지구적 불평등이 지속하는 수많은 이유를 확인했다. 그 원인들은 지구적 불평등이 왜 지난 150년과 200년 사이에 증가했는지를 설명하는 데 도움이 된다. 불평등의 원인이 본성적으로 다양하고 복합적이라는 것은 또한 어떤 단일한 정책 처방도 지구적 불평등을 근본적으로 해소하는 데 충분하지 않다는 것을 의미한다. 이는 현재 실행 중인 가장 인기 있는 모든 단발성 권고안에 적용된다. 이러한 권고안의 초점이 자유 시장과 탈규제이든, 세계화 반대이든, 사회주의에 의한 자본주의의 대체이든 말이다.

국제무역과 자본 유동성을 통한 세계시장으로의 개방은 때때로 장기적인 경제 발전의 긍정적 힘이 되어 불평등을 완화할 기회가 되었다. 하지만 그 정도는 한계가 있었다. 이는 부분적으로 경제적 세계화가 그 자체만으로는 불평등을 완화하기 위해 경제성장의 과실을 재분배하는 어떤 자동적이거나 명시적인 기제도 담고 있지 않기 때문이다. 또한 지원을 아끼지 않는 사회적·정치적 제도가 없는 가난한 개발도상국에 시장 해결책을 강제로 시행하더라도 일반적으로 가장 궁핍한 사람들에게 자원을 재분배하지 못하고 자립적인 경제성장을 확보하지도 못하기 때문이다. 시장이 재정 안정성과 사회적 응집성을 교란하는 효과에 대처하든, 권위주의적이거나 부패하기 쉬운 정치적 과정을 민주화하든 간에 상당한 종류의 사회적·정치적 규제가 모든 맥락에서 필요하다. 최근 몇 년에 걸쳐 개발도상국 ― 중국, 인도 등 ― 에서 이룩한 경제적 성공의 대부분은 시장 기반 주도와 국가 지원 주도의 정책적 혼합을 통해 일어났다. 비록 이 경우에도 정치적·사회적 개혁이 여전히 국내의 불평등 완화를 가로막고 있지만 말이다.

어떤 사람들은 경제적 세계화를 떠오르게 하는 기업권력의 집중과 엘리트 기반 정책 결정이 세계경제의 침투로부터 국가의 민주적 자립을 위해 세계화 자체를 거부하는 정책 결정을 초래한다고 본다. 이것을 잘 보여주는 유명한 실례는 1999년 미국 시애틀에서 열린 세계무역기구의 회의다. 이 회의는 일반적으로 자유무역보다 국내 산업과 일자리의 경제적 보호를 더 지지했다. 경제적 국수주의는 사회적 위기의 맥락에서 이해할 수 있는 정책 대응인 것처럼 보일 수도 있다. 그렇지만 보호주의 전략은 자국의 소득 성장과 잠재적인 불평등 해소의 주요한 원천인 경제적 생산성을 자극할 가능성이 가장 낮다. 또한 보호주의 전략은 세계적인 경제 전쟁을 부르고 1930년의 세계경제 공황에서 본 것과 같은 수출 시장의 붕괴를 부른다. 다시 이것은 국가 간 불평등을 완화하지 못한다.

어떤 전면적인 의미의 세계화는 지구적 불평등의 주요한 원인이 아니기 때문에, 세계화에 대한 전면적인 반대는 일관성 있는 정책 대응이 아니다. 오히려 주의의 초점은 세계화의 실패한 측면과 실패하지 않은 측면에 의존하는 가능한 정책 대응의 방대한 집합에 두어야 한다. 이 모든 것에서 "건전한 세계화"를 창조하는 데 주요한 장애물은 현재 경제적 세계화를 인간개발의 사회적 목표와 일치시키는 일에 실패하고 있는 것이다 (Rodrik, 2011: 253).

최종적인 정책 접근은 세계화의 거부가 아니라 자본주의와 자본주의적 세계화의 거부와 관련이 있다. 그 이유는 바로 인간개발과 일치하는 세계화를 실현하는 데 지금 실패하고 있기 때문이다. 이 입장은 때로는 대안 세계화alter-globalization•의 측면에서 지칭되고, 세계사회포럼 – 엘리

•── 'alternative globalization'에서 나온 용어로, 세계적인 협력을 지지하지만 경제적

트 기반의 세계경제포럼에 대항하기 위해 설립한 - 에서 표현되는 사회운동에 반영된다(Smith, 2004). 이 입장에서 추동력의 많은 부분은 권력과 인간복지의 지구적 불평등을 아래에서부터 개선하도록 장려하는 시민사회의 긍정적 동력에 대한 이해에서 나온다. 이 접근과 연결된 엄청나게 성공적인 캠페인의 사례에는 가난한 국가들에게 고통을 주고 있는 세계적인 빚 부담에 저항하며 부채 탕감을 요구한 주빌리 2000 운동과 글로벌 기업들이 세계의 최빈국에서 자행하는 노동력 착취 방식의 저임금 고용에 저항한 운동이 있다.

정말로 이 세 번째 전략은 지구적 불평등의 많은 국면에 대한 토론과 정책, 현장의 실천에 영향을 주는 데 일조했고, 기업과 세계 기구의 엘리트 정치가 대부분 무시하는 인간개발 쟁점의 목록 확장을 장려했다. 따라서 이 전략은 신자유주의와 반세계화라는 다른 두 방안보다 더 타당해 보인다.

그럼에도 사회적으로 더 책임 있는 세계화 개념은 자본주의나 시장과의 관계가 양가적이다. 일부 흐름은 자본주의의 대체를 추구하고, 다른 흐름은 자본주의의 개혁을 추구한다. 이것은 19세기와 20세기에 산업자본주의의 노동운동이 혁명과 개혁 가운데 무엇인지에 관한 쟁점을 둘러싸고 보여준 양가감정과 비슷하다.

세계화의 부정적 결과에 반대하는 사회운동을 지칭한다. 대안 세계화의 주창자들은 경제적 세계화가 환경 보호와 기후 보호, 경제 정의, 노동 보호, 토착문화 보호, 시민적 자유와 같은 인간적 가치를 파괴한다는 이유로 경제적 세계화에 반대한다.

지구적 불평등에는 다수의 원인 - 경제적 원인에 못지않은 정치적 원인과 문화적 원인 - 이 있다. 이 사실은 반자본주의가 그 자체로는 정책 대응으로서 부적합하다는 점을 암시한다. 이는 많은 비판가들과 세계적인 시민 사회운동가들에게서 인정을 받는다. 구체적인 운동은 인종주의나 가부장제는 물론 정치적 권위주의와 부패를 겨냥한다. 이들 중 어떤 것도 단지 자본주의를 철폐한다고 해서 해소되지는 않을 것이다. 또한 많은 사람은 환경 보호와 지속 가능성이 지구적 불평등에 반대하는 투쟁의 핵심 측면이라고 인식한다. 왜냐하면 기후변화와 오염, 유독성 폐기물로 심한 타격을 입는 대상은 흔히 가장 가난한 사람들이기 때문이다(Urry, 2011).

그렇지만 세계자본주의가 인간개발과 양립할 수 있는 가능성을 어떻게 높일 수 있는가 하는 까다로운 문제는 여전히 남는다. 이 문제의 핵심에는 어떻게 경제적 역동성을 최대로 이용할지와, 또 적절한 규제를 받는 시장이 어떻게 민주주의와 인권을 증진하는 동시에 생산성을 높일지에 관한 난제가 있다.

지구적 불평등에 대한 개발원조와 정책 대응

개발원조는 경제적 목적뿐만 아니라 사회적 목적도 겨냥한 주요한 세계적 전략이다. 이러한 목적의 일부는 지구적 불평등의 패턴에 직접적으로나 간접적으로 영향을 미친다. 앞 절에서 논의한 세 가지 단일 초점 전략과 달리, 적어도 이론상으로 개발원조는 다양한 불평등을 겨냥할 수 있

표 7.1 —— 2012년 외국 원조의 근원(달러)

정부와 기관에서 나오는 공식적 원조금	1350억
비정부 근원에서 나오는 민간 원조금	320억
시장을 통해 제공되는 사적 자금	3070억
합계	4740억

자료: OECD(2013)에서 발췌한 저자 홀튼의 표.

다. 그럼에도 개발원조는 빈곤과 소득 불평등, 건강 불평등, 사회 통합 불평등뿐만 아니라 방대한 범위의 정치적·군사적·기술적 기획을 아우르는 용어다. 이러한 다차원적 특성으로 인해 개발원조가 지구적 불평등에 미치는 영향의 평가가 복잡해진다. 그렇지만 여기에서 핵심적인 문제는 개발원조가 실제로 작동하는지의 여부다.

이 종류의 원조는 국가 정부와 국제기구(예컨대 세계은행), 민간단체(예컨대 자선기관, 비정부기구)에서 가난한 국가의 정부와 비공식 단체로 이동하는 자원의 흐름과 관련이 있다. 〈표 7.1〉은 원조의 공식적 흐름이 민간원조 기부금보다 4 대 1의 비로 훨씬 더 많다는 사실을 보여준다.

공식적 원조에서의 주요국은 유럽연합과 미국인 반면, 가장 거대한 원조 기구는 세계은행이다. 공식적 원조를 가장 많이 받는 대륙은 아프리카로 약 38퍼센트를 차지하며, 그다음으로는 아시아가 약 25퍼센트를 차지한다. 개발원조금 총액은 2010년에 정점에 이르렀으며, 그 이후로는 현재 물가로 약 5퍼센트 감소했다.

〈표 7.1〉에는 수혜국과 그 내부의 이익집단에 외국인 투자의 형태나 상업적인 정부 차관의 형태로 제공되는 민간 기금의 규모도 나와 있다.

이 기금은 개발원조의 규모보다 더 많으며 그 비는 거의 2 대 1이다. 개발원조보다 시장 기반의 기금 유입이 훨씬 더 많다는 사실은 지구적 불평등에 대한 정책 대응의 어떤 분석이든 개발원조의 역할과 효율성뿐만 아니라 자본시장의 작동방식과 적절한 규제 여부를 고려해야 한다는 것을 의미한다.

개발원조가 효과가 있는지에 대해서는 엄청난 논란이 있다(Bauer, 1972; Cassen, 1994; Wrold Bank, 1998; Trap, 2000; Riddell, 2007, 2009; Wilkinson & Hulme, 2012). 이 논란의 많은 부분은 고도의 이념적·정치적 담화로 특성화되며, 이러한 담화는 편파적이고 성공과 실패를 지각하는 측면에서 매우 선택적이다. 이러한 주장의 이성적인 핵심은 〈표 7.2〉로 요약할 수 있다.

그러면 부정적 주장과 긍정적 주장 사이에서 어떻게 균형을 잡아야 하는가? 전면적인 원조 중단과 대체로 현재의 토대에서 실행하는 원조의 지속이라는 두 가지 사항 가운데 하나를 선택하는 방식은 대부분의 참관자들과 활동가들이 동의하는 방안이 아니다. 문제는 오히려 어떻게 원조를 가장 잘 개혁해 더 효율적인 원조를 할 수 있을지에 관한 것이다. 이과정을 촉진하기 위해 학문적 분석에서 실행할 수 있는 일은 아주 많다.

하나의 중요한 실례는 개발과 경제성장의 관계를 분명히 하는 것이다. 이것이 특히 중요한 이유는 성장이 빈곤 해소와 물질/자원 불평등 해소에 절대적인 선결조건이기 때문이다. 성장은 총소득을 높이고 재분배에 이용할 수 있는 세입의 흐름에 긍정적인 영향을 미친다. 그렇지만 재분배의 실현 여부는 또 다른 문제로, 대부분 정치적·제도적 조정에 의존한다. 농산물 거래 조건이 악화된다면 농부는 소득 증가 혜택을 받지 못할 수

표 7.2 —— 개발원조를 둘러싼 주장

긍정적 주장

- 원조는 대부분 특히 단기간에 목적을 달성하는 데 성공한다(Cassen, 1994). 설령 일부 원조가 가난한 조직을 통해 낭비되거나 부패 관행으로 유용된다고 하더라도 말이다. 개발원조가 필연적으로 실패하는 것은 아니다.
- 원조는 경제성장에 긍정적 기여를 한다(Celemens et al., 2004; Minouli & Reddy, 2010). 그러나 이 관계는 수혜국의 협력적인 정치제도에 의존한다(Burnside & Dollar, 2004).
- 원조는 공중보건이나 공교육과 같은 영역에서 불평등 대처에 성공적이었다(5장 참조).
- 설령 일부 원조가 효과를 내지 못하더라도, 이는 원조를 아예 하지 않기 위함이 아니라 원조를 더 잘 하기 위해 펼치는 주장이다(Riddel, 2009).

부정적 주장

- 많은 원조가 가장 필요로 하는 가장 가난한 사람들에게 돌아가지 않고 엘리트들이 더 많은 혜택을 본다.
- 부패와 지방 정치의 개입으로 인해 너무 많은 원조금이 유용된다(Baurer, 1972).
- 일반적으로 원조 프로그램은 수령 예정자와 더 폭넓은 청중 — 참관자나 평가자, 질문자 — 에 대한 책무성이 없다. 기부자의 이익이 우선이다.
- 원조가 경제성장에 기여하는지 의심스럽다(Eaterly, 2006).

있다. 부패와 제도적 약점도 재분배의 실현에서 중요한 변수다. 효과적인 세금 제도가 없다면 원조 덕택에 탄력을 받은 성장에서 나오는 국고 세입은 어떤 명확한 목적에도 사용하기 힘들다.

개발원조가 경제성장을 촉진하는지에 대한 학자들의 이견은 부분적으로 방법론적인 이유에서 기인한다. 경제성장의 촉진 여부를 계산할 때 원조의 효과가 동시대에 나타난다고 가정하고 온갖 유형의 원조를 하나의 집합적인 척도로 묶어야 한다고 가정하는가? 원조와 성장에 대한 염세적인 경우의 많은 부분은 이러한 가정에 근거한다. 대조적으로 미노우이와 레디(Minoui & Reddy, 2010)는 장기적 영향을 고려하고 여러 다른 유형의 원조를 구별한다. 이 두 학자는 원조와 성장 사이에서 장기적으로 긍정적인 관계를 발견한다. 번사이드와 달러(Burnside & Dollar, 2004) 등 여타 학자들도 원조의 긍정적인 잠재력이 정치적 조정이 안정적으로 성장을 지원하는 곳에서는 실현될 것이지만, 부패와 무능으로 인해 이 잠재력이 약화될 수 있다고 주장한다.

아주 방대한 범위의 토론에서 드러나는 이견을 여기에서는 가볍게 언급하고 지나간다. 이러한 이견의 많은 것을 조정하는 간단한 하나의 방법은 개발원조와 경제성장 사이에 일반적으로 타당한 긍정적인 관계도 없고 부정적인 관계도 없다고 주장하는 것이다. 오히려 개발원조는 어떤 환경에서 성장을 견인할 수 있으며, 따라서 성장을 위한 원조는 하나의 전략으로서 포기하지 않아야 한다.

그렇지만 개발원조가 경제성장에 기여하는 곳에서조차 이 경제성장은 불평등 해소를 위한 충분조건이 아니라 필요조건일 뿐이다. 성장은 불평등을 손대지 않은 채 그대로 두거나 심지어 악화할 수 있다. 실제로 그런 일은 흔하게 일어난다. 방구라(Bangura, 2012: 203) 역시 불평등이 가장 심한 사회는 빈곤을 해소하고 불평등을 완화하기 위해 아주 높은 성장률을 필요로 한다고 주장한다.

성장을 넘어서 개발원조에 대한 토론에도 개발원조 프로그램의 목적

표 7.3 ── 새천년 개발 과정의 개혁

1. 공평한 경제성장을 확실히 도모하라.
2. 국가 내에서든 국가 간에서든 개인 간 불평등과 집단 간 불평등을 해소하라.
3. 국가적 우선순위를 진지하게 수용하는 사회적으로 내포적인 기제를 통해 개발원조의 국가 소유권을 장려하라.
4. 기후변화와 그 효과의 완화를 포함하라.
5. 여성에게 폭력으로부터의 자유권을 보장하라.
6. 개발원조의 효과를 평가할 때 더 엄격한 보고 과정과 감독 과정, 설명 과정을 채택하라.

자료: Wilkinson & Hulme(2012: 229~230)에서 선별적 발췌 요약.

과 내용, 그리고 목표를 설정하고 프로그램을 실행하는 정치적 과정에 대한 복합적인 일련의 논의가 들어 있다. 이러한 논의의 많은 부분은 5장에서 논의한 새천년개발목표에 대한 비판적 평가를 중심으로 진행된다. 윌킨슨과 흄(Wilkinson & Hulme, 2012)은 『새천년 목표 그리고 그 너머에The Millennium Goals and Beyond』라는 제목으로 편저한 책에서 평가 과정에서 우선순위를 두어야 할 쟁점들의 목록을 요약한다. 그들의 목록에서 뽑아 나의 용어로 표현한 핵심 사상을 〈표 7.3〉으로 제시한다.

이 밖에도 불평등에 대한 세계적인 조치의 핵심적인 두 차원에 적용되는 더 넓은 고려 사항에 세계적인 개발원조의 쟁점을 넣어야 한다. 핵심적인 첫 번째 차원은 지구적 불평등에 영향을 미치는 근원으로서의 세계적인 치리의 틀이다. 두 번째 차원은 세계적인 개발 목표를 구체적인 정책으로 바꾸는 정책 틀이다. 이 정책 틀은 기업들 사이나 정부들 사이, 세계의 가난한 사람들 사이의 세계적인 거래를 위한 게임 규칙 ― 지구적 불평등에 영향을 미치는 그대로의 ─ 을 정한다.

다수 층위 치리: 국가 간 불평등과 국가 내 불평등의 근원

정책 결정과 세계적 거래의 규칙을 살펴보는 이 시점에서 필수적인 출발점은 국가 내 불평등과 국가 간 불평등의 구별이다. 지금까지 살펴본 바와 같이 지구적 불평등의 가장 거대한 지분은 국가 간 불평등으로 구성된다. 이 추세는 시장을 중심으로 한 경제적 세계화 시대의 역사적 특질이었다. 따라서 워싱턴 컨센서스의 무역자유화 의제 내에서 구성되는 자유시장이 궁극적으로나 필연적으로 잠식할 것이라는 이념적인 추정은 기만적이고 옹호 불가능한 것이다. 그러므로 세계적 무대의 대안적인 정책 개입은 일련의 무대에서 점점 더 많은 관심을 끌어왔다. 이러한 무대에는 옥스팜이나 그린피스와 같은 수많은 비정부기구가 있고, 또한 세계적 무대에서 국민국가의 지원을 받는 정책 내의 유엔이나 세계은행, 세계보건기구와 같은 국제조직이 있다. 이 복잡한 일련의 상호 연결 무대에서 출현하는 심의와 정책은 국가의 사익과 기업의 로비 활동뿐만 아니라 정치적·사회적 개혁 운동이나 학문적인 분석·논평에 의한 규범의 변화에 의해서도 영향을 받는다.

따라서 불평등이나 불평등 완화에 대한 많은 응용 연구와 공적인 논평이 여전히 국가 내 불평등에 관심을 집중한다는 사실을 발견하는 것은 역설적으로 보일 수 있다(Beck, 2007). 달리 말하면, 여전히 개별적인 국민국가는 불평등을 분석할 때와 어떤 정책이 불평등을 야기하고 어떤 정책이 불평등 패턴을 완화하는지에 대한 문제를 추적할 때 핵심적인 참조점이다. 많은 학자가 불평등의 국가적 근원뿐만 아니라 지구적 근원을 인정하지만, 정책 초점의 많은 부분이 서로 경쟁하는 신자유주의 접근과 사회민주주의 접근에 있고, 또한 이 두 접근이 각각 부유한 나라 내부의 사회적 불평등에 미치는 영향에 있다.

왜 국민국가가 여진히 국가 내 불평등뿐만 아니라 국가 간 불평등에 영향을 미치는 정책 주도의 핵심적인 참조점으로 남아 있는가? 여기에는 분명히 타당한 이유가 있다. 첫째, 국민국가는 경제적 세계화로부터 도전을 받아왔지만 무너지지 않았다(Hoton, 2011). 재력과 권력, 영향력에서 상당한 차이가 나지만, 더 거대하거나 더 부유한 국민국가들이 여전히 G8이나 G20, 세계은행, 세계무역기구와 같은 국제기구의 주연배우다. 이러한 국제기구는 세계경제의 게임 규칙은 물론이고 빈곤 해소와 사회 개혁을 위한 전략에도 영향을 미친다. 이런 종류의 다자간 활동과 함께 국가의 정치적 자주성은 여전히 더 부유한 국가와 중국이나 인도, 브라질과 같은 더 성공적인 개발도상국에게 하나의 실재로 남아 있다. 따라서 국민국가는 지구적 불평등에 영향을 미치는 결정에서 주요한 존재다. 비록 세계적인 정치조직도 기업이 내리는 결정이나 비정부기구가 조직하는 캠페인의 영향을 받지만 말이다.

둘째, 국민국가는 많은 시민이 민주주의의 토대로 간주한다. 이 가정이 가장 강력한 형태의 정치적 연계로서의 국가적 정체성과 결합될 때 국민국가에서 시민들의 뇌리에 가장 강하게 박혀 있는 것이 국가 내 불평등이라는 점을 발견해도 전혀 놀라운 일이 아니다. 국가적 정체성은 경제적 세계화로 인해 훼손당하지 않았고, 심지어 정책 결정의 국가 자주권이 위협받는다는 인식에 대한 반응으로서 부분적으로 강화되었을 수도 있다. 많은 사람들에게는 국익이 우선이다. 물론 이로 인해 전 세계의 다른 사람들에 대한 관심이 결코 미리 배제되지 않을 수도 있지만 말이다. 국가적 소속감과 세계적 관심은 상호 배타적이 아니다.

국가에 중심을 둔 초점의 세 번째 요소는 효과적 권력과 민주적 합법성을 지닌 세계국가의 부재다(Nussbaum, 2011). 추가적으로 이 요소는 불평등과 불의, 환경 위기의 문제를 해결할 수 있는 세계적·지역적 형태의 치리 — 세계은행이든 유럽연합이든 — 의 역량에 점점 더 많은 의문을 갖는 회의론과 연결된다. 많은 시민은 관심을 내부로 돌렸고, 외부로부터 지각되는 위협 — 가난한 나라에서 부유한 나라로의 세계적인 이민이나 기업 엘리트들의 세계 정치 — 에 대한 입장을 다졌다.

이 상황에서 사회적 불평등을 잠식하기 위한 세계 치리의 재구조화는 정치적으로 가망이 없어 보이고, 기대할 수 있는 최대치는 국가 수준의 조치로 보일 수도 있다. 그럼에도 이 종류의 시나리오에 대해 할 수 있는 두 가지 일반적인 관찰이 있다.

첫 번째 관찰은 개별 국가 반응의 결점만을 부각한다. 설령 불평등의 내적 수준이 자국의 불평등만을 줄이기 위해 독자적인 행동을 취하는 개별 국가에서 급격히 줄어들었다 하더라도 세계는 여전히 매우 불평등한 곳으로 남아 있을 것이다. 왜냐하면 선진국과 개발도상국의 거대한 소득 격차와 부의 격차 때문이다. 이러한 격차는 부유한 국가의 더 가난한 집단이 더 가난한 나라의 작은 집단을 제외한 어떤 사람들보다 더 잘 산다는 것을 의미한다(Rodrik, 2011: 135). 이런 연유에서 미국이나 영국과 같은 서구 국가나 유럽연합과 같은 지역의 국가 내 불평등 완화에 주요한 초점을 두는 논의 – 지구적 불평등에 대한 – 가 요점의 많은 부분을 놓친다.

두 번째 관찰은 많은 비판을 받지만 세계 치리가 실제로 존재한다는 것이다. 실제로 존재하는 세계 치리는 세계국가에 미치지 못하지만, 국가의 사익 추구에 지배당하는 무대 이상의 무언가를 나타낸다. 다층 치리에서의 협력이 부분적으로 실현되는 이유는 전쟁, 재정 안정성, 환경 지속가능성, 세계적 불평등이나 불의와 같은 일부 문제가 개별 국가 단독으로는 해결하기 어렵기 때문이다. 따라서 우리에게 있는 세계적인 정치조직은 개인의 목표와 공동의 목표를 추구하며 기꺼이 서로 협력하려는 국가 정부와 기업집단의 자발성을 반영한다. 또한 이 조직은 지구적인 정의나 불평등, 인권과 같은 영역에서, 그리고 더 가난한 나라의 노동력 착취 현장의 임금률이나 여성에 대한 성폭력, 인종이나 종족에 의한 학대·차별과 같은 관행을 감시하고 그러한 관행과 싸우는 과정에서 사회운동과 시민사회조직이 국제기구의 의제에 미치는 영향을 반영한다. 유엔의 새천년개발목표는 단체나 네트워크, 활동가로 이루어진 지구적인 정치조직의 열망적인 성취를 나타내며, 또한 정책을 평가하고 실행 과정을 사정할 수 있는 기준을 나타낸다. 그렇지만 앞서 내가 주장한 바와 같이 새천년개발목표도 결점을 지니고 있다. 이러한 결점 가운데 하나는 이 목표가 불평등보다는 빈곤에 압도적인 초점을 맞추는 것이다.

그래서 미래의 전략은 워싱턴 컨센서스를 현재 통용되는 그대로의 새천년개발목표로 대체하는 단순한 문제가 아니다. 이제는 분명히 세계은 행 같은 기관의 활동으로 병합된 새천년개발목표의 사회적 초점은 워싱턴 컨센서스의 경제주의보다 더 나은 일반적인 접근이다. 소득이 사회적 불평등의 완화에서 중요하지만 건강과 교육, 폭력·차별 완화 역시 중요하다. 이들 중 어느 것도 순수한 시장 중심의 과정에서 나오는 필연적인 귀결이 아니다. 그렇지만 정부나 기업, 국민을 비롯해 부유한 국가가 국가 간 불평등을 근본적으로 해소하려고 한다면 세계의 나머지 국가들과의 관계에 근거해 훨씬 더 철저한 주도를 시행할 필요가 있다. 이것은 개별 국가들이 무슨 정책을 취하는지의 문제일 뿐만 아니라, 또한 어떻게 세계적인 합의와 정책을 구성하는지의 문제다. 후자의 문제는 더욱 중요하다.

만일 경제성장을 추구하는 경제적 탈규제와 민영화를 중심으로 구성된 워싱턴 컨센서스가 더 이상 적절하지 않다면, 인간개발에 근거한 새로운 질서는 어떻게 구성해야 최선인가? 그리고 새로운 질서의 건축은 어떻게 국가 내 불평등과 국가 간 불평등에 대처할 것인가? 새로운 형태의 세계 치리가 출현하고 있으며, 국민국가는 어떻게 그러한 치리에서 생산적인 역할을 가장 잘 수행할 수 있는가? 지금까지 워싱턴 컨센서스를 통해 성취한 것은 무엇이고 부족한 것은 무엇인가? 불평등 해소에 대한 사회민주주의 시각은 어느 정도까지 국가적·지역적 틀에서 세계적 틀로 바뀔 수 있는가? 그리고 어떤 새로운 제도와 정책이 필요한가?

이러한 문제는 이 장의 나머지 부분에서 추적할 아주 중요한 문제다. 여기에서의 논의는 우선 세계 치리에서 시작하고 국가적 수준의 주도와 국지적 수준의 주도로 넘어간다. 이 접근은 거시 수준 접근과 미시 수준 접근의 의미와 이 두 접근의 가능한 연결을 결합한다.

세계 치리를 바꾸고 개혁하라

이 연구에서 논의한 다양한 형태의 불평등은 개별 국민국가로 깔끔하게 사상되는 것이 아니라 국가 간 경계를 아주 복합적인 방식으로 교차한다(Walby, 2009: 444). 이에 관한 도전은 사회 이론을 포함해 정책과도 관련이 있다. 이 요점은 두 차원의 세계화를 고찰함으로써 심화될 수 있다. 첫 번째 차원은 과세와 세계적인 자원 재분배 범위에 영향을 미치는 근원인 자본의 국가 간 유동성이다. 두 번째 차원은 부유한 국가와 가난한 국가 사이의 소득 차이와 생존을 위해 가난한 국가에서 부유한 국가로 향하는 세계적 이주의 절박함, 이민의 정치와 관련이 있다.

자본 유동성. 과세. 세계적 자원 재분배

부의 생성은 세계적으로 일어나지만 과세는 국가를 바탕으로 조직화된다. 국가 간 과세 규모의 대조는 지구적 불평등에 아주 중요하다. 오늘날 불평등을 철저하게 해소하는 데 필수적인 자원을 세계적인 재분배를 위해 이용할 수 없기 때문이다. 부분적으로 이것은 이익을 추구하는 민간의 경제 집단이 세계적인 활동으로 인해 자금을 보유하고, 세금과 관련해서 이익을 등록하는 국가의 세금 감면·면제 제도를 찾아 나서면서 국가의 경계를 넘나드는 다양한 자금 이전을 통해 세금 납부의 최소화를 추구하기 때문이다. 팔란과 머피, 샤바뉴(Palan, Murphy and Chavagneux, 2010)가 분석한 대로 세금 도피처는 세계경제의 주변적 특질이 아니라 기업과 은행, 헤지 펀드, 자본시장에 필수적이다. 이들은 국제은행 대출의 약 50퍼센트와 외국인직접투자에 따른 세계 주식의 약 30퍼센트가 케이멘제도Cayman Islands나 버뮤다Bermuda, 저지섬Jersey과 같은 구역의 법원에 등록되어 있다고 추산한다(Palan, Murphy and Chavagneux, 2010: 5-6). 그래서 세금 도피처는 지구적 불평등에 내재한다. 왜냐하면 세금 도피처가 세계화의 혜택을 부자들에게만 몰아주고 나머지 대부분의 사람들을 소외하기 때문이다.

재분배에 이용할 수 있는 재정적 자원이 제한적인 이유는 부분적으로 일자리와 정부의 세금 수입을 창출하는 투자처를 결정하는 선택권을 쥐고 있는 기업에 비해 자신이 거래상 약한 위치에 있다고 국가가 인식하기 때문이기도 하다. 그래서 정부는 자금을 끌어들이기 위해 세금 감면이나 세금 유예를 제안한다. 이 두 과정은 국민국가의 국고재정 증가에 악영향을 미치고, 사회적 불평등을 정확히 겨냥할 수 있는 국민국가의 역량을 떨어뜨린다. 이것은 다시 이른바 사회민주주의 형태의 세계 치리의 실현 가능성을 훼손한다.

미국 화폐로 5조 달러의 가치에 이르는 세계적 자본과 자금이 매일 전 세계를 순환하지만 세금은 이에 합당하게 부과되지 않는다. 세계적인 부의 창출과 국가의 재정정책 결정 사이에 괴리가 존재하는 이유는 또한 제도적 구조 측면에서나 정책 측면에서 신자유주의적인 세계 치리가 실패하기 때문이다. 이 책의 곳곳에서 논의한 이 실패는 사회적·정치적 발전으로부터 과도하게 자립한 시장의 실패다. 이것은 다시 시장 자유화와 자본·무역의 자유로운 이동을 지원하기 위해 고안한 정책 결정과, 완전한 의미의 인간개발을 지원하기 위해 고안했으며 민주주의의 사회변혁 열망에 어울리는 정책 결정 사이의 유리遊離를 반영한다.

신자유주의 전략의 이면에 있는 근본 가정은 시장 자유화가 경제적 궁핍을 상당히 해소할 수 있는 경제적 팽창과 부의 창출로 이어지리라는 것이다. 시장 자유화가 빈곤의 완화를 실현하는 데 도움이 될 수도 있지만, 과세 수준을 바로 잡고 소득 재분배의 범위를 정하는 일은 여전히 국민국가의 몫으로 남는다. 워싱턴 컨센서스는 결코 지구적 불평등 자체를 해소하기 위한 틀을 자칭한 적이 없다.

지난 20년에 걸쳐 이 접근 – 워싱턴 컨센서스 – 에 대한 확신이 점점 줄어들었다는 것은 최근 세계은행의 정책 우선순위의 변화에서 분명히 드러난다. 이 변화로 시장 자유화가 세계적인 복지 증진의 경로가 될 가능성은 낮아졌다. 자본시장에서 대출을 통해 자금을 조달받는 세계은행이 이제 인간개발 목표와 교육적 불이익의 문제, 젠더 불평등에 더 분명한 초점을 둔다(Beneria, 2012; Mills, 2012). 또한 세계은행은 많은 비판가들이 더 앞선 시대의 워싱턴 컨센서스에서 내린 정책 결정의 약점이라고 규정했던 민주주의의 결핍을 강조하는 일에 더 많은 관심을 기울인다. 이로 인해 세계은행은 비정부기구와 훨씬 더 친밀한 관계를 맺게 되었고, 다양한 목소리를 담을 수 있는 더 폭넓고 더 신중한 활동을 펼치게 되었다. 그렇지만 세계은행의 소관 업무 – 설립 헌장에 나타나 있는 공식 목표 – 는 세계의 재정이나 과세의 문제로 나아가지 않는다. 이러한 문제는 국제정착은행Bank for International Settlements이나 경제협력개발기구를 통해 구성되는 중앙은행을 비롯한 여타의 기관이 담당한다.

세계의 발달과 불평등 해소를 목적으로 회계 자원을 동원하는 방법이 필요하다는 새로운 생각은 세계적인 치리 기관에서 나오지 않았다. 이러한 기관은 스스로 내적으로 혁신할 수 있는 잠재력에 한계를 지니고 있기 때문이다. 이 새로운 생각은 오히려 세계적인 금융거래에 매기는 세금 개념에 대한 논의에서 나왔다. 이 세금은 경제학자 제임스 토빈James Tobin의 이름을 따서 토빈세Tobin Tax라고 불린다. 토빈의 애초 주장은 지구적 불평등과 직접적인 관련이 없었다. 오히려 토빈이 맨 처음 직접 겨냥한 것은 규제 없는 새로운 변동환율제에서 1970년대부터 계속 가능해진 투기성 자금의 국가 간 이동을 제한하는 것이었다. 그래서 이 세금은 환율의 안정을 돕기 위해 고안되었지만 작동이 불가하다는 비판을 받았다. 왜냐하면 이 세금이 효과를 내기 위해서는 모든 당사자의 다자간 합의가 있어야 하기 때문이었다.

세계적인 금융거래에 매기는 완전히 다른 유형의 세금 개념은 1997년과 1998년의 아시아 금융위기의 맥락에서 나와 그 이후로 동력을 끌어모았고 가장 최근에는 2008~2012년의 세계금융위기로 탄력을 받았다. 이로 인해 토빈의 발상은 환율 안정을 도모하기 위한 정책에서 세계적인 사회정의를 위한 정책 ― 인간개발을 지원하기 위한 자금을 모금하는 방식 ― 으로 바뀌었다. 이 생각은 세계 치리 기관을 통해 '위'에서부터 나온 것이 아니라 사회운동에 근거한 세계화 비판을 통해 '아래'에서부터 나왔다.

그럼에도 어떤 종류의 거래세는 영국에 본부를 둔 '빈곤을 퇴치하라Stamp Out Poverty' 같은 비정부기구뿐만 아니라 예전의 경제적 세계화 지지자들에게서도 지지를 받았다. 이러한 지지자 중에는 로렌스 섬머와 빅토리아 섬머(Summers & Summers, 1989) 그리고 조지 소로스(Soros, 2002)가 있었다. 이는 워싱턴 컨센서스의 실패에 대한 환멸을 반영했다. 어떤 사람들은 이 세금을 유엔이 다자간 참여를 장려하는 하나의 방식으로 가장 잘 운용한다고 본다. 그 사이에 현재 유럽연합 내 11개국이 금융거래세를 검토하고 있다. 기업집단은 대부분 여전히 이 세금에 적대적이다. 이는 영국 같은 핵심 국가도 마찬가지다.

세계적인 금융거래세의 실례는 신자유주의적인 세계 치리의 구조와 정책이 무엇 때문에 지구적 불평등 완화를 위한 자원 동원에 실패하는가에 대해 많은 것을 시사해준다. 이 사례는 국가 내 불평등뿐만 아니라 국가 간 불평등의 완화를 지원할 수도 있는 방식으로 세계를 개혁하는 방법에 어떤 풍부한 사조가 어떻게 존재하는지에 대해서도 많은 것을 알려준다. '세금 탈출' – 세금 회피나 세금 도피 – 의 문제에 대처하는 세계적인 세금 정책이 이 새로운 풍토에서 발생하는 핵심적인 특질이다. 달리 말하면, 신자유주의나 반세계화, 반자본주의의 일차원적인 단발성 정책의 대안 외에도 여러 대안이 있다. 이렇게 말했을 때는 세계적인 금융거래세가 설령 실행될 수 있다 하더라도 단지 불평등에 대처하는 재정적 수단만을 제공할 것이라는 점도 분명해진다. 하지만 성性과 인종에 근거한 불평등에 대처하거나 권위주의와 민주적 참여의 장애물과 연결된 불평등의 다양한 정치적 근원을 처리하는 데 이 금융거래세가 그 자체로 충분하지는 않을 것이다.

세계적 이주와 이민 통제 정책

지구적 불평등의 근본적인 해소를 가로막는 주요한 장애물의 하나는 더 부유한 나라의 집단적 사익이다. 이 사익은 강력한 경제적 이익집단은 물론 일상의 시민들과도 관련이 있다. 경제적 이익집단은 세계적인 거래세에 반대하면서도 흔히 더 많은 이민을 지지한다. 반면에 일상 시민들은 가난한 국가에서 부유한 국가로의 이민 증가로 인해 부유한 국가의 임금이 급격히 감소하고 실업률이 증가할까봐 두려워한다. 이로 인해 부유한 국가는 결국 정치적 의제를 덜 급진적인 조치로 제한하게 되고, 지구적 불평등 자체를 완화하기 위한 부의 재분배보다 오히려 지구적인 빈곤 해소를 겨냥한다.

부유한 국가의 사익이라는 정치적 수사는 급진적인 조치에 반대하는 일련의 추가적인 주장과 관련이 있다. 먼저 가난한 국가는 흔히 내부의 불평등이 아주 심하며, 따라서 자신의 집을 먼저 정비해야 한다. 이를 실행하는 한 방법은 세계무역기구의 무역 체제를 혹시라도 노동 쟁점과 연결해 더 가난한 국가의 노동 표준을 끌어올리는 길일 것이다. 무역 표준과 노동 표준의 연결은 불평등을 완화하기 위한 진보적인 조치로 보일 수 있지만, 브라질이나 인도와 같은 선두적인 개발도상국들은 거부해왔다. 왜냐하면 이러한 국가는 이 조치로 인해 고용이 줄어들고 불평등이 심화될 것이라고 우려하기 때문이다(Anuradha & Dutta). 이러한 국가는 이런 식으로 강제되는 표준의 개선이 단지 저비용 생산자에게로 노동이 이동하는 것을 의미하고 '바닥으로의 추락'을 예방하기보다 오히려 조장할 것이라는 딜레마에 직면한다.

관련된 두 번째 주장은 많은 가난한 국가의 정부가 부패한다는 것이다. 이는 역시 사실이며, 더 나은 민주주의를 향한 국내의 제도적 변화 없는 경제적 양도는 목표에 도달하기보다 오히려 낭비될 가능성이 높다는 것을 의미한다. 이러한 주장은 더 급진적인 정책 대응을 향한 부유한 국가의 동력을 약화하는 데 일조한다. 또한 부유한 국가의 부패를 편리하게 감춘다.

그렇지만 세계적 이주가 지구적 불평등 완화의 잠재적인 수단이라는 쟁점은 사라지지 않을 것이다. 로드릭(Rodrik, 2011: 266)은 "외국인 노동자 사용에 대한 선진국들의 제한을 약간만 풀어도 세계의 소득이 거대한 영향을 받을" 것이라고 주장한다. 로드릭이 염두에 두었던 약간의 자유화는 영주의 권리 없이 주기적으로 갱신해야 하는 한시적 노동 비자 — 부유한 국가의 노동력을 3퍼센트 확대해줄 — 다. 이 노동 비자는 전 세계 인구 가운데 가장 가난한 약간의 구성원들에게 소득을 즉각 분배해줄 것이다. 인도 정부는 세계무역기구가 강제한 노동 표준에 반대하면서도 부유한 나라들에게 이민 제한을 완화하고 이민 유입을 늘려달라고 요구했다. 많은 다른 쟁점과 마찬가지로 이 쟁점은 세계 치리의 구조 내에 정체되어 있다. 이것은 부유한 나라와 가난한 나라 사이에서 지각되는 이익의 충돌로 인해 발생한다.

그러는 사이에 가난한 국가와 지역의 수십만 개인과 가정, 집단이 매우 위험하고 때로 치명적인 불법 이민을 시도하기 시작한다. 쇄도하는 합법 이민과 불법 이민의 부담으로 유럽과 북아메리카, 오스트레일리아의 이민 통제가 강화되었다. 이 강화는 이민과 이민자들에 대한 점점 더 적대적인 여론의 증가와 관련이 있다. 이민 반대에 인종적 측면이 반영될 수 있지만, 많은 반대는 이민자들의 유입이 임금을 낮춘다는 주장에 근거한다.

그렇지만 이 특별한 효과가 실제로 사실인지, 그리고 어느 정도 사실인지는 논란의 여지가 있다. 세계은행(World Bank, 2006)은 이민자 노동시장 확대 프로그램 아래에서 부유한 국가의 임금이 단지 0.5퍼센트 하락할 것이라고 추산했다. 최근에 다른 경제학자들도 이민이 원주민의 임금에 미치는 약간의 긍정적인 효과나 약간의 부정적인 효과를 보여주는 유사한 추산을 내놓았다(Ottaviano & Peri, 2008; Manacorda, Manning and Wadsworth, 2012). 그러한 추산은 당연히 합리적인 토대를 지니고 있지만, 부유한 국가의 유권자들과 정치가들의 인식을 변화시킬 가능성이 없다. 특히 세계 금융위기로부터 발생하는 경제 불안의 강력한 조건 아래에서는 더욱 가능성이 없다. 다시 한 번, 경제적 불평등을 해소하는 데 당연히 효율적일 급진적인 정책 주도는 정치적으로 수용 불가능하다.

만일 앞에서 논의한 주요한 두 가지 정책 처방을 향한 운동이 설령 있다 하더라도 거의 없다면, 세계 치리의 수준에서 지구적 불평등 완화에 약간의 주요한 진전이 일어날 수 있을지에 대해 의문이 발생한다.

세계 치리의 전환은 가능한가?

세계 치리의 몇몇 모형은 분명히 의심을 받는다. 이러한 모형에는 세계적 조치를 취하고 이 과정에서 개별 국가들의 이익을 초월할 수 있는 세계국가의 개념이 들어간다. 이 세계국가는 완전히 비현실적이라고 간주되었기 때문에 실제로 시도된 적이 한 번도 없었고 앞으로도 결코 시도되지 않을 것으로 보인다. 지금까지 시도된 적이 있는 상호 연결된 두 모형은 신자유주의 워싱턴 컨센서스와 엘리트에 근거한 하향식 정치적·경제적·법률적 변화의 모형이다. 후자는 여러 무리의 국민국가들이 지배하는 유엔 주변의 국제기관과 연관이 있다.

이 책에서 반복해서 살펴본 바와 같이 신자유주의 워싱턴 컨센서스 모형은 더 가난한 국가의 지속 가능한 발달뿐만 아니라 국가 간 불평등의 완화를 확고히 하지 못했다. 엘리트에 근거한 하향식 정치적·경제적·법률적 변화의 모형은 많은 가난한 나라에서 건강 증진과 교육 향상을 향한 다각적 향상을 이루며 어느 정도 성공을 거두었고, 또한 인권이나 환경 지속 가능성과 같은 세계적인 표준을 제도화하는 데도 일조했다. 하지만 이 엘리트 기반의 변화 모형은 민주적인 책무성과 투명성이 없다는 많은 비판을 받는다. 진화하는 형태의 국가 간 치리인 유럽연합은 지역적인 불평등에 상당히 복합적인 영향을 미쳤지만(Petakos, 2008), 부분적으로 이것은 정책 실패라기보다 오히려 2004년 이후 결합한 신생국의 효과다. 어쨌든 유럽연합은 세계시민주의 치리와 세계시민 민주주의를 향한 하나의 중요한 단계로 입안되었다(Held, 1995; Beck & Grande, 2007). 하지만 엘리트 중심의 정치적 심의(審議)로서 유럽연합은 또한 민주주의적인 의사결정 역량이 약하다는 비판을 받아왔지만, 정책 결정을 둘러싼 국가적 갈등은 여전히 고질적으로 남아 있다.

이것은 어떤 종류의 세계 치리이든 불가능하다는 것과, 단순히 국민국가와 기업, 시민사회조직에 의한 정책 주도로 주의를 되돌려야 한다는 것을 의미하는가? 세계적 현대성은 경제적·문화적 관계로 제한할 수 있지만 정치는 그 범위가 심히 국가적인 것으로 남아 있을 것인가?

때로는 그렇게 보일 수도 있다. 비록 흔히 유리되어 있지만 복합적인 일련의 제도와 사회운동은 여전히 그대로 남는다. 이러한 제도와 사회운동은 국가 간 경계를 넘어 작동하며, 세계 치리를 위한 불완전하지만 중요한 무대를 형성한다. 가만히 멈춰 서 있는 것은 없다. 여전히 이전의 실패를 통해 배울 수 있다. 워싱턴 컨센서스의 출현 이후의 세계에서 세계은행이 그래왔듯이 말이다. 국민국가와 기업, 사회운동은 모두 국가 경계를 넘어서 협력해야 할 많은 이유가 있다. 오늘날에는 경제 발전과 금융위기부터 사회 불평등과 환경 위기에 이르기까지 아주 많은 문제가 세계적인 범위에 걸쳐 있기 때문이다.

세계 치리가 현재 직면하고 있는 혼란과 도전을 분석하는 한 방법은 로드릭의 삼도논법 개념을 세계적인 정책 결정의 중심에 두는 발상이다(Rodrik, 2011: 200~201). 우리는 삼도논법의 발상에 익숙하다. 이 발상에서는 효율성이나 불평등과 같은 두 가지의 바람직한 목적이 서로를 방해한다. 로드릭의 삼도논법은 세계시장과 국민국가, 민주주의라는 세 요소와 관련이 있다. 그는 이 세 요소를 동시에 모두 가질 수는 없다고 주장한다.

현재도 그러하듯이 세계시장은 국민국가와 결합할 수 있지만, 이때 거대한 민주주의의 결핍이 있다. 그러한 조정은 보통 엘리트 중심적이며 형식상 하향적이어서, 경제적 세계화가 국민의 관심이나 저항과 무관한 방식으로 민주적 책무성을 외면할 수 있다.

대안적으로 1930년대에 이루어진 것처럼 국민국가를 더 반응적인 민주주의 정치와 결합해 경제적 세계화를 되돌릴 수 있지만 경제적 역동성의 감소와 생활수준에 대한 압박을 감당해야 한다. 물론 그 당시의 경제적 국수주의도 똑같이 경제제도를 파괴하며 파시즘이나 스탈린주의와 양립할 수 있었다. 따라서 불평등 완화를 위해 반드시 더 탁월한 민주주의나 전략과 연계해야 할 필요는 없다.

국민국가를 주변화하고 세계시장을 더 탁월한 민주주의와 결합하는 방안은 지금까지 아주 심도 있게 추구하지 않았다. 그리고 이 방안은 두 가지 이유로 실현 가능하지 않을 수 있다. 첫째, 국민국가와 정당은 국가주권의 이상을 포기해야 할 것이다. 둘째, 시장과 민주주의는 상이한 논리에 따라 작동한다. 자유시장은 가격 기제를 통한 아주 신속한 형태의 경제적 조정에 따라 최소한의 규제 위에서 작동한다. 반면에 민주주의는 훨씬 더 느린 심의 시간 틀을 바탕으로 작동한다. 만일 민주주의가 세계무역의 규칙을 정하고 감시한다면 이 불일치는 해소될지도 모르지만, 세계적인 민주적 치리의 성공적인 모형이 없기 때문에 이 방안은 어려워 보인다.

코헨과 사벨(Cohen & Sabel, 2005)은 세계적 책무성의 개념을 통해 이 방향으로 전진하는 한 가지 방식을 제안한다. 이 방식은 국가 경계에 따른 시민의 전통적인 개념이 아니라, 세계적인 문제와 위기의 이면에 무엇이 놓여 있는지에 대한 명확한 이해가 거의 없을 수도 있는 세계 대중을 겨냥한다. 따라서 이 의무는 무슨 일이 일어나고 있는지를 설명하고 더 방대한 세계적 심의를 장려하는 세계적 규제 기관에게 돌아간다. 그럼에도 그러한 하향식 주도가 아래에서 이루어지는 입력 없이 성공적으로 작동하는 것을 보기는 어렵다. 또 다른 방안은 여러 형태의 기업의 사회적 책임과 관련이 있다. 이 책임은 기업이 비정부기구와 대화를 통해 기업 활동의 역효과에 대한 우려 – 가난한 국가의 열악한 노동조건, 그리고 평등한 기회의 결여 – 를 해소하는 것이다. 그렇지만 그러한 활동의 범위는 힘의 심한 불균형 때문에 제한되며, 비정부기구의 비판이 여론의 동원을 추구하는 더 폭넓은 캠페인에서 더 효율적일 가능성이 높다.

로드릭의 삼도논법은 현대성 내의 변이에 대한 사회학적 해명을 돋보이게 한다. 이 해명은 세계화와 국가의 정치적 자립, 민주주의의 균형이 유지되어왔던 다양한 방식에 초점을 맞춘다. 이 연구에서 계속 주목한 바와 같이, 중국은 강력한 형태의 국가 개입을 세계시장의 관여와 결합하지만, 내부의 민주주의 표출과 심각한 내부 불평등을 그 대가로 지불하고 있다. 대조적으로 미국 같은 신자유주의국가는 시장의 힘을 더욱 강조해 작동한 결과로 국가 규제와 완전한 토의 민주주의를 해친다. 대의 민주주의의 중요성과 미국 내의 평등한 기회의 확산에 미치는 그 영향을 경시하는 것은 태만일 것이다. 그렇지만 미국의 높은 수준의 내부 불평등은 미국이 로드릭의 삼도논법에 놓여 있는 세 가지 정책 목표 가운데 하나만을 제대로 관리해왔으며, 그 결과 자유시장의 우위로 인해 국가주권과 내부

민주주의가 위태롭게 되었다는 것을 암시한다.

만일 우리가 세계금융위기가 미국에 가한 국내적 충격을 고려한다면, 이 판단은 엄청난 의미가 있다. 이 경우에 월가와 대기업은 납세자와 시민들의 돈으로 구제금융을 지원받았다. 하지만 납세자와 시민들의 경제적 운명은 실업률 상승과 대출 담보 압류, 연금 축소의 악영향으로 타격받았다.

로드릭은 국민국가가 주연배우로 관여하지 않고서 이 삼자택일의 궁지를 해소할 수 있다는 것에 대해 여전히 회의적이다. 훨씬 더 중요한 것은 경제적 세계화를 더 강력하게 규제해 국민국가는 물론 민주주의와 더 긴밀한 조화를 유지하도록 하는 것이다. 그렇지만 로드릭은 유럽연합이 이 삼자택일 요소 사이의 성공적인 균형을 예시한다고 확신하지 않는다. 그 이유는 대부분 유럽연합 자신의 민주주의가 불충분하고 유럽연합의 정책 결정이 위기 중에는 서로 충돌하는 국가이익으로 파편화되기 때문이다.

이 시점에서 로드릭이 더 들여다보지 않는 사항은 이 삼자택일의 궁지를 해소하고 그에 따라 상당히 다른 방식으로 지구적 불평등에 대처할 때 드러나는 사회민주주의 방안과 신자유주의 방안 사이의 대조다. 그 대신 그는 삼도논법 이후의 맥락에서 정책 결정을 특성화해야 하는 일련의 매우 일반적인 명제를 제시한다. 다음은 이러한 명제의 일부다(Rodrik, 2011: 237~247).

- 시장은 치리 제도 내에 깊숙이 내포되어야 한다.

- 번영에 이르는 단 하나의 길은 없다.
- 국가는 자신의 사회적 조정과 제도를 보호할 권리가 있다.
- 국가는 자신의 제도를 다른 국가에 부과할 권리가 없다.
- 국제적인 경제적 합의의 목적은 국가기관들 사이의 접점을 관리할 교통 규칙을 마련하는 것이어야 한다.

이 목록은 그 이상의 평가를 받을 만하다. 첫째, 워싱턴 컨센서스는 분명히 죽었다. 둘째, 로드릭은 세계자본주의에 맞서서 국가주권을 다시 확인하는 것 말고는 다음에 어디로 가야하는지 잘 모른다. 이 전망에서 권리를 갖는 사람은 국민국가이고, 시민들이 아니다. 또한 규범적, 즉 문화적 갈등과 이러한 갈등이 세계화를 재구축할 때 수행하는 역할에 대한 명시적인 인식이 전혀 없다. '교통 규칙'이라는 담담한 어구는 여전히 제자리에 남아 있는 경제생활에 대한 순전히 관료주의적인 규제를 암시한다. 그 사이에 인종적이거나 종교적인 유형의 권위주위를 실행해 결국 사회적 불평등을 초래하는 국가는 이 시나리오에서 변화의 압력으로부터 자유롭게 남아 있게 될 것이다. 이는 세계 재구축에 대한 경제주의 접근의 동력이 다하는 지점이고, 또한 더 폭넓고 더 심오한 사회학적 고려가 적절해지는 지점이다.

신자유주의 정책 대 사회민주주의 정책, 그리고 지구적 불평등의 해소: 사회학적 시각의 지구적 불평등 해소 정책

사회학자들은 한목소리로 말하지 않으며, 지구적 불평등 해소와 직접 관련이 있는 정책 분석보다 세계화의 이론화 작업과 사회적 구조의 변화에 더 많은 노력을 기울여왔다. 2장에서 개괄한 신자유주의와 정치경제학에 대한 사회학적 비판은 이 책에서 취하는 접근에서 아주 중요하다. 사회생활을 이해하고, 상이한 정책 목표를 실현할 수도 있는 방식을 찾아내려는 어떤 시도에서나 이론은 엄청나게 중요하다. 그렇지만 이론과 실제를 명시적으로 연결하고 정책 토론과 정책, 캠페인과 연계할 수 있는 연구를 찾는 일은 비교적 드물다.

사회적 불평등에 대한 세계시민주의 접근을 다룬 울리히 벡의 뛰어난 연구는 앞에서 검토했다. 이 연구는 분명한 장점이 있으며, 특히 국경을 넘는 세계시민주의적인 협동이 사회 변화의 발생적 특질이자 정치적 행동을 장려할 수 있는 풍성한 유토피아라는 것을 예시하는 데 장점이 있다. 하지만 벡의 연구는 여전히 아주 일반화된 소망으로 남아 있다. 그래서 그의 연구는 흔히 정책 결정과 정치적 행동의 복잡한 다층 세계 ─ 우리가 이 책에서 접했던 ─ 와 직접 연결하기 힘들다. 더 인상적이고 더 폭넓은 기여는 월비의 중요한 연구『세계화와 불평등』에서 찾아볼 수 있다.

지구적 불평등에 대한 월비의 분석은 세계화 시대의 근대성이 복잡하다는 자신의 정교한 이해에 근거한다. 앞에서 살펴본 바와 같이, 복잡성은 온 삶을 가로지르는 불평등과 차별의 다차원적 측면과 관련이 있다.

이러한 측면에는 계층은 물론 민족과 성이 들어간다. 폭력뿐만 아니라 이 폭력과 연관되는 강압이나 불안에서 자유롭기 위한 투쟁은 지구적인 소득 불평등과 건강 불평등, 정치적 통합 불평등●에 대처하는 도전의 필수적인 부분이다(Wilkinson, 2004; Yodanis, 2004). 힘의 다른 불평등과 함께 폭력의 효과는 소득 표준과 노동 표준, 건강·교육에의 접근, 가부장적·인종적·종족적 불평등으로부터의 자유에 대한 투쟁과 관련해 발생한다.

더 폭넓은 사회학적 시각에서는 지구적 불평등에 대한 대응이 로드릭이 정교화한 것보다 훨씬 더 넓은 무대와 관련이 있다. 로드릭은 세계 치리의 개혁과 경제정책의 재구성, 정치적 책무성의 더 강력한 표준에 제대로 초점을 맞춘다. 그러나 월비나 벡과 같은 사회학자들은 인권에도 초점을 맞춘다. 또한 그들은 젠더 포괄적이고, 문화적 차이와 맞물리며, 환경적 과정을 지구적 불평등의 이해로 통합하는 방식으로 민주주의를 더 근본적으로 발전시키는 것에도 초점을 맞춘다. 이런 식으로 경제정책 쟁점과 사회정책 쟁점, 환경정책 쟁점은 서로 연결된다. 이렇게 할 때 지구적 불평등을 해소하기 위한 시민사회의 주도에 훨씬 더 현저한 역할을 부여하게 된다.

이 사조는 시민사회를 '무대 뒤 소음'으로 간주하거나 엘리트 중심 통치의 멋진 게임에 비해 단지 더 주변적인 것으로 간주하기보다 개혁의 중

●── '정치적 통합(political inclusion)'은 자국민과 동일한 법적인 토대에서 이주자들에게도 정치에 참여하여 자신들의 대표를 선출할 권리를 보장해주어야 한다는 개념을 말한다. 지방선거의 투표권 부여나 다양한 이주공동체의 자문단 구성 등의 방식으로 이주자들을 정치적으로 통합할 수 있다.

심에 둔다. 현대 민주주의라는 월비의 발상에는 다수의 기관과 배우가 있다. 이러한 기관과 배우에는 국가states뿐만 아니라 "국가nations와 조직화된 종교, 주도권 보유자, 세계 기관"도 들어간다. "그녀는 주도권 국가라는 용어로, 미국처럼 불균형적인 엄청난 양의 힘을 지닌 지정학적 개체를 지칭한다"(Walby, 2009: 157). 그러는 사이에 시민사회는 아래에서부터 작동하는 대체로 국지화된 운동의 친밀한 의미에서나 지역적인 규모 또는 세계적인 규모에서 이른바 행동의 '파도'를 통해서 세계적인 정치조직의 추가적인 층위를 지원한다(Walby, 2009: 233~249).

이러한 파동의 주요한 실례에는 환경주의나 현대 민주주의는 물론 종교개혁과 19세기 사회주의, 국수주의, 여성주의의 몇몇 삽화가 들어간다. 그러한 파동은 발달상 경로가 여러 다른 궤도로 바뀌거나 이동할 수 있을 때 사회 변화 내의 전환점tipping-point을 떠오르게 한다. 분명히 이러한 실례는 전쟁과 갈등에서 사회적 응집과 평화로 나아갔던 많은 다양한 역사적인 현상을 예시한다. 또한 이러한 실례는 민주주의가 바람직한지 또는 평등 증진의 다양한 목적이 바람직한지가 정치적·문화적 토론에서 본질적으로 쟁탈의 대상이라는 것도 보여준다.

월비가 결론에서 분명히 표현하는 바와 같이 미래는 격렬한 쟁탈의 대상이다. 이는 시민사회에 내적 분열이 있거나 국민국가에 대립하는 이익집단이 있기 때문이며, 또한 미국이나 유럽연합, 중국이 상이한 종류의 패권적 권력을 노리고 있기 때문이다(Walby, 2009: 433~435). 지구적인 평등 확산을 향한 전진을 신뢰하는 분위기 대신에, 월비는 더 차분하고 세심하게 말을 한다.

그러면 실패한 신자유주의적인 워싱턴 컨센서스를 넘어서 변하는 발달 경로는 어디에 있는가? 지구적 불평등을 대처하는 일에서 혁신적 사회민주주의에는 어떤 잠재력이 있는가? 그리고 최적의 전략과 정책에 대한 일반 이론은 무엇이 작동하는지에 대한 실용적 초점에서 어느 정도의 정보를 얻어야 하는가?

사회민주주의의 정교화와 미래 사회 변화

경제적 자유주의와 사회주의나 사회민주주의의 갈등은 19세기에서 시작한 오랜 역사를 지니고 있으며, 현시대에 이루어지는 신자유주의와 사회민주주의의 정책 갈등보다 시기적으로 앞선다. 이 토론의 양측은 시간의 흐름과 함께 진화했으며, 이러한 의미에서 서로에게 움직이는 과녁이 된다. 어느 쪽도 예전의 주장을 언급해 간단히 물리칠 수는 없으며, 양쪽 모두 진화한 그대로 새롭게 평가할 필요가 있다(Sandbrook et al., 2007).

지난 50년에 걸친 경제적 자유주의의 변화는 지식재산권이나 위험·불확실성, 제도의 작동과 같은 주제를 경제 이론의 중심으로 더 가까이 가져왔다. 자유주의 경제학자들은 폭넓은 정책 책략에 따라 분화되어, 한편으로 밀턴 프리드먼Milton Friedman의 발자취를 따르는 자유시장주의자에서 다른 한편으로 아마르티아 센 같은 급진주의자에 걸쳐 있다. 그렇지만 경제학자들 사이의 이견과 대립에도 불구하고 규제 없는 시장이 인간의 자유를 신장하고 복지를 증진하며 암묵적으로 불평등을 해소하는 최선의 방법이라는, 널리 신봉되는 유토피아적 신념은 훼손되지 않았다.

넓은 의미의 사회민주주의도 진화해왔다. 한편으로 이 진화는 사회적 불평등의 분석을 계층 관계와 산업 관계를 넘어서 더 방대한 형태의 사회적 불평등으로 옮긴 것에서 기인했으며, 또 다른 한편으로는 문화적 차이와 민주주의에서 이 문제가 나타내는 의미에 대해 고심한 덕택이었다. 사회민주주의에는 공상적 이상주의utopianism의 변종이 있으며, 특히 진보적인 공공 정책에 내포된 사회적 책임감이 경제적 사익을 압도할 수 있다는 믿음이 유명하다.

대립하는 이 두 접근에 유토피아적 토대가 들어 있다는 사실에서 아마도 신자유주의와 사회민주주의의 회복 탄력성이 좋은 이유에 대한 설명이 나온다. 2008~2012년 세계금융위기 동안의 엄청난 시장 실패에도 불구하고 자유시장주의자들의 기백은 줄어들지 않았으며, 국가부채 위기와 규제 실패에도 불구하고 사회민주주의 유형의 더 나은 사회도 훼손되지 않았다. 월비(Walby, 2009: 278ff)는 신자유주의와 사회민주주의를 현대성의 두 변종으로 본다. 경제적 세계화는 엄청난 사회적 권력이지만, 국민국가를 파괴하지도 못했고 경제적·정치적·문화적 패턴의 어떤 공통·집합을 중심으로 하는 국가 제도와 정책의 수렴으로 이어지지도 않았다. 월비는 과거에서 현재로 이어지는 역사적 경로의 중요성을 강조하면서, 미국 같은 신자유주의 국민국가와 스웨덴이나 북유럽 국가와 같은 사회민주주의 국가의 차이를 세계화에 의해 잠식당하지 않았던 여러 형태의 경로 의존성으로 설명할 수 있다고 주장한다. 이러한 대조가 지속되는 이유는 "제도의 형태가 주조되었던 순간이 오래 지난 뒤에 국가의 형태와 제도가 깊숙이 자리 잡고 영향을 미치기 때문이다"(Walby, 2009: 263).

더 방대한 양의 연구와 마찬가지로 월비는 신자유주의국가들이 사회민주주의국가들보다 국가 내 불평등 수준이 더 높다고 주장한다. 또한 신자유주의국가들은 더 폭력적인 경향이 있으며(Walby, 2009: 396~408), 이 경향은 민주주의 과정이 사회 전반에 더 깊숙이 스며들지 못한 것과 상관관계가 있다고 말한다. 민주주의의 심화는 보편적 참정권이나 특정한 집단의 정치적 참여를 제한하는 장벽의 철폐 – 물론 이러한 것도 민주주의의 심화에 중요하지만 – 이상을 의미한다. 또한 민주주의의 심화는 정치적 의사결정이나 산업 관계는 물론 복지 기관을 비롯한 모든 기관에 민주적 과정을 적용하는 것과도 관련이 있다. 어떤 나라의 민주주의가 더 심화될수록 그 나라는 계층과 성에 근거한 공적 지출을 제도화할 가능성이 더 높다. 월비(Walby, 2009: 413~415)는 또한 점차적으로 노동조합에 가입하는 '취업 여성들'이 사회민주주의의 '새로운 옹호자'를 대표한다고 주장한다. 이 여성들은 또한 육아 같은 일련의 공공 서비스를 지지한다. 탄탄한 일련의 증거는 취업 여성들이 유럽이나 미국의 다른 여성들보다 더 좌파 성향을 가지며, 젠더 불평등을 겨냥한 사회민주주의와 정책을 위해 선거 후원을 한다는 점을 암시한다.

그러나 국가 유형의 사회민주주의적인 정책 결정은 **지구적** 불평등의 완화라는 쟁점을 어디에 남겨 두는가?

우선 이러한 정책 결정은 국가 간 불평등보다 국가 내 불평등을 더 많이 겨냥한다. 이런 의미에서 이 결정은 첫째, 단지 특정한 국가 내부의 불평등을 줄인다는 점에서만 지구적 불평등의 완화에 기여한다. 둘째, 단순히 경제적 불평등과 소득 불평등을 언급하는 것만으로는 직접 식별되지 않는 다양한 불평등에 더 폭넓게 접근하는 장점이 있다. 셋째, 세계적 주도보다 국가적 주도에 상당히 더 많이 의존한다. 세계적 조치는 유엔의 여러 조직이 불평등 수준을 감시하고 새천년개발목표 같은 변화의 목표를 설정한다는 점에서 기껏해야 간접적으로 개입한다. 넷째, 사회민주주의는 세계적 수준에서는 명시적으로는 존재하지 않는다. 즉, 사회민주주의에 헌신하는 몇몇 국가 정부는 존재하지만, 자칭 사회민주주의를 표방하는 국제기구는 없다. 19세기로부터 계승한 세계적 열망을 지닌 연속적인 사회주의 인터내셔널Socialist Internationals 체제에도 불구하고 말이다(Colas, 1994). 모든 세계 기관에 걸쳐 작용하는 담화 틀은 오히려 서구적 기원뿐만 아니라 비서구적 기원을 지닌 이상인 인간개발을 지칭한다. '인간개발'은 또 다른 이름의 '사회민주주의'가 아니다. 수많은 아시아 국가와 아프리카 국가에서 서구의 민주주의 개념을 문제가 많다고 생각한다는 점에서 말이다. 그러한 우려를 중동과 여타 지역을 가로지르는 시민사회 행동주의의 새로운 파도가 어느 정도까지 휩쓸어 가버릴지는 앞으로 결정이 날 것이다.

사회민주주의에 대한 논의에서 간과한 한 특징은 지구 남반구에 있는 가난한 나라들의 주도를 다루지 못했다는 것이다. 이는 중요한 단행본 『지구 변방의 사회민주주의Social Democracy in the Global Periphery』에서 언급하고 있다(Sandbrook et al., 2007). 이 책은 1990년 이후 코스타리카와 칠레, 모리셔스, 인도 케랄라주州의 정책 주도를 검토한다. 이 책의 주장은 작은 나라들이 더 위대한 평등과 더 성공적인 개발을 향해 상당한 전진을 할 수 있다는 것이다. 국내 무대의 경제적 기득권, 정치적 부패, 세계화의 외적 압력, 국제통화기금이나 세계은행과 같은 국제기구의 외적 압력 등 잠재적인 장애물은 하찮은 것이 아니다. 그렇지만 이러한 장애물은 어느 정도 극복할 수 있고, 영향력을 최소화할 수 있다.

여기에서 핵심 기관은 더 완전한 민주주의로 이행 중이며 동시에 경제 발전을 추진 중인 국가다. 이러한 국가는 일련의 도시 집단과 시골 집단에게서 정치적 후원을 받고 흔히 사회민주주의의 역사적 전통에 의존한다. 샌드브룩 등(Sandbrook et al., 2007)의 관점에서 보면, 이 이행이 성공하기 위한 주요한 구조적 전제조건은 더 오래전부터 존재했던 토지 소유 엘리트의 반半봉건적인 지배와 어느 정도 효율적인 국가조직을 해체할 정도로 세계경제 속으로 들어오는 충분한 사전 통합이었다. 1990년대 이후 출현한 정치적 전략은 자본주의에서 사회주의로의 즉각적인 이행을 거냥한 것이 아니라, 세계시장과 민주주의 그리고 (사회적 불평등 완화를 열렬히 추구하는) 선제적인 주변국 정책 사이의 더 유연한 관계를 거냥했다. 이러한 정책에는 교육 접근과 보건 위생, 누진세, 맞춤형 사회보호 프로그램, 노동시장 규제와 어떤 경우에는 토지 개혁이 들어간다(Sandbrook et al., 2007: 25-26, 234). 정책의 성공은 민주적인 참여 형식의 확대와 함께 문해력 향상, 아동 사망률 감소, 기대수명 향상을 통해 측정할 수 있다[Drèze & Sen (2002) 참조].

이 주장은 충분한 경험적 지원을 받는다. 정말로 지구 남반구에 지구적 불평등의 완화에 이르는 잠재적인 사회민주주의 경로가 있다. 그럼에도 이 전략은 내적인 부패의 잠재적인 문제와, 세계적인 채무 시장에서 발생하는 국가재정정책에 대한 외적인 통제를 경계해야 한다.

일반적인 정책 전략을 넘어서: 실용주의와 그 실행

불평등 패턴을 파고든 연구의 흥미로운 발견 가운데 하나는 아주 비슷한 발달 수준의 국가들이 상당히 다른 불평등 수준을 보여줄 수 있다는 점이다. 그러면 어떤 국가는 왜 불평등 완화와 관련해 다른 국가보다 더 효과적으로 실행하는가? 3~5장에서 우리는 이미 이러한 변이의 많은 것이 역사적 유산이나 경로 의존성과 관련이 있다는 점을 살펴보았다. 그렇지만 현시대의 과정과 정책도 분명히 관련이 있다. 그리고 정책 입안 자체를 넘어서 불평등에 대처하는 조치의 실행과 관련해 많은 추가적인 쟁점이 있다. 이러한 조치가 공공 정책 주도에서 시작하든 정부 밖의 다른 사회적 근원에서 나오든 말이다.

실용주의 시각에서는 흔히들 이렇게 묻는다. '무엇이 작동하고 무엇이 작동하지 않는가?' 부분적으로 이 질문은 불평등 완화를 향한 진전이 다른 나라와 지역, 장소보다 어떤 나라와 지역, 장소에서 더 성공적이라는 관찰에서 나온다(5장 참조). 유사한 정책 주도가 도대체 왜 가변적인 영향을 미치는가? 어떤 요인이 다른 맥락 내의 실행에 영향을 미치는가, 그리고 국가 간의 시민사회 주도와 국지적인 시민사회 주도는 어떤 역할을 수행하는가?

이러한 문제에 대한 많은 논의는 지구적인 건강 불평등과 어떻게 이 불평등을 더 효과적으로 극복할 수 있는지를 겨냥했다. 중요한 한 실례는 워싱턴 D. C.에 있는 세계개발센터Center for Global Development의 두뇌집단과 연결된 공중보건 전문가와 교수, 행정가의 네트워크인 '무엇이 작동하는 가?' 소위원회What Works Working Group●에서 나온다. 이 전문가 집단은 상당한 기간에 걸쳐 측정 가능한 건강 증진을 유도하는 국가적·지역적·세계적 주도에 대한 심층적인 현장 연구를 수행했다(Levine, What Works Working Group and Kinder, 2004; Levine & What Works Working Group, 2007). 이 연구는 1952~ 1992년의 소득 성장이 가난한 국가에서 이룩한 세계적인 건강 향상의 절반도 설명하지 못한다는 세계보건기구의 발견에 근거한다(WHO, 1999). 그렇다면 그 현상에는 어떤 정책과 프로그램이 작동하는가? 그리고 이들은 왜 작동하는가?

세계보건기구의 연구는 건강 관련 지식의 확산뿐만 아니라 신약 백신과 영양 보충을 비롯한 기술혁신과 전파에 초점을 맞추었다. 그렇지만 레빈과 '무엇이 작동하는가?' 소위원회(Levine & What Works Working Group, 2007: xxix)는 감당 가능한 가격으로 새로운 건강상품을 제공하는 효율적인 제도가 있을 때만 기술혁신이 작동한다고 주장한다. 다시 이 제도는 개발도상국의 정치적 리더십 발휘와 뛰어난 현장 관리, 서비스 개선을 위한 '파수꾼과 옹호자'로서 비정부기구의 개입, 공동체 참여 ─ 건강상품을 배포하고

●── 성공적이라고 판단되는 일련의 국제 보건 경험을 높은 수준의 증거를 사용해 입증하는 것을 핵심 목표로 삼는 세계개발센터의 소위원회. 국제적인 공중보건의 성공 사례를 면밀히 검토하고 증거의 질을 평가한 다음 성공의 공통 요인을 분류한 정책 보고서를 작성한다.

공중의 의식을 고양하는 마을 수준의 자원봉사자들을 비롯한 — 에 의존한다. 이러한 요소의 조합을 통해, 심지어 아프리카와 아시아의 가장 가난한 배경에서도 성공은 가능하다.

이러한 주장은 지구적 불평등을 어떻게 완화할지에 대한 고정관념에 흔히 도전하는 분명한 경험적 증거에 의존한다. 예를 들어, 가난한 나라의 정부는 비효율적이고 부패하다는 광범위한 진단과 달리 성과를 낼 수 있으며, 지금까지 그렇게 해왔다. 스리랑카에서는 건강관리 제도에서 고안해 실행한 서비스를 통해 산모 사망률이 1935년 이후 12년마다 절반으로 줄었다(Levine & What Works Working Group, 2007: 41~48). 한편 남아메리카에서는 국경을 넘어서는 보건부 협력이 샤가스병Chagas Disease•의 영향을 줄이는 데 일조했다(Levine & What Works Working Group, 2007: 86-96). 유일하게 성공적인 캠페인이 고도로 중앙 집중화된 캠페인이었다는 고정관념식의 가정도 오해를 야기한다. 따라서 많은 경우에 공동체가 프로그램 성공에서 활발한 역할을 한다. 이러한 성공적인 사례에는 중앙아프리카와 동아프리카 전역의 회선사상충증onchocerciasis에 대비한 지역공동체의 구충제 배포나(Levine & What Works Working Group, 2007: 49-56), 네팔의 한 마을에 거주하는 할머니들 대상의 영양 보충제 배분이 포함된다(Levine & What Works Working Group, 2007: 25~32).

•—— 최초 발견자인 브라질 의사 카를루스 샤가스(Carlos Chagas)의 이름에서 따온 샤가스병은 크루스파동편모충(Trypanosoma Cruzi)이라는 기생충이 옮기는 치명적인 기면증(嗜眠症)으로, 주로 라틴아메리카의 농부들 사이에서 발병한다.

여기에서 긍정적인 주장은 모든 건강 불평등이 꾸준히 완화되고 있다는 점을 암시하려는 것이 아니라 오히려 약간의 건강 불평등에 성공적으로 대처하고 있다는 점과, 더욱 중요하게도 일반적인 거시 정책 처방이 충분하지 않다는 점을 암시한다. 정말로 모든 맥락에서 적용될 수 있는 일반적인 정책 혼합은 결코 있을 수 없다. 그 대신 필요할 수 있는 것은 성공이 온갖 형태로 다가온다는 것을 인정할 수 있는 중간 범위의 접근이다. 이 접근은 프로그램 전달을 위해 정치적·문화적 맥락의 구체성과 조화를 이루어야 한다.

중간 범위의 접근은 워싱턴 컨센서스와 연결되는 일반적인 경제정책 접근이나 개발정책 접근과 대조된다. 또한 이 접근은 방대한 규모의 개발 원조가 필연적으로 긍정적인 결과에 도달할 것이라는 생각과도 대조된다. 중요한 것은 충분한 자금 지원이다. 하지만 결정적인 것은 규모라기보다 예측 가능성과 비용 효율성이다. 마지막으로 건강 같은 영역에서 중간 범위의 실용적 접근은 지구적 불평등의 완화에 대한 인간개발 시각의 실제적인 장점을 자세히 제시한다. 이 실용적 접근을 실행하는 방식은 인간복지에 대한 경제적 발상뿐만 아니라 더 방대한 사회적·문화적 발상을 맥락 의존적인 실행과 연결하는 것이다. 공공 건강의 향상은 더 충만한 삶을 살 수 있는 사람들에게 더 많은 경제적 잠재력뿐만 아니라 더 폭넓은 사회참여와 공동체 참여를 비롯한 방대한 범위의 혜택을 가져다줄 수 있다(Drèze & Sen, 2002: 39-40).

그렇지만 실용주의와 중간 수준 접근은 한계를 지니고 있다. 레빈과 '무엇이 작동하는가?' 소위원회의 연구에서 기술한 성공적인 주도는 효과적인 조치를 취할 수 있는 국가 정치 기관의 역량과 자발성에 부분적으로 의존하고, 협력적인 변화 주도자들의 아주 다양한 연합의 지원을 받는다. 가령 사하라사막 이남 아프리카 지역에서 사람을 극단적으로 쇠약하게 하고 눈을 멀게 하는 회선사상충증을 통제하는 데 성공한 것은 아프리카 19개국 정부와 세계은행, 유엔개발계획, 식량농업기구, 21인에 이르는 국제적인 기증자,• 30개 이상의 비정부기구, 머크Merck 제약회사, 마지막으로 아주 중요한 8만 시골 공동체의 참여가 장기적으로 연합한 덕택이었다(Levine & What Works Working Group, 2007: xxvii). 이 시골 공동체는 회선사상충증 통제를 위한 아프리카 프로그램African Programme for Onchocerciasis Control을 통해 조정을 받았다. 정치적 권위와 전문 지식, 인적 자원, 재정 자원에 근거한 이러한 연합은 구축하기 어렵고 유지하기는 아주 힘들다.

이 모든 것에서 핵심적인 변수의 하나는 건강에서든 교육에서든 젠더·인종 불평등과의 관계에서든 개발정책을 실행하려는 정치적 자발성이다. 거의 20년 전에 드레제와 센(Drèze & Sen, 2002)은 개발 중인 세계 곳곳의 경제개발과 인간개발 내의 국가 간 변이와 인간 자유의 불평등에 대한 변이의 함축을 평가했다. 개발정책을 실행하려는 정치적 자발성은 왜 중국이 인도보다 경제개발과 문해력 향상에서 더 많은 성과를 거두었는지, 그리고 왜 인도의 불평등 해소 정도가 주마다 달랐는지를 부분적으로 설명해준다. 이는 정치제도의 추진력이 불평등을 해소하기 위한 성공적인 정책과 프로그램을 만들어낼 정도로 충분하리라는 것을 의미하지 않는다.

•── 이 21인에는 개인과 기업이 둘 다 들어간다.

그럼에도 국가뿐만 아니라 시민사회에 의존하는 정치적 조치는 개발도상국에서든 선진국에서든 정말로 불평등 해소 과정의 필수적인 특질로 보인다. 이 판단의 옳음은 여성에 대한 폭력의 감소와 젠더 평등의 확대/증진에 관한 연구에서 입증된다(Walby, 2009: 408).

드레제와 센(Drèze & Sen, 2002)은 또한 인간개발 목표의 고양을 향해 나아갈 때 개발도상국 간 비교가 아주 중요하다고 주장한다. 이 입장은 유럽과 북아메리카에서 퍼져 나온 서구 중심의 접근과 대조된다. 이러한 서구 중심의 접근에서는 가난한 국가들에게 번영하고 인간복지를 늘리고자 한다면 현대성에 이르는 서구적 경로를 따라야 한다고 조언한다. 또한 드레제와 센은 개발도상국들이 서로에게서 배울 수 있는 것이 많다고 본다. 이는 다시 세계적인 영향의 현시대 패턴이 배타적인 서구 초점에서 동쪽으로 향하는 전환을 가리킨다.

결론

이념적인 선호나 안이한 일반화에 의존하지 않고 개발원조와 정책 권고에 대한 장을 요약하기는 어려운 일이다. 지구적 불평등의 완화에 대한 토론 무대는 목표와 정책 권고, 변화를 실행하고 평가하는 방법에 대한 갈등으로 가득 차 있다. 워싱턴 컨센서스의 붕괴로 인해 발생하는 토론은 질적으로 여전히 아주 불확실하고 불충분하다. 또한 지구촌화하는 세계에는 사회민주주의 시각, 세계시민주의 시각, 또는 환경적 시각을 적용하는 데 여러 어려움이 있다. 지구촌 세계에는 부분적인 이익집단을 대표하는 국민국가가 여전히 핵심 기관으로 남아 있다.

계층과 성, 인종, 민족에 대한 근본적인 사회 갈등은 지구적 불평등의 영속화에 아주 중요하지만, 이러한 갈등은 국가 내 관계뿐만 아니라 국가 간 관계에서도 발생한다. 그러면 아무리 많은 실천적인 조치가 효과적인 국가적·국지적 조치를 요구한다 하더라도 불평등에 대해 세계적으로 생각하는 것에서 벗어날 탈출구가 전혀 없다. 세계 치리는 어떻게 조직화되든지 지역적·국가적 기관에 계속 의존할 것이고, 이러한 기관은 다시 효과적인 변화에 도달하기 위해 시장이나 국가에 못지않게 시민사회에 의존한다. 그래서 지구적 불평등의 완화를 겨냥하는 과정과 절차에는 세계(적)와 국지(적) 사이에 환원 불가능한 대화가 있다. 이 대화는 이론적으로 세계화에 관한 연구를 통해 나오는 통찰이다. 이 통찰은 1992년 로버트슨(Robertson, 1992)이 맨 처음 개발했고 이후 필자(Holton, 2005, 2009)가 더욱 정교화했다.

이 책은 사회학뿐만 아니라 경제학과 역사학 분야에서 활동하는 학자들의 연구에 의존하고, 사회생활을 이해하기 위한 고도로 학제적인 연구에 토대를 두고 있다. 경제학자들은 무엇이 경제성장을 촉진하고 방해하는지와, 상이한 정책 체계를 통해 규제받는 시장에서 어떻게 소득을 분배하는지를 이해하는 데 핵심적인 역할을 해왔다. 하지만 경제성장 자체만으로는 불평등 완화를 겨냥한 정치적 전략의 토대로서 불충분하다. 비록 소득이 사회생활과 인간복지의 아주 많은 측면에 적합하지만 말이다. 일련의 사회과학자들이 창시한 인간개발이라는 대안적인 착상이 불평등의 사회적·정치적·문화적 측면에 대해 사고하는 더 폭넓고 더 만족스러운 방식이며, 불평등을 완화할 수 있는 방법에 대한 사고방식이다. 바로 이 대안적 착상으로 사회학은 계층과 성, 인종, 민족이라는 친밀한 쟁점과 세계화·현대성에 대한 연구와 관련해서 더 명시적인 역할을 수행한다.

또한 역사도 중요하다. 그 이유는 두 가지다. 바로 세계화와 지구적 불평등이 오랜 역사를 지니고 있기 때문이고, 특별한 역사적 유산이 오늘날 불평등의 패턴에 기여하기 때문이다. 경로 의존성 개념은 사회적 불평등이 국가마다 다른 이유를 조금이라도 이해하는 데 아주 중요하다. 하지만 이 개념은 정책과도 관련이 있다. 국가 역사와 지역 역사가 정부가 가장 우선순위를 부여하는 쟁점을 비롯한 정책 결정의 진화에 영향을 미치기 때문이다. 이것은 국가 경제의 농업 부문과 산업 부문, 서비스 부문을 반영하는 경제정책에 적용되며, 또한 개인주의와 공동체에 대한 관심에 영향을 미치는 근원인 종교적 이념과 세속적 이념에도 적용된다.

이렇게 풍부하고 복잡한 일련의 쟁점에서 일반적인 권고와 관찰의 제한된 집합 ― 로드릭이 제시한 것과 유사한 ― 을 뽑아낼 수 있다. 이러한 권고와 관찰은 이 연구를 결말짓는 최종적인 생각을 나타내며, 이 책의 곳곳에서 펼친 학제적 시각에서 나온다. 이들의 목록은 〈표 7.4〉로 제시할 수 있다.

표 7.4 ── 지구적 불평등을 완화하기 위한 권고와 전망

1. 지구적 불평등을 완화하려면 경제성장의 촉진을 겨냥하는 정책뿐만 아니라 사회적·정치적·문화적 변화가 필요하다.

2. 경제적 혁신을 파괴하지 않고 인간개발이라는 목표를 구현하기 위해 시장을 지혜롭게 규제할 필요가 있다.

3. 세계적인 금융거래세 덕택에 부유한 나라의 자원을 가난한 나라의 불평등 해소를 위해 이용할 수 있다. 그리고 국가재정의 회계 위기를 해소하기 위해 세금 도피처를 추가적으로 규제할 필요가 있다.

4. 이민 과정에 대한 부유한 나라의 힘과 영향이 상당한 정도 줄어들지 않는다면, 지구적 불평등을 신속하게 해소하기가 아주 어려울 것이다. 부유한 나라의 이민 통제를 완화해야 한다.

5. 사회 발달에 사회적으로나 정치적으로 가장 폭넓게 참여할 가능성이 불평등 완화의 합법성과 효율성에 아주 중요하다. 그리고 이것은 필연적으로 기득권의 이익과 폭력 문화에 도전한다.

6. 정책 갈등은 개인주의와 평등주의, 민주주의가 동시에 존재하는 현대 세계에서 불가피하다. 그럼에도 만일 기후변화와 연결되는 불안정과 불확실성 한가운데에서 지구적 불평등을 완화하고자 한다면, 지구적 불평등과 환경 지속 가능성을 위해 정치 행위자들은 폭넓게 생각하고 장기적으로 생각해야 한다.

참고문헌

Agyeman, J. and Carmin, J-A. 2011. "Introduction: Environmental Injustice Beyond Borders." in Carmin, J-A. and Agyeman, J(eds.). *Environmental Inequalities Beyond Borders: Local Perspectives On Global Injustices.* Cambridge, MA: MIT Press, 1~15.

Alderson, A. and Nielsen, F. 2002. "Globalization and the Great U-turn: Income Inequality in 16 OECD Countries." *American Journal Of Sociology*, 107, 1244~1299.

Anand, S. and Segal, P. 2008. "What do we Know about Global Income Inequality." *Journal Of Economic Literature*, 46(1), 57~94.

Anderson, E. 2005. "Openness and Inequality in Developing Countries: A Review of Theory and Recent Evidence." *World Development*, 33(7), 1045~1063.

Anuradha, R. and Dutta, N.(nd.) Trade and Labor under the WTO and ITA's, *Centre for WTO Studies*. at www.wtocentre.iift.ac.in/Papers/Trade20%Labor.pdf(accessed 24 June 2013).

Appiah, K. A. 2006. *Cosmopolitanism, Ethics in a World of Strangers.* London: Penguin.

Arrighi, G. 1994. *The Long Twentieth Century: Money, Power, and the Origins of our Times.* London: Verso.

Artis, E., Doobay, C. and Lyons, K. 2003. *Economic, Social and Cultural Rights for Dalits in India: Case Study on Primary Education in Gujarat.* Workshop on Human Rights, Woodrow Wilson Centre, Princeton University, 2003. at www.academia.edu/1914495 (accessed 12 April 2013).

Arulamparam, W., Booth, A. and Bryan, M. 2006. "Is There a Glass Ceiling Over Europe? Exploring the Gender Pay Gap Across the Wage Distribution." *ILR Review*, Cornell University, 60(2), 163~186.

Atkinson, A. 1970. "On the Measurement of Inequality." *Journal of Economic Theory*, 2, 244~263.

Attewell, P., Kasinitz, P. and Dunn, K. 2010. "Black Canadians and Black Americans: Racial Income Inequality in Comparative Perspective." *Ethnic and Racial Studies*, 33(3), 473~495.

Babb, S. 200S. "The Social Consequences of Structural Adjustment: Recent Evidence and

Current Debates." *Annual Review of Sociology*, 31, 199~222.

Babones, S. 2008. "Income Inequality and Population Health: Correlation and Causality." *Social Science and Medicine*, 66, 1614~1626.

Babones, S. and Vonada, D. 2009. "Trade Globalization and National Income Inequality - are they related?" *Journal of Sociology*, 45(5), 5~30.

Bahun-Radunovic, S. and Rajan, V. G. J(eds.). 2008. *Violence and Gender in the Globalized World.* Aldershot: Ashgate.

Balibar, E. and Wallerstein, I. 1991. *Race, Nation, and Class: Ambiguous Identities.* New York: Verso.

Banerjee, A. Bertrand, M., Datta, S. and Mullainathan, S. 2009. "Labour Market Discrimination in Delhi: Evidence from a Field Experiment." *Journal of Comparative Economics*, 37(1), 14~27.

Bangura, Y. 2012. "Combating Poverty in Africa." in Wilkinson, R. and Hulme, D(eds.). *The Millennium Development Goals and Beyond.* London: Routledge, 192~208.

Baran, P. 1957. *The Political Economy of Growth.* New York: Monthly Review Press.

Barber, B. 1995. *Jihad versus McWorld.* New York: Ballantine.

Bastia, T. 2013. "Migration and Inequality: An Introduction." in Bastia, T(ed.). *Migration and Inequality.* Abingdon: Routledge, 3~23.

Bauer, P. 1972. *Dissent on Development.* Cambridge, MA: Harvard University Press.

Beck, U. 2000. *What is Globalization?* Cambridge: Polity Press.

_____. 2007. "Beyond Class and Nation: Reframing Social Inequalities in a Globalizing World." *British Journal of Sociology*, 58(4), 679~705.

_____. 2010. "Re-mapping Social Inequalities in an Age of Climate Change: For a Cosmopolitan Renewal of Sociology." *Global Networks*, 10(2), 165~181.

Beck, U. and Grande, E. 2007. *Cosmopolitan Europe.* Cambridge: Polity Press.

Bell, M. 2009. *Racism and Equality in the European Union.* Oxford: Oxford University Press.

Bello, W. 2009. *The Food Wars.* London: Verso.

Beneria, L. 2012. "The World Bank and Gender Equality." *Global Social Policy*, 12(2), 175~178.

Bennett, j. 2006. *History Matters: Patriarchy and the Challenge of Feminism.* Manchester:

Manchester University Press.

Berman, A. and Shelton, C. 2001. "Structural Adjustment and Health: A literature Review of the Debate, Its Players, and Presented Evidence, Commission on Macroeconomics and Health(CMH)." *CMH Working Paper* WG6: 6. Geneva: Commission on Macroeconomics and Health.

Bernstein, S. 2011. "Legitimacy in Inter-Governmental and Non-State Governance." *Review of International Political Economy*, 18(1), 17~51.

Beyer, H., Rojas, P. and Vergara, R. 1999. "Trade Liberalization and Inequality." *Journal of Development Economics*, 59(1), 103~123.

Bhalla, S. 2002. *Imagine There's No Country: Poverty, Inequality and Growth in all Era of Globalization*. Washington, DC: Institute for International Economics.

Bihagen, E. and Ohls, M. 2006. "The Glass Ceiling - Where is it? Women's and Men's Career Prospects in the Private vs Public Sector in Sweden, 1979-2000." *Sociological Review*, 54(1), 20~47.

Blau, P. and Duncan, O. 1967. *The American Occupational Structure*. New York: Wiley.

Borjas, G. 2003. "The Labour Demand Curve is Downward-Sloping: Re-examining the Labour Market Impact of Immigration." *Quarterly Journal of Economics*, 118(4), 1335~1374.

Bourguignon, F. and Morrison, C. 2002. " Inequality Among World Citizens: 1820-1992." *American Economic Review*, 92(4), 727~744.

Brady, D. and Denniston, R. 2006. "Economic Globalization, Industrialization and Deindustrialization in Affluent Democracies." *Social Forces*, 85(1), 297~329.

Braithwaite, J. and Drahos, P. 2000. *Global Business Regulation*. Cambridge: Cambridge University Press.

Braudel, F. 1972. "History and the Social Sciences." in Burke, P(ed.). *Economy and Society in Early Modern Europe*. New York: Harper, 11~42.

Brock, G. 2011. "Reforms to Global Taxation and Accounting Arrangements as a Means to Pursuing Social Justice." *Global Social Policy*, 11(1), 7~9.

Buchholz, S., Hofacker, D., Mills, M., Blossfeld, H.-P., Kurz, K. and Hofmeister, H. 2009." Life Courses in the Globalization Process: The Development of Social Inequalities in Modern Societies." *European Sociological Review*, 25(1), 53~71.

Burch, E. and Ellanna, L. 1994. *Issues in Hunter Gatherer Research*. Oxford: Berg.

Burnside, C. and Dollar, D. 2004. "Aid, Policies, and Growth: Revisiting the Evidence." *World Bank Policy Research Paper o-2834*, March.

Carmin, J-A. and Agyeman, J(eds.). 2011. *Environmental Inequalities Beyond Borders: Local Perspectives on Global Injustices*, Cambridge, MA: MIT Press.

Cassen, R. 1994. *Does Aid Work?* Oxford: Clarendon Press.

Castells, M. 1996. *Network Society*. Oxford: Blackwell.

Castles, S. 2007. "Can Migration Be an Instrument for Reducing Inequality" paper delivered to the Metropolis Conference, Melbourne, October 2007. at www.imLox.ac.uk/pdfs/ SC%20%plenary1%20Metropolis%(accessed 13 April 2013).

Castles, S. and Miller, M. 1993. *The Age of Migration*. Basingstoke: Macmillan.

Center for Reproductive Rights. 2009. *The World's Abortion Laws*. at http://www. reproductiverights.org/sites/crr.civicactions.net/fiIestdocuments/pub_fac_ abortionlaws2009_WEB.pdf(accessed 21 March 2013).

Chakrabarti, A. 2000. "Does Trade Cause Inequality." *Journal of Economic Development*, 25(2), 1~21.

Chase-Dunn, C. 1998. *Global Formation: Structures of the World Economy*. Lanham, MD: Rowman and Littlefield.

Chase-Dunn, C. and Lawrence, K. 2010. "Alive and Well: A Response to Sanderson." *International Journal of Comparative Sociology*, 51, 470~480.

Chen, X(ed.). 2009. *Shanghai Rising: State Power and Local Transformations in a Global Megacity*. Minneapolis: University of Minnesota Press.

Chiswick, B. and DebBurman, N. 2004. "Educational Attainment: Analysis by Immigrant Generation." *Economics of Education Review*, 23(4), 361~379.

Clemens, M., Radelt, S., Bhavnani, R. and Bazzi, S. 2004 revised 2011. "Counting Chickens When They Hatch: Timing and the Effects of Aid on Growth." Centre for Global Development, *Working Paper* 44. at http://www.cgdev.org/sites/default/files/2744_file _CountingChickensFINAL3.pdf(accessed 5 May 2014).

Clifford, J. 1992. "Travelling Cultures." in Grossberg, L., Nelson, C. and Treichler, P.(eds.). *Cultural Studies*. London: Routledge, 96~116.

Cohen, J. and Sabel, C. 2005. "Global Democracy." *International Law and Politics*, 37, 763~797.

Colas, A. 1994. "Putting Cosmopolitanism into Practice: The Case of Socialist Internationalism." *Millennium: Journal of International Studies*, 23(3), 513~534.

Collins, D., Morduch, J., Rutherford, S. and Ruthven, O. 2009. *Portfolios of the Poor: How the Worlds Poor Live on $2 a Day.* Princeton: Princeton University Press.

Cooper, F. 2001. "What is the Concept of Globalization Good For? An African Historians Perspective." *African Affairs*, 110, 189~213.

Cornia, G(ed.). 2014. *Falling Inequality in Latin America.* Oxford: Oxford University Press.

Cornia, G., Addison, T. and Kiiski, S. 2003. "Income Distribution Changes and their Impact in the Post World War Two Period." *UNU-Wider Discussion Papers* 2003/28.

Couch, K. and Daly, M. 2002. "Black-White Wage Inequality in the 1990's: A Decade of Progress." *Economic Inquiry*, 40(1), 31~41.

Credit Suisse. 2012. *Global Wealth Report 2012.* Zurich: Credit Suisse Research Institute.

Darity, W. and Nembhard, J. 2000. "Racial and Ethnic Inequality: The International Record." *American Economic Review*, 90(2), 308~311.

Das, M. 2013. *Exclusion and Discrimination in the Labour Market.* background paper for the World Development report. New York: World Bank.

Davies, J., Sandstrom, S., Shorrocks, A. and Wolff, E. 2008. *World Distribution of Household Wealth.* Discussion Paper 2008/03, Helsinki: UNU-WIDER.

_____. 2011. "The Level and Distribution of Global Household Wealth." *Economic Journal*, 121, 223~254.

Dawson, A. 2010. "State Capacity and the Political Economy of Child Mortality in Developing Countries: From Fiscal Sociology Towards the Rule of Law." *International Journal of Comparative Sociology*, 51, 403~422.

Deaton, A. 2006. "Global Patterns of Income and Health: Facts, Interpretations, Policies." National Bureau of Economic Research, Working Paper, 12735, at http://www.nber. org/papers/w12735HYPERUNK'http://www.nber.org/papers/w12735'HYPERLINK 'http://www.nber.org/papers/w12735'(accessed 4 March 2013).

Delgado, R. and Stefancic, J. 2001. *Critical Race Theory: An Introduction.* New York: New York University Press.

Demissie, F. 2007. "Imperial Legacies and Postcolonial Predicaments: An Introduction." *African Identities*, 5(2), 155~165.

Diamond, L. 1987. "Issues in the Constitutional Design of the Third Nigerian Republic." *African Affairs*, 86(343), 209~226.

Dollar, D. 2007. "Globalization, Poverty and Inequality since 1980." in Held, D. and Kaya, A(eds.). *Global Inequality.* Cambridge: Polity Press, 73~103.

Dorius, S. and Firebaugh, G. 2010. "Trends in Global Gender Inequality." *Social Forces,* 88(5), 1941~1968.

Dréze, J. and Sen, A. 2002. *India: Development and Participation.* second edition. Oxford: Oxford University Press.

Dubnow, S. 2000. *A History of the Jews in Russia and Poland.* Newhaven CT: Avotaynu.

Duclos, J-Y., Arrar, A. and Giles, J. 2010. "Chronic and Transient Poverty: Measurement and Estimation, with Evidence from China." *Journal of Development Economics,* 91(2), 266~277.

Dustmann, C., Frattini, T. and Glitz, A. 2007. "The Impact of Migration: A Review of the Economic Evidence." *Final Report,* Department of Economics, University College, London, at www.ucl.ac.uk/...... ucdpb21/reports/WA_FinalJin al.pdf(accessed 3 April 2013).

Easterly, W. 2006. *The White Man's Burden: Why the West's Efforts to Help the Rest have Done So Much Ill and So Little Good,* New York: Penguin.

Eisenstadt, S. 1999. "Multiple Modernities in an Age of Globalization." *Canadian Journal of Sociology,* 24(2), 283~295.

_____. 2000. "Multiple Modernities." *Daedalus,* 129(1), 1~29.

Elliott, C. 1999. "Putting Global Cities in their place: urban hierarchy and low-income employment during the post-war era." *Urban Geography,* 20(12), 95~115.

Engerman, S. and Sokoloff, K. 2000. "History Lessons: Institutions, Factor Endowments, and Paths of Development in the New World." *Journal of Economic Perspectives,* 14(3), 217~232.

Enloe, C. 1989. *Bananas, Beaches, and Bases: Making Feminist Sense of International Politics.* London: Pandora Press.

Epstein, C. 2007. "Great Divides: The Cultural, Cognitive, and Social Bases of the Global Subordination of Women." *American Sociological Review,* 72(1), 1~22.

Epstein, G(ed.). 2005. *Financialization and the World Economy.* Cheltenham: Elgar.

Esman, N. and Uphoff, M. 1984. *Local Organizations: Intermediaries in Rural Development.* Ithaca NY: Cornell University Press.

Esping-Andersen, G. 1990. *The Three Worlds of Welfare Capitalism.* Cambridge: Polity

Press.

_____. 2007. "More Inequality and Fewer Opportunities? Structural Determinant and Human Agency in the Dynamics of Income Distribution." in Held, D. and Kaya, A(eds.). *Global Inequality.* Cambridge: Polity Press, 216~251.

European Commission. 2008. *Report on Equality between Women and Men.* at http:ec.europa.eu/employment_social/publications/2008/keaj0800Cen.pdf(accessed 14 August 2013).

Evans, P. and Rauch, J. 1999. "Bureaucracy and Growth: A Cross-National Analysis of the Effects of 'Weberian' State Structures on Economic Growth." *American Sociological Review*, 64(5), 748~765 .

Ferraro, V. 2008. "Dependency Theory: An Introduction." in Secondi, G(ed.). *The Development Economics Reader*, London: Routledge, 58~64.

Food and Agriculture Organization. 2011. *The State of Food and Agriculture 2010-11: Women in Agriculture: Closing the Gender Gap for Development.* Rome: FAO.

_____. 2013. *Hunger*[statistics from the 2012 Hunger Report] at www.fao.org/hunger/en(accessed 13 February 2013).

Foucault, M. 1973. *The Birth of the Clinic.* New York: Pantheon Books.

Frank, A. G. 1971. *Capitalism and Under-Development in Latin America.* Harmondsworth: Penguin.

Frank, A. G. and Gills, B. 1993. *The World System: Five Hundred Years or Five Thousand.* London: Routledge.

Fredrickson, G. 1981. *White Supremacy: A Comparative Study in American and South African History.* New York: Oxford University Press.

_____. 2001. "Race and Racism in Historical Perspective: Comparing the United States, South Africa, and Brazil." in Hamilton, C. V(ed.). *Beyond Racism: Race and Inequality in Brazil, South Africa, and the United States.* London: Lynne Reinner Publishers, 1~27.

Fryer, R. 2010. "Racial Inequality in the 21st century: The Declining Significance of Discrimination." National Bureau of Economic Research, *Working Papers:* 16256.

Gaiha, R. and Deolaiker, A. 1993. "Persistent, Expected and Innate Poverty: Estimates for Semi arid Rural South India, *Cambridge Journal of Economics*, 17(4), 409~421.

Galbraith, J. K. 2011. "Inequality and Economic and Political Change: A Comparative Perspective." *Cambridge Journal of Regions. Economy and Society*, 4, 13~27.

Gereffi, G. 2009. "Development Models and Industrial Upgrading in China and Mexico." *European Sociological Review*, 25(1), 37~51.

Gilroy, P. 1987. *There Ain't No Black In The Union Jack*. London: Hutchinson.

Global Exchange(nd.). *Nike Campaign.* at http://www.globalexchange.org/fairtrade/ sweatfree/nike(accessed 4 April 2013).

Goldberg, D. 2002. *The Racial State*. New York: Wiley.

Goldman, M. 2005. *Imperial Nature: The World Bank and Struggles for Social Justice in the Age of Globalization*. New Haven: Yale University Press.

Gottschalk, P. and Smeeding, T. 1997. "Cross-national Comparisons of Earnings and Income Inequality." *Journal of Economic Literature*, xxxv, 633~687.

Grimm, M., Hartgen, K., Klasen, S., Misselhorn, M., Munzi, T. and Smeeding, T. 2009. "Inequality in Human Development: An Empirical Assessment of Thirty-Two Countries." Current Research Paper, Georg August Universität Göttingen, *Discussion Papers*, number 6.

Guilmoto, C. 2012. *Sex Imbalances at Birth: Current Trends, Consequences and Policy Implications*. Bangkok: UNFPA.

Hall, P. and Soskice, D(eds.). 2001. *Varieties of Capitalism: The Institutional Foundations of Comparative Advantage*. Oxford: Oxford University Press.

Halpern, D. 2001. "Moral Values, Social Trust, and Inequality: Can Values Explain Crime." *British Journal of Criminology*, 41, 236~251.

Hardt, M. and Negri, A. 2000. *Empire*. Cambridge, MA: Harvard University Press.

Harrison, A(ed.). 2007. *Globalization and Poverty*. Chicago: Chicago University Press.

Heath, A. and Brinbaum, Y. 2007. "Explaining Ethnic Inequalities in Educational Attainment." *Ethnicities*, 7(3), 291~305.

Heath, A. and Cheung, S(eds.). 2007. *Unequal Chances: Ethnic Minorities in Western Labour Markets*. Oxford: Oxford University Press.

Held, D. 1995. *Democracy and the Global Order: From the Modern State to Cosmopolitan Governance*. Cambridge: Cambridge University Press.

Held, D. and Kaya, A(eds.). 2007. *Global Inequality*. Cambridge: Polity Press.

Hoff, K. 2003. "Paths of Institutional Development: A View from Economic History." *World Bank Research Observations*, 18(2), 205~226.

Holifield, R., Porter, M. and Walker, G(eds.). 2011. *Spaces of Environmental Justice*.

Chichester, Wiley-Blackwell.

Holmberg, S., Rothstein, B. and Nasirtollssi, N. 2009. "Quality of Government: What You Get." *Annual Review of Political Science*, 12, 135~161.

Holton, R. 1992. *Economy and Society.* London: Routledge.

_____. 2005. *Making Globalization.* Basingstoke: Palgrave Macmillan.

_____. 2008. *Global Networks.* Basingstoke: Palgrave Macmillan.

_____. 2009. *Cosmopolitanisms: New Thinking, New Directions.* Basingstoke: Palgrave Macmillan.

_____. 2011. *Globalization and the Nation-State.* second revised edition, Basingstoke: Palgrave Macmillan.

_____. 2012. *Global Finance.* London: Routledge.

Hopkins, A. G(ed.). 2002. *Globalization and World History.* London: Pimlico.

Huntington, S. 1996. *The Clash of Civilizations and the Remaking of World Order.* New York: Simon and Schuster.

International Commission on Development Issues. 1980. [Brandt Report], *North-South: A Programme for Survival.* London: Pan.

International Labour Organization. 2013. *Global Wages Report, 2012-3. Wages and Equitable Growth.* Geneva: ILO.

International Trade Union Confederation(ITUC). 2008. *The Global Gender Pay Gap.* Paris: ITUC. available at www.ituc-csLorg/lMG/pdf/gap-1.pdf

Interparliamentary Union. 2013. "Women in National Parliaments." at www.ipu.org/wmn-e/classif.htm(accessed 13 March 2013).

Ivanic, M. and Martin, W. 2008. "Implications of Higher Food Prices for Poverty in Low-Income Countries." World Bank Development Research Group, *Working Paper*, 4594. Washington: World Bank.

Ivanova, I., Arcelus, F. J. and Srinivasan, G. 1999. "An Assessment of the Measurement Properties of the Human Development Index." *Social Indicators Research*, 46, 157~179.

Jackson, G. and Deeg, R. 200S. "Comparing Capitalisms: Understanding Institutional Diversity and its Implications for International Business." *Journal of International Business Studies*, 39, 540~561.

Jaumotte, E, Lall, S. and Papageorgiu, C. 2008. "Rising Income Inequality: Technology or

Trade and Financial Globalization." *IMF Working Paper WP/08/185*. Washington, DC: IMF

Jerven, M. 2013. *Poor Numbers: We Are Misled by African Development Statistics and What To Do About it*. Ithaca: Cornell University Press.

Jessop, B. 2010. "Cultural Political Economy and Critical Policy Studies." *Critical Policy Studies*, 3(3-4). 336~356.

Jessop, B. and Sum, N-L. 2014. *Towards a Cultural Political Economy: Putting Culture in Its Place in Political Economy?* Cheltenham: Elgar.

Kaplinsky, R. 2005. *Globalization, Poverty, and Inequality*. Cambridge: Polity Press.

Karanikolos, M., Mladovsky, P., Cylus, J., Thomson, S., Basu, S., Stuckler, D., Mackenbach, J. and McKee, M. 2013. "Financial Crisis, Austerity, and Health in Europe." *Lancet Online*, 27 March. at www.dx.doi/10.1016/S0140=6736(13)6010202-6(accessed 17 April 2014).

Kennedy, S. and Martinuzzi, E. 2014. "Focus on Low Earners at Davos is Key to Economic Growth." *Independentie*, 24 January. at www.independent.ie/business/world/focus-on-low-earners-is-key-to-economic-growth/29945546.html(accessed 3 March 2014).

Khandker, S. 2005. "Microfinance and Poverty: Evidence Using Panel Data from Bangladesh." *World Bank Economic Review*, 19(2), 263~286.

Kilroy, A. 2009. "Intra-Urban Spatial Inequality: Cities as 'Urban Regions'." Washington DC: World Bank. at www.openknowledge/worldbank.org/handle/l0986/5991(accessed 29 March 2014).

Korzeniewicz, R. and Moran, T. 2009. *Unveiling Inequality: A World-Historical Perspective*. New York: Russell Sage Foundation.

Kovacevic, M. 2011. *Review of HDI Critiques and Potential Improvements*. Human Developmen t Research Paper 2010/33. New York: UNDP.

Kraal, K. Roosblad, J. and Wrench, J. 2009. *Equal Opportunities and Ethnic Inequality in European Labour Markets*. Amsterdam: Amsterdam University Press.

Krishna, P. and Sethupathy, G. 2011. "Trade and Inequality in India." *NBER Working Paper Series*, 17257. Cambridge MA: NBER. at www.nber.orglpapers/wl7257(accessed 30 March 2013).

Krug, E., Dahlberg, L., Mercy, J., Zwi, A. and Lozano, R(eds.). 2002. *World Report on Violence and Health, volume 1*. Washington, DC: World Health Organization.

Krugman, P. and Lawrence, R. 1993. "Trade, Jobs, and Wages." *NBER Working Paper,* 4478. WaShington, DC: NBER.

Kumari, V. 200S. "Microcredit and Violence: A Snapshot of Kerala, India." in Bahun-Radunovic, S. and Rajan, V. G. J(eds.). 2008. *Violence and Gender in the Globalized World.* Aldershot: Ashgate, 41~55.

Kuznets, S. 1955. "Economic Growth and Income Inequality." *American. Economic Review,* 45(1), 1~28.

Labonte, R. and Schrecker, T. 2007a. "Globalization and Social Determinants of Health: Introduction and Methodological Background(Part 1 of 3)." *Globalization and Health,* 3(5), 1~10.

_____. 2007b. "Globalization and Social Determinants of Health: The Role of the Global Marketplace(Part 2 of 3)." *Globalization and Health,* 3(6), 1~17.

Lazarova, E. 2006. "Governance in Relation to Infant Mortality Rate: Evidence From Around the World." *Annals of Public and Cooperative Economics,* 77, 385~394.

Leblang, D. 1995. "Political Capacity and Economic Growth." in Arbetman, M. and Kugler, J(eds.). *Political Capacity and Economic Behaviour.* Boulder, CO: Westview Press, 109~125.

Lentin, R. 2006. "From Racial State to Racist State? Racism and Immigration in 21st Century Ireland." in Lentin, A. and Lentin, R(eds.). *Race and State.* Cambridge: Cambridge Scholars, 187~208.

Levine, R., The What Works Working Group and Kinder, M. 2004. *Millions Saved: Proven Successes in Global Health.* Washington, DC: Centre for Global Development.

Levine, R. and the What Works Working Group. 2007. *Case Studies in Global Health: Millions Saved.* Sudbury, MA: Jones and Bartlett Learning.

Lombardo, E. and Verloo, M. 2009. "Institutionalizing Intersectionality in the European Union: Policy Developments and Contestations." *International Feminist Journal of Politics,* 11(4), 478~495.

Lopez, J. and Scott, J. 2000. *Social Structure.* Buckingham: Open University.

Mackay, A. and Dawson, L. 2003. "Assessing the Extent and Nature of Chronic Poverty in Low Income Countries: Issues and Evidence." *World Development,* 31(3), 425~439.

Maddison, A. 2006. "The World Economy: A Millennial Perspective(vol I)." *Historical Statistics*(vol 2). Paris: OECD.

_____. 2007. *Contours of the Global Economy. J-2030AD: Essays in Macroeconomic History.* Oxford: Oxford University Press.

Madichie, N. 2009. "Breaking the Glass Ceiling in Nigeria: A Review of Women's Entrepreneurship." *Journal of African Business,* 10(1), 51~66.

Manacorda, M., Manning, A. and Wadsworth, J. 2012. "The Impact of Immigration on the Structure of Wages: Theory and Evidence from Britain." *Journal of the European Economic Association,* 10(1), 120~151.

Mann, M. 1986. *The Sources of Social Power.* vol 1. Cambridge: Cambridge University Press.

_____. 1987. "Ruling Class Strategies and Citizenship." *Sociology,* 21(3), 339~354.

_____. 1993. "Nation-states in Europe and Other Continents: Diversifying, Developing Not Dying." *Daedalus,* Summer, 115~140.

_____. 1997. "Has Globalization Ended the Rise and Rise of the Nation-State?" *Review of International Political Economy,* 4(3), 472~496.

Mann, M. and Riley, D. 2007. "Explaining Macro-Regional Trends in Global Income Inequalities, 1950-2000." *Socio-Economic Review,* 5(1), 81~115.

Marmot, M. 2005. "Social Determinants of Health Inequalities." *Lancet,* 365, 1099~1104.

Martell, L. 2010. *The Sociology of Globalization.* Cambridge: Polity Press.

Massey, D. 2009. "Globalization and Inequality: Explaining American Exceptionalism." *European Sociological Review,* 25(1), 9~23.

Mavrotas, G(ed.). 2010. *Foreign Aid for Development: issues, Challenges and the New Agenda.* Oxford: Oxford University Press.

McCulloch, N. and Baulch, B. 1999. "Distinguishing the Transitory from the Chronically Poor-Evidence from India." *IDS Discussion Paper,* no: 97. Brighton: Institute of Development Studies, University of Sussex.

McKay, A. and Lawson, D. 2003. "Assessing the Extent and Nature of Chronic Poverty in Low-Income Countries: Income and Evidence." *World Development,* 31(3), 425~439.

McMichael, A., Friel, S., Nyong, A. and Corvalan, C. 2008. "Global Environmental Change and Health: Impacts, Inequalities, and the Health Sector." *British Medical Journal,* 336(7367), January 26, 191~194.

Medecins Sans Frontieres, Australia. 2013. "Restoring Lives Shattered by Violence." *The Pulse,* February, 12~13.

Menocal, M. 2002. *The Ornament of the World: How Muslims, Jews, and Christians Created a Culture of Tolerance in Medieval Spain.* Boston: Little Brown.

Meyer, L. B. 2003. "Economic Globalization and Women's Status in the Labor Market: A Cross-National Investigation of Occupational Sex Segregation and Inequality." *Sociological Quarterly*, 44, 351~383.

Mignolo, W. 2000. "The Many Faces of Cosmopolis: Border Thinking and Critical Cosmopolitanism." *Public Culture*, 12(3), 721~748.

Milanovic, B. 2007. *Worlds Apart: Measuring International and Global Inequality.* Princeton: Princeton University Press.

_____. 2011. *The Haves and the Have-Nots: A Brief and Idiosyncratic History of Global Inequality.* New York: Basic Books.

_____. 2012. "Global Income Inequality By the Numbers: In History and Now-An Overview." *World Bank Policy Research Paper* no 6259. Washington: World Bank.

Mills, L. 2012. "Book Review: Kate Bedford, Developing Partnerships: Gender. Sexuality and the Reformed World Bank." *Global Social Policy*, 12(1), 86~88.

Mills, M. B. 2003. "Gender and Inequality in the Global labour Force." *Annual Review of Anthropology*, 32, 41~62.

Mills, M. C. 2009. "Globalization and Inequality." *European Sociological Review*, 25(1), 1~8.

Minoui, C. and Reddy, S. 2010. "Development Aid and Economic Growth: A Long-Term Positive Relation." *Quarterly Journal of Ecnomics and Finance*, 50(1), 27~39.

Mistry, R. 1996. *A Fine Balance.* London: Faber and Faber.

Moran, T. 2003. "Beyond Sweatshops: Foreign Direct Investment and Globalization in Developing Countries." *Cornell University ILR Review*, 56(4), Article 88. at http://digitalcommons.ilr.comell.edu./ilrreview(accessed April 17 2013).

Mukand, S. and Rodrik, D. 2002. *In Search of the Holy Grail: Policy Convergence, Experimentation, and Economic Performance.* NBER Working Paper Series, Working Paper 9134. at www.nber.org/papers/9134(accessed 14 April 2013).

Mycroft, A. 2010. "The Enduring Legacy of Empire." in Dimova-Cookson, M. and Stirk, P(eds.). *Multiculturalism and Moral Conflict.* London: Routledge, 170~191.

Navarro, V(ed.). 2007. *Neoliberalism, Globalization, and Inequalities: Consequences for Health and Quality of Life.* Amityville, NY: Baywood Publishing.

Navarro, V., Schmitt, J. and Astudillo, J. 2004. " Is Globalization Undermining the Welfare

State." *Cambridge Journal of Economics*, 28(1), 133~152.

North, D. 2005. *Understanding the Process of Economic Change.* Princeton: Princeton University Press.

Nunn, N. 2008. "The Long-Term Effect of Africa's Slave Trades." *Quarterly Journal Economics*, 123(1), 136~176.

Nussbaum, M. 2000. *Women and Human Development: The Capabilities Approach.* Cambridge: Cambridge University Press.

_____. 2011. *Creating Capabilities: The Human Development Approach.* Cambridge, MA: Harvard University Press.

O'Connell, H. 2012. "The Impact of Slavery on Racial Inequality in Poverty in the Contemporary US South." *Social Forces*, 90(3), 713~734.

Offe, E. 1985. *Disorganized Capitalism.* Cambridge: Polity.

Ong, A. 1993. "The Gender and Labour Politics of Post-Modernity." *Annual Review Of Anthropology*, 20, 279~309.

Organization for Economic Co-operation and Development(OECD). 2011. *An Overview of Growing Income Inequalities in OECD Countries.* Paris: OECD. at http://www.oecd.org/ els/social/inequality(accessed 29 March 2013).

_____. 2012. *Gender Equality: Data.* Tables available at www.oecd.org/gender/data

_____. 2013. Total flows by donor, *StatExtracts* at stats.oecd.org/Index.aspx?datasetcode= TABLE1(accessed 26 February 2014).

O'Rourke, K. and Williamson, J. 1999. *Globalization and History: The Evolution of a Nineteenth Century Atlantic Economy.* Cambridge, MA: MIT Press.

O'Rourke, K. 2002. "Globalization and Inequality: Historical Trends." *Annual World Bank Conference on Development Economics*, 39~67.

Ortiz, I. and Cummins, M. 2011. *Global Inequality: Between the Bottom Billion-A Rapid Review of Income Distribution in 141 Countries.* UNICEF Social and Economic Working Paper, New York: UNICEF.

Ottaviano, G. and Peri, G. 2008. "Immigration and National Wages: Clarifying the Theory and the Empirics." *Nota de Lavoro/Fondazione Eni Enrico Mattei: Global Challenges*, 77. at www.econstor.eu/bitstream/101419/53292/1/643931120.pdf(accessed 24 June 2013).

Pager, D., Western, B. and Bonakowski, B. 2009. "Discrimination in a Low Wage Labor Market: A Field Experiment." *American Sociological Review*, 74(5), 777~799.

Palan, R. Murphy, R. and Chavagneux, C. 2010. *Tax Havens: How Globalization Really Works*. Ithaca: Cornell University Press.

Parsons, T. 1971. *The System of Modern Societies*. New York: Prentice-Hall.

Pateman, C. 1988. *The Sexual Contract*. Cambridge: Polity Press.

Petrakos, G. 2008. "Regional Inequalities: Reflections on Theory, Evidence, and Policy." *Town Planning Review*, 79(5), vii~xiii.

Pitcher, B. 2011. "Developing International Race Theory: A Place for CRT?" in Hylton, K., Pilkington, A., Warmington, P. and Housee, S(eds.). *Atlantic Crossings: International Dialogues on Critical Race Theory*. Birmingham: C-SAP University of Birmingham, 154~175.

_____. 2012. "Race and Capitalism Redux." *Patterns of Prejudice*, 46(1), 1~15.

Pogge, T. 2002. *World Poverty and Human Rights: Cosmopolitan Responsibilities and Reforms*. Cambridge: Polity Press.

_____. 2007. "Why Inequality Matters." in Held, D. and Kaya, A(eds.). *Global Inequality*. Cambridge: Polity Press, 132~147.

Polanyi, K. 1957. *The Great Transformation*. Boston: Beacon Press.

Portes, A. and Rumbaud, R. 2001. *Legacies: The Story of the Immigrant Second Generation*. Berkeley: University of California Press.

Pradilla, A. 2009. "The Brazilian Consensus." at http://works.bepress.com/andrea_pradilla/3(accessed 26 August 2013).

Prasad, E., Rogoff, K., Wei, S. and Kose, M. 2003. *Effects of Financial Globalization on Developing Countries: Some Empirical Evidence*. IMF Occasional Paper 220, Washington, DC: IMF.

Prebisch, R. 1950. *The Economic Development of Latin America and its Principal Problems*. New York: United Nations.

Preston, S. H. 1975. "The Changing Relation Between Mortality and Level of Development." *Population Studies*, 29(2), 239~248.

Pritchett, L. and Summers, L. 1986. "Wealthier is Healthier." *Journal Of Human Resources*, 31(4), 841~868.

Prtiss-Osttin, A. and Corvalan, C. 2006. *Preventing Disease Through Healthy Environments*. Geneva: World Health Organization.

Quibria, M. 2012. *Microcredit and Poverty Alleviation: Can Microcredit Close the Deal.* United Nations University-World International Development Economics Research (UNU-WIDER). *Working Paper 2012/78.*

Ratha, D. and Siwal, A. 2012. "Remittance Flows in 2011." *World Bank: Migration and Development Brief,* 18. at http://www.siteresources.worldbank.org/INTPROSPECfS/resource/334934-1110315165/MigrationandDevelopmentBrief18.pdf(accessed 3 April 2013).

Ravallion, M. 2001. "Growth, Inequality, and Poverty: Looking Beyond Averages." *World Development,* 29(11), 1803~1815.

Ravallion, M., Chen, S. and Sangruala, P. 2007. "New Evidence on the Urbanization of Global Poverty." *Population and Development Review,* 33(4), 667~701.

Razavi, S., Pearson, R. and Danloy, C(eds.). 2004. *Globalization. Export-Oriented Employment and Social Policy.* Basingstoke: Palgrave Macmillan.

Reis, E. 2006. "Inequality in Brazil: Facts and Perceptions." in Therborn, G(ed.). *Inequalities of the World,* London: Verso, 193~219.

Riddell, R. 2007. *Does Foreign Aid Really Work?* Oxford: Oxford University Press.

_____. 2009. "Is Aid Working? Is this the Right Question To Be Asking?" *Open Democracy,* 20 November. at www.open-democracy.net/roger-c-riddell/is-aid-workingis-this-right-question-be-asking(accessed 28 February 2014).

Ritzer, G. 2004. *The Globalization of Nothing.* Thousand Oaks, CA: Pine Forge Press.

Robertson, R. 1992. *Social Theory and Global Culture.* London: Sage.

Rodrik, D. 2011. *The Globalization Paradox: Why Markets, States, and Democracy and Can't Coexist.* Oxford: Oxford University Press.

Rostow, W. 1960. *The Stages of Economic Growth: A Non-Communist Manifesto.* Cambridge: Cambridge University Press.

Rothstein, B. and Stolle, D. 2008. "The State and Social Capital: An Institutional Theory of Social Trust." *Comparative Politics,* 40(4), 441~459.

Rowthorn, R. and Ramaswamy, R. 1998. "Growth, Trade and Deindustrialization." *Working Paper of the International Monetary Fund 98160.*

Ryten, J. 2000. The Human Development Index and Beyond: Which Are the Prerequisites for a Consistent Design of Development Indicators-Should There Be a Human Development Index? International Association of Official Statistics Conference "Statistics, Development and Human Rights." *Montreux,* 4-8 May 2000.

Sachs, J. and Warner, A. 1997. "Sources of Slow Growth in African Economies." *Journal of African Economies*, 6(3), 335~376.

Sachs, J., McArthur, J., Schmidt-Traub, G., Kruk, M., Bahadur, C., Faye, M. and McCord, G. 2004. "Ending Africa's Poverty Trap." *Brookings Papers on Economic Activity*, 1, 117~240.

Sage, G. 1999. "Justice Do It! The Nike Transnational Advocacy Network: Organizations, Collective Actions, and Outcomes." *Sociology of Sport Journal*, 16(3), 206~235.

Said, E. 1978. *Orientalism*. New York: Penguin.

Sala-i-Martin, X. 2002. "The Disturbing 'Rise' of Global Income Inequality." *Department Of Economics Discussion Paper Series*, 0102-44. New York: Columbia University.

_____. 2006. "The World Distribution of Income: Falling Poverty ... and Convergence, Period." *Quarterly Journal of Economics*, 121(2), 351~397.

Salmi, K. 2011. "Race Does Not Exist Here." Applying Critical Race Theory to the French Republican Context." in Hylton, K., Pilkington, A., Warmington, P. and Housee, S(eds.). *Atlantic Crossings: International Dialogues on Critical Race Theory*. Birmingham: C.SAP University of Birmingham, 176~195.

Sandbrook, R., Edelman, M., Heller, P. and Teichman, J. 2007. *Social Democracy in the Global Periphery: Origins, Challenges, and Prospects*. Cambridge: Cambridge University Press.

Sanderson, S. K. 2005. "World-system Analysis After Thirty Years: Should It Rest in Peace?" *International Journal of Comparative Sociology*, 46, 179~213.

_____. 2011. "Alive and Well Or Just Alive: Rejoinder to Chase-Dunn and Lawrence." *International Journal of Comparative Sociology*, 51, 431~438.

Sanderson, M. 2013. "Immigration and Global Inequality: A Cross-sectional Analysis." in Bastia, T(ed.). 2013. *Migration and Inequality*. Abingdon: Routledge, 24~42.

Sassen, S. 1996. *Losing Control? Sovereignty in an Age of Globalization*. New York: Columbia University Press.

_____. 1998a. *The Mobility of Labour and Capital: A Study of International Investment and Labour Flow*. Cambridge: Cambridge University Press.

_____. 1998b. *Globalization and its Discontents*. New York: New Press.

_____. 2001. *The Global City: New York, London, Tokyo*. second edition. Princeton: Princeton University Press.

_____. 2007. *A Sociology of Globalization*. New York: Norton.

_____. 2011. *Cities in a World Economy*. fourth edition. Thousand Oaks: Pine Forge Press.

Sayer, A. 2001. "For A Critical Cultural Political Economy." *Antipode*, 33(4), 637~708.

Schnepf, S. 2007. "Immigrants Educational Disadvantage: An Examination Across Ten Countries and Three Surveys." *Journal of Population Economics*, 20(3), 527~545.

Sen, A. 1979. "Equality of What?" The Tanner Lecture on Human Values, at www.uv.es/ ~mperezs/intpolecon/lecturecomp/Distribucion%20Crecimiento/Sen%20 Equaliy%20of20%what.pdf(accessed 13 August 2013).

_____. 1985. *Commodities and Capabilities*. Amsterdam: North Holland.

_____. 1996. *Inequality Re-examined*. New York and Cambridge, MA: Russell Sage Foundation and Harvard University Press.

_____. 1999. *Development as Freedom*. New York: Knopf.

Sharman, J. 2011. *Havens in a Storm, the Struggle for Global Tax Regulation*. Ithaca: Cornell University Press.

Silberman, R., Alba, R. and Fournier, I. 2007. "Segmented Assimilation in France? Discrimination in the Labour Market against the Second Generation." *Ethnic and Racial Studies*, 30(1), 1~27.

Smeeding, T. 2005. "Public Policy, Economic Inequality and Poverty: The United States in Comparative Perspective." *Social Science Quarterly*, 86(s1), 955~983.

Smith, J. 2004. "The World Social Forum and the Challenges of Global Democracy." *Social Networks*, 4, 413~421.

Smith, J. and Welch, F. 1989. "Black Economic Progress After Myrdal." *Journal of Economic Literature*, 27(2), 519~564.

Soros, G. 2002. *Soros on Globalization*. Cambridge, MA: Public Affairs for Perseus Books.

Stein, H. 2011. "World Bank Agricultural Policies, Poverty, and Income Inequality in Sub-Saharan, Africa." *Cambridge Journal of Regions, Economy and Society*, 4, 79~90.

Stiglitz, J. 2002. *Globalization and its Discontents*. London: Allen Lane.

Stockhammer, E. 2012. "Rising Inequality as a Root Cause of the Present Crisis." *Political Economy Research Institute, Working Papers series* no. 282, Amherst: University of Massachusetts.

Summers, L. and Summers, V. 1989. "When Financial Markets Work too Well: A Cautious

Case for a Securities Transactions Tax." *Journal of Financial Services Research*, 3(2~3), 261~286.

Sutcliffe, R. 1999. "The Place of Development in Theories of Imperialism and Globalization." in Munck, R. and O'Hearn, D(eds.). *Contribution To a New Paradigm: (Re)Thinking Development in the Era of Globalization*. London: Zed Books, 135~154.

_____. 2004. "World Inequality and Globalization." *Oxford Review of Economic Policy*, 20(1), 15~37.

_____. 2007. "The Unequalled and Unequal Twentieth Century." in Held, D. and Kaya, A(eds.). *Global Inequality*. Cambridge: Polity Press, 50~72.

Suter, C. 2009. "Searching for the Missing Pieces of the Puzzle: Introduction to Special Issue." *International Journal of Comparative Sociology*, 50(5-6), 419~424.

Szekely, M. and Sámono, C. 2012. *Did Trade Openness Affect Income Distribution in Latin America?* UNU-WIDER Working Paper 2012103. Helsinki: UNU-WIDER.

Tarp, F(ed.). 2000. *Foreign Aid and Development: Lessons Learnt and Directions for the Future*. London: Routledge.

Therborn, G. 2006. "Meaning, Mechanisms, Patterns, and Forces: An Introduction." in Therborn, G(ed.). *Inequalities of the World*. London: Verso, 1~60 .

Thompson, G. 2003. *Between Markets and Hierarchies: The Logic and Limits Of Network Forms of Organization*. Oxford: Oxford University Press.

_____. 2007. "Global Inequality, the 'Great Divergence', and Supranational Regionalization." in Held, D. and Kaya, A(eds.). *Global Inequality*. Cambridge: Polity Press, 176~203.

_____. 2011. "Global Inequality: The Return of Class." at http://isa-global-dialogue.net/tag/goran-therborn(accessed 24 April 2013).

Tilly, C. 2001. "The Relational Origins of Inequality." *Anthropological Theory*, 1(3), 355~372.

Trivett, V. 2011. "25 US Mega Corporations: Where they Rank if They were Countries." *Business Insider*, June 27 at www.businessinsider.com/25-corporations-bigger-than -countries-2011-6?Op=1(accessed 18 February 2013).

UNDP. 2012a. "Human Development Index." *Human Development Report*, 2011. at http://www.hdr.undp.org/en/statistics/hdi(accessed 24 February 2013).

_____. 2012b. "2011 Human Development Index." at http://www.hdr.undp.org/en/media/PR2-HDI-201IHDR-English.pdf

_____. 2012c. "Patterns and Trends, Progress and Prospects." *Human Development Report*, 2011. at http://www.udr.undp.org/en/reports/globaljhdr2011/summary/trends(accessed 24 February 2013).

UNESCO Institute of Statistics. 2010. *Adult and Youth Literacy: Global Trends in Gender Parity*. www.uis.unesco.org/Factsheets/Documents/FacCSheet_2010_Lit_EN.pdf(accessed 13 March 2013).

_____. 2011. *Global Education Digest. 2011: Regional Profile sub-Saharan Africa*. at www.uis.unesco.org/Educationments/GED20ICSSA_RPEN.pdf(accessed 13 March 2013).

UNICEF. 2012. Statistical Tables. at www.unicef.org/sowc2012/pdfs/All-tables-including-general-notes-on-data.pdf(accessed 20 March 2013).

UNODC. 2012. *CTS2011: Sexual Violence*. at http://www.unodp.org/documents/data3nd_analysis/statisties/crime/CTS12_sexual_vi01ence.xls(accessed 14 February 2013).

Urry, J. 2011. *Climate Change and Society*. Cambridge: Polity Press.

van de Walle, N. 2009. "The Institutional Origins of Inequality in Sub-Saharan Africa." *Annual Review of Political Science*, 12, 307~327.

van Wilsem, J. 2004. "Criminal Victimisation in Cross-national Perspective." *European Journal of Criminology*, 1(1), 89~109.

Verloo, M. 2006. "Multiple Inequalities, Intersectionality, and the "European Union." *European Journal of Women's Studies*, 13(3), 211~228.

Wade, R. 2003. "What Strategies are Viable for Developing Countries Today: The World Trade Organization and the Shrinkage of 'Development Space'." *Review of International Political Economy*, 10(4), 621~644.

_____. 2007. "Should We Worry about Income Inequality?" in Held, D. and Kaya, A(eds.). *Global Inequality*. Cambridge: Polity Press 104~131.

Walby, S. 2009. *Globalization and Inequalities*. London: Sage.

_____. 2011. "Globalization and Multiple Identities." *Advances in Gender Research*, 15, 17~33.

Walby, S. and Allen, J. 2004. *Domestic Violence. Sexual Assault and Stalking: Findings from the British Crime Survey*. London: Home Office Research Study, 276.

Wallerstein, L. 1974. *The Modern World System: Capitalist Agriculture and the Origins of the European World-Economy in the Sixteenth Century*. New York: Academic Press.

_____. 1979. *The Capitalist World Economy*. Cambridge: Cambridge University Press.

_____. 1991. *Geopolitics and Geoculture.* Cambridge: Cambridge University Press.

_____. 2011. "Structural Crisis in the World System." *Monthly Review,* 62(10), at http://monthlyreview.org/2011/03/01/structural-crisis-inthe-world-system(accessed 10 September 2013).

Walton, P. and Gamble, A. 1972. *From Alienation to Surplus Value.* London: Sheed and Ward.

Western, B. and Pettit, B. 2005. "Black-White Wage Inequality, Employment Rates, and Incarceration." *American Journal of Sociology,* 111(2), 553~578.

Whelan, C., Layte, R. and Maitre, B. 2004. "Understanding the Mismatch Between Income Poverty and Deprivation: A Dynamic Comparative Analysis." *European Sociological Review,* 20(4), 275~302.

Wilkinson, R. 2004. "Why is Violence More Common Where Inequality is Greater?" *Annals of the New York Academy Of Sciences,* 1036, 1~12.

Wilkinson, R. and Hulme, D(eds.). 2012. *The Millennium Development Goals and Beyond.* London: Routledge.

Willson, A., Shuey, K. and Elder, G. 2007. "Cumulative Advantage Processes as Mechanisms of Inequality in Life Course Health." *American Journal of Sociology,* 112(6), 1886~1924.

Winant, H. 2001. *The World is a Ghetto: Race and Democracy Since World War Two.* New York: Basic Books.

_____. 2004. *The New Politics of Race: Globalism, Difference, Justice.* Minneapolis: University of Minnesota Press.

Winch, D. 1996. *Riches and Poverty: All Intellectual History of Political Economy in Britain 1750-1830.* Cambridge: Cambridge University Press.

Winker, G. and Degele, N. 2011. "Intersectionality as Multi-level Analysis: Dealing with Social Inequality." *European Journal of Women's Studies,* 18(1), 51~66.

Wolf, M. 2004. *Why Globalization Works.* London: Yale University Press.

Woods, N. 2006. *Tile Globalizers: The IMF, World Bank, And Their Borrowers.* Ithaca: Cornell University Press.

World Bank. 1998. *Assessing Aid: What Works, What Doesn't and Why?* Washington DC and Oxford: World Bank/Oxford University Press.

_____. 2006. *Global Economic Prospects: Economic Implications of Remittances and*

Immigration. Washington: World Bank.

_____. 2011a. *Migration and Remittances Factbook*. Washington: World Bank.

_____. 2011b. *The Little Data Book on Gender*. Washington: World Bank.

_____. 2012. *World Bank Development Report 2012: Gender Equality and Development*. Washington: World Bank.

_____. 2013a. "Life expectancy at birth." at http://www.data.worldbank.org/indicator/SP.DYN.LEOO.IN(accessed 26 feb 2013).

_____. 2013b. "Debt Relief for 39 Countries on Track to Reach $114billion." at www.worldbank.org/en/news/feature/2013/12/16/debt-relief-39-countries-track-reach-1l 4-billion(accessed 21 March 2014).

World Health Organization. 1999. *The World Health Report 1999: Making a Difference*. Geneva: World Health Organization.

_____. 2009. *Global Health Risks: Mortality and Burden of Risk attributable to selected major risks*. Geneva: World Health Organization.

_____. 2012. *Trends in Maternal Mortality: 1990 to 2010*. Geneva: World Health Organization.

Yodanis, C. 2004. "Gender Inequality, Violence Against and Women, and Fear: A Cross-National Test of the Feminist Theory of Violence Against Women." *Journal of Interpersonal Violence*, 19(6), 655~675.

Young, I. M. 1989. "Polity and Group Difference: A Critique of the Ideal of Universal Citizenship." *Ethics*, 99, 250~274.

찾아보기

지은이

/

로버트 J. 홀튼(Robert J. Holton)

아일랜드의 수도 더블린에 있는 트리니티칼리지(Trinity College, Dublin) 사회학과 명예교수이자 오스트레일리아 최대의 사회과학연구소인 사우스오스트레일리아대학교 호크연구소의 사회학 담당 초빙교수로 사회 이론과 역사사회학, 세계화 연구의 전문가다. 서식스대학교(University of Sussex)를 졸업하고 트리니티칼리지에서 석사 학위를 받은 뒤 1973년 서식스대학교에서 박사학위를 받았으며, 68혁명에 적극 참여했다.

『세계의 금융(Global Finance)』(2012), 『세계시민주의(Cosmopolitanism)』(2009), 『세계망(Global Networks)』(2008), 『세계화 만들기(Making Globalization)』(2005), 『세계화와 국민국가(Globalization and the Nation State)』(1998), 『경제와 사회(Economy and Society)』(1992), 『막스 베버와 경제, 사회(Max Weber on Economy and Society)』(1989), 『도시와 자본주의, 문명(Cities, Capitalism and Civilization)』(1987), 『타콧 파슨스와 경제, 사회(Talcott Parsons on Economy and Society)』(1986), 『봉건제에서 자본주의로의 이행(The Transition Feudalism to Capitalism)』(1985) 등 사회 불안 문제나 세계 금융의 정당화 위기, 지구적인 국가 내 불평등과 국가 간 불평등 등에 관해 13권의 책을 썼다.

최근에는 인공지능과 로봇공학에 기인한 사회적 도전을 열정적으로 탐구하고 있다.

옮긴이

/

나익주

전남대학교 영어영문학과를 졸업하고 서강대학교와 전남대학교 대학원에서 영어학으로 석사학위와 박사학위를 받았다. 캘리포니아 버클리대학교 언어학과에서 객원학자로 은유와 인지언어학을 공부했다. 전남대학교와 충남대학교, 광주교육대학교에서 강의했고 한국담화인지언어학회의 연구이사를 지냈다. 현재 학술지 ≪담화와 인지≫ 편집위원회의 인지분과위원장을 맡고 있으며 한겨레말글연구소의 연구위원으로 활동하고 있다.

조지 레이코프의 은유 이론과 정치적 프레임 이론을 소개한 『조지 레이코프』(2017)를 썼고, 『어휘 의미의 인지언어학적 탐색』(2015)과 『비유의 인지언어학적 탐색』(2014)을 공저했으며, 『나는 진보인데 왜 보수의 말에 끌리는가』(2018), 『인간의 살림살이』(공역, 2017), 『이기는 프레임: 진보적으로 생각하고 말하는 법』(2016), 『정신 공간』(공역, 2015), 『폴리티컬 마인드: 21세기 정치는 왜 이성과 합리로 이해할 수 없을까?』(2012), 『자유는 누구의 것인가』(2010), 『프레임 전쟁: 보수에 맞선 진보의 성공 전략』(2007), 『개념 · 영상 · 상징: 문법의 인지적 토대』(2005), 『몸의 철학』(공역, 2002), 『문법과 개념화』(2001), 『인지언어학이란 무엇인가』(1997), 『삶으로서의 은유』(공역, 1995/2006) 등을 옮겼다. 그리고 「은유의 신체적 근거」, 「개념적 은유: 사랑」, 「성욕의 은유적 개념화」, 「'정'과 '한'의 은유적 개념화」, 「삶을 지배하는 교육 은유」 등의 논문을 썼다.

한울아카데미 2134

지구적 불평등 불평등의 근원과 범위에 관한 고찰

지은이 ㅣ 로버트 J. 홀튼   옮긴이 ㅣ 나익주
펴낸이 ㅣ 김종수   펴낸곳 ㅣ 한울엠플러스(주)   편집책임 ㅣ 배유진   편집 ㅣ 김초록
초판 1쇄 인쇄 ㅣ 2019년 1월 2일   초판 1쇄 발행 ㅣ 2019년 1월 16일

주소 ㅣ 10881 경기도 파주시 광인사길 153 한울시소빌딩 3층   전화 ㅣ 031-955-0655
팩스 ㅣ 031-955-0656   홈페이지 ㅣ www.hanulmplus.kr   등록번호 ㅣ 제406-2015-000143호

Printed in Korea.   ISBN 978-89-460-7134-6 93300(양장) 978-89-460-6595-6 93300(반양장)

* 책값은 겉표지에 표시되어 있습니다.

메가체인지
21세기 경제 혼란과 정치 격변, 사회 갈등

- 대럴 M. 웨스트 지음 | 정철 옮김
- 2018년 8월 31일 발행 | 신국판 | 272면

저명한 정치학자이자 미국 브루킹스 연구소의 부소장인 대럴 M. 웨스트는 지금 우리가 목격하는 현상을 '메가체인지(Megachange)'라 규정짓는다. 과거에는 규칙적으로 일어나 예상 가능했던 추세와 정책들이 메가체인지의 시대에 접어들면서 급작스럽게 단절되고 있다. 미국이 주도하던 국제 질서가 9·11 테러 이후 다극 체제로 바뀌고, 각국의 정치와 종교 영역에서 극단주의가 확산되고, 인터넷으로 상징되는 정보화의 도도한 흐름 등이 이런 변화를 불러온 배경이다.

메가체인지 시대에 변화는 대단히 빠르고 거대한 동시에 지금까지 사용되어온 정치·경제·사회적 가정들로는 예측이 불가능하다. 현존하는 정치·경제·사회 질서는 의사결정이 느리며 점진적이고 규모가 크지 않았던 구시대에 익숙해져 있는 탓이다.

이 책은 변화의 속도와 규모에 대한 우리의 기존 예측치를 수정해야 한다고 주장한다. 시야를 넓히고, 안정적인 지주를 확보하며, 작은 변화에 주목하면서, 승자독식과 시민사회의 극단화 경향을 경계한다면 오늘의 변화와 내일의 도전에 적절히 대응할 수 있을 것이다.

사회적 가치와 사회혁신
지속가능한 상생공동체를 위하여

- 박명규·이재열 엮음 | 강정한·김병연·김홍중 외 지음
- 2018년 5월 28일 발행 | 신국판 | 432면

이 책은 사회적 가치의 내용과 실제, 그 다차원적인 모습을 종합적으로 탐색하고자 한국사회학회가 중심이 되어 수행한 공동연구의 결과물이다. 제59대 회장이자 연구책임자이기도 한 박명규를 비롯해 14명의 사회학자, 경영학자, 경제학자, 행정학자, 공학자 등이 모두 네 차례의 내부 세미나와 '사회적 가치: 협력, 혁신, 책임의 제도화'라는 제목으로 개최한 공개 심포지엄에서 발표하고 토론한 내용을 정리하여 장별로 집필했다.

경제적 가치가 지배하던 고도성장기, 정치의 가치가 지배하던 민주화 시기를 거친 한국은 이제 사회적 가치의 시대로 접어들고 있다. 경제성장과 민주화만으로는 해결할 수 없는 많은 문제들이 쌓여 있고, 이를 풀어나가기 위해서는 대대적인 사회혁신이 필요하다. 이 책에서 필자들은 한국 사회에서 이 시점에 왜 사회적 가치가 요청되는지, 그동안 한국적 실천이 드러낸 가능성과 한계는 무엇인지, 그리고 앞으로 지속가능한 상생공동체를 만들기 위해 어떤 다면적 노력이 요구되는지를 검토하고 있다.

한울엠플러스(주) 책

정동적 평등

누가 돌봄을 수행하는가

- 캐슬린 린치 지음 | 강순원 옮김
- 2016년 10월 4일 발행 | 신국판 | 392면
- 2017 대한민국학술원 우수학술도서

이 책은 모든 사람이 동등한 수준의 사랑, 돌봄, 연대를 경험하는 '정동적 평등'이 이루어져야 한다고 주장한다. 물론 현실은 그렇지 못하다. 다양한 차원에서 돌봄과 관련한 정동적 불평등이 발생하며, 그러한 불평등은 우리가 생각하는 것보다 훨씬 큰 사회 문제로 나타난다.

일단 흔하게 만날 수 있는 불평등은 성별에 따른 불평등이다. 대부분의 문화권에서 여성이 돌봄을 전담한다. 이 책에서 인용하는 연구에 따르면, 여성이 생계를 책임지는 경우에도 돌봄은 대부분 여성의 몫이다. 여성은 돌봄 때문에 과도하게 육체적·정신적 스트레스에 시달리며 가정 내에서 남성보다 압도적으로 많은 노동을 수행한다.

경제력의 차이에 따른 돌봄 불평등의 실태도 확인할 수 있다. 경제력이 뒷받침되는 경우에는 좀 더 나은 환경에서 돌봄에 집중하면서 돌봄 수행자와 돌봄 수혜자가 정서적으로 유대를 쌓을 가능성이 높아진다. 하지만 경제적으로 어려운 경우에는 돌봄과 생계가 모두 위태로워지는 악순환에 빠질 수밖에 없다.

이러한 불평등은 결과적으로 출산율 저하 문제, 노인 자살 문제 등으로 나타난다. 사회는 돌봄 영역을 사적인 차원으로 보고 방치했고, 이제 돌봄과 관련한 문제는 사회와 국가가 가장 우려해야 할 정도로 커졌다. 지금이라도 사회가 돌봄 영역과 정동적 평등에 관심을 기울여야 하는 이유다.